文化吉林

蛟河卷

弘揚長白山文化
打響吉林特色地域文化品牌

王儒林

　　吉林有文化，而且吉林文化有底蘊、有潛力、有特色、有希望。從前郭縣王府屯距今約一百萬年的石製工具到距今十六萬年的樺甸仙人洞和距今三萬年的榆樹人，從燕趙文化東進到漢武帝設四郡，從扶餘、高句麗、渤海文明的興衰更替到遼金、清朝問鼎中原，從抗日烽火、解放硝煙到新中國老工業基地的紅色記憶，從二人轉、吉劇、長影到吉林期刊、吉林歌舞和吉林電視劇現象，勤勞智慧、淳樸善良、勇於開拓的吉林人民在白山松水間創造出絢麗多彩的地域文化，成為中國文化版圖上一道獨特風景。

　　文化與山素來結緣，正如泰山之於魯，嵩山之於豫，黃山之於皖，長白山是吉林的象徵、吉林的品牌。吉林文化始終與長白山難捨難分、血脈相連，集中體現於長白山文化之中。長白山文化發源和根植於吉林沃土，是包容吉林各民族文化、蘊含吉林發展歷史、反映吉林人性格特質、凸顯吉林氣派的「大文化」，是中華民族「多元一體」文化的重要組成部分，源遠流長、博大精深，構成了吉林文化的骨骼和脊梁。在地域文化越來越受到人們關注、文化軟實力越來越成為衡量一個地區核心競爭力的重要指標的當今時代，大力弘揚作為吉林文化標誌性符號的長白山文化，把這份寶貴的文化資源保護好、挖掘好、利用好、開發好，對於打響吉林特色地域文化品牌，鑄造極具時代內涵的吉林精神，提升吉林文化軟實力，凝聚吉林改革發展正能量，無疑具有十分重要的現實意義。

近年來，我省大力推進以優秀吉林地域文化為主要內容的長白山文化建設，出台了《長白山文化建設規劃綱要》，啟動實施了長白山文化建設工程，在長白山文化資源保護研究、挖掘整理、開發利用等方面做了大量工作，取得了顯著成績。我們要進一步加強長白山文化理論研究，豐富長白山文化內核和外延，進一步加強長白山文化遺產的發掘、保護和展示推介力度，擴大長白山文化的影響力，進一步加強對長白山文化內涵的拓展和提升，把長白山文化資源更好地轉化為文化產品、文化事業和文化產業，推動長白山文化建設躍上新台階，推動吉林文化大發展大繁榮，為實現富民強省目標、中華民族偉大復興、中國夢做出貢獻。深入挖掘、研究、整理長白山歷史文化，既是一項宏大浩繁的系統工程，又是一項功在當代、利在千秋的基礎工程。希望有更多有識、有志之士投身長白山文化建設事業，讓這份寶貴的文化資源更好地服務於當代，惠澤於未來。

由省委宣傳部組織編撰的《長白山文化書庫》系列叢書，是長白山文化建設工程的重要標誌性成果。叢書從基礎研究、地方特色、主要藝術門類三部分，對長白山文化的歷史資源進行了全面細緻的挖掘和整理，堪稱長白山文化研究與普及的鴻篇巨製，不僅對研究和宣傳長白山文化大有裨益，而且對培育吉林文化品牌、樹立吉林文化形象也將產生積極的促進作用。在叢書即將付梓之際，謹表祝賀並向全體工作人員致以問候。

主編寄語

莊嚴

　　長白奇迤蘊靈秀，松江悠長毓文傑。千百年來，雄渾壯美的白山松水賦予了肥沃豐饒的吉林大地以生機和活力，滋養了吉林人民勤勞睿智、堅韌進取、寬容開放的精神品格，積澱了多元融合、底蘊深厚、色彩斑斕的地域文化。這獨具魅力的吉林特色地域文化猶如一株馥鬱芳香的花朵，在中華民族文化百花園中爭妍綻放。

　　文化是經濟發展之根，是社會發展之源。省委、省政府高度重視文化建設，制定出臺了《長白山文化建設規劃綱要》，把吉林省歷史文化資源工程列入宣傳思想文化工作「六大工程」之一。省委宣傳部深入貫徹落實省委、省政府的要求，開展《長白山文化書庫》建設，啟動實施了《文化吉林》叢書編撰工作，將其作為全省宣傳思想文化工作的重要舉措，周密部署，精心組織，強力推進，取得了預期成果，為全省人民奉獻了一份珍貴的精神食糧。

　　《文化吉林》叢書是《長白山文化書庫》中全景展現特色地域文化的重要組成部分。年初以來，我省廣大宣傳文化工作者以對家鄉、對歷史、對文化事業的高度責任感和使命感，不畏繁難，勤勉執著，嚴謹認真，精益求精，在資料收集、遺產挖掘、書稿撰寫等方面付出了大量艱辛的努力，進行了許多開創性的探索和實踐，圓滿完成了這次編撰任務。叢書編撰秉承傳播和弘揚吉林文化的理念，梳理總結吉林文化資源，提煉昇華吉林文化精髓，激發增強吉林人的文化自覺、文化自信，使優秀文化更好地服務於吉林的發展振興。

《文化吉林》內涵豐富，圖文並茂，辭美情摯，引人入勝，是人們認識吉林、瞭解吉林、研究吉林的概覽長卷，是吉林文化走向全國，面向國際的真誠心聲。叢書真實勾勒了吉林文化歲月滄桑的歷史縱深，生動展現了吉林文化多姿多彩的時代律動，帶我們走進吉林地域文化演進的舞臺，親身感受風雲激蕩的文化事件，出類拔萃的文化人物，領略淵深源遠的文化景觀，妙趣橫生的文化傳說，體驗琳琅紛呈的文化產品，淳樸濃郁的文化民俗。叢書將吉林文化的發展脈絡、現狀和未來，客觀詳盡地展現給廣大讀者，是一部能夠讀得進去、傳播開來、傳承下去的佳作精品。

　　鑑往以勵志，展卷當奮發。《文化吉林》這套融史料性、知識性、可讀性於一體的叢書，為我們進一步保護、研究、開發吉林地域特色文化提供了重要史料資源。作為後繼者，當代吉林人有責任、有義務肩負起將吉林文化充分融入社會主義核心價值觀，推動吉林文化發展進步的歷史使命，讓優秀傳統文化在繼承中創新，在創新中前行，在全國文化發展大格局中唱響吉林「聲音」，打造吉林文化品牌，樹立文化吉林形象。

弘揚長白山文化 打響吉林特色地域文化品牌

主編寄語

第一章 · 文化發展概述

012　蛟河賦

第二章 · 文化事件

030　皇封正宗關東菸

032　額穆縣通俗講演所蛟河分所

033　電影《寂靜的山林》真實故事發生地

034　郭沫若為蛟河縣第二中學題寫校牌

035　蛟河市被評為中國優秀旅遊城市

041　蛟河市被評為全國文化先進縣、全國群眾體育先進單位

043　蛟河市烏林朝鮮族鄉被評為「中國民間文化藝術之鄉」

046　創作推廣《蛟河市文明風尚三字歌》

048　成立東北首個農民攝影家協會

051　前進古城被列為第七批全國重點文物保護單位

053　大型紀實話劇《工會主席》進京演出

055　創建農村題材影視劇拍攝基地

056　發現保安睡佛與《保安睡佛賦》始末

058　《誰是最可愛的人》著名作家魏巍與蛟河奇緣

061　創編蛟河形象歌曲《我愛你蛟河》

063 黃松甸被評為「中國黑木耳之鄉」

065 蛟河旅遊開發第一篇——拉法山開發

第三章・文化名人

074 中國著名配音演員——肖南

076 絮根縣城的評劇藝人——秋冷豔

078 北國江城的「水墨」畫家——陳華

080 以善拍冰雪風景而聞名——鄒毅

082 醉心於蛟河山水的攝影家——程英鐵

085 「吉林農民攝影文化現象」的領軍人——田宇

088 吉林省最佳人像攝影師之一——亓玉亮

090 新聞攝影界的「拼命三郎」——李建新

092 「鐵篆頭陀」——鞠稚儒

094 手抄小行書行家——劉惠

096 書法篆刻青年翹楚——謝吉昌

098 蛟河篆刻、草書行家——呂振東

100 「山裡人」榜書——田洪順

102 溫文儒雅，翰墨逸飛——范永剛

104 蛟河「楷」模——俄君明

106 「書『龍』畫『影』」——戴運傑

109 「德藝雙馨」作曲家——禹永一

114 根植林業的報告文學作家——王天祥

116 蛟河第一位走進《詩刊》的農民女詩人——王汝梅

118 用鏡頭宣傳蛟河的電視藝術顧問——陳祥鳳

121 蛟河第一位獲國家級大獎的詩人——于寶

123 農民作家伉儷——蔡豔文、張曉英

第四章・文化景址

128　新鄉磚廠遺址

129　蘇爾哈古墓群

130　法河沿南山遺址

131　大砬頭石棚墓古墓群

132　拉法小砬子山城

133　拉新戰鬥紀念遺址

135　亞洲奇觀——長白山地下橡木桶酒窖

137　拉法山國家森林公園

143　白石山國家森林公園

144　松花湖旅遊度假區

148　特色旅遊景區

154　亞洲最大氣泡洞

155　蛟河市人民廣場

157　吉林地區唯一百年煤礦博物館

第五章・文化產品

160　見證歷史十三年的《蛟河報》

161　蛟河文學藝術創作的結晶《蛟河文藝》

163　《蛟河村名文化集》

165　《中國正宗關東菸文化》

167　《蛟河旅遊文化》

169　《長白山色・美麗蛟河》攝影作品集

171　漂河曬黃菸

175　國優名酒長白山葡萄酒和長白山五味子酒

177　香醇甘美松花湖酒

181　「江城四絕」之一──松花湖浪木根藝

184　蛟河天崗花崗岩石雕

第六章・文化風俗

188　祭江文化

192　蘇爾哈捕魚文化

196　蛟河棒槌（人參）文化

203　蛟河祭山文化

205　巴拉文化

210　蛟河民俗──東北「臭糜子」的由來

213　蛟河民俗──黏豆包

217　蛟河民俗──「殺年豬」

222　蛟河民俗──慶嶺活魚

226　蛟河民俗──貼春聯

231　蛟河民俗──放河燈

234　張廣才嶺放山人

237　「葛欽差」的故事

242　痴心收藏研究東北煙具文化的蛟河人──李懷珠

247　美麗的民間傳說

第一章——

文化發展概述

蛟河位於吉林省東部山區和半山區,獨特的地理環境孕育了豐富的地方特色文化。考古發現的古生物化石和人類打製石器距今六二〇〇〇年。遍及深山幽谷、田野森林、地下水底等不同時期的歷史文物古跡達三三一處。清朝,這裡作為打牲烏拉採集貢品的主要地區,留下了獨有的採摘和捕魚文化。新中國成立後,以黨委和政府為主導、以民間各類協會為輔助的群眾文化體育活動,在蛟河這塊土地上繁榮發展,疊彩紛呈。

蛟河賦

額穆故縣，蛟河新城。東與延邊州相連，南與威虎嶺為肩，西以老爺嶺為屏，北與呼蘭嶺接緣。拉濱鐵路輻射東西南北，長吉高速貫通萬里峰巒。吉林戰略之要地，延邊陸路之喉咽。

夫蛟河一城，三千年前西周滅貊，先民開闢；篳路藍縷，繁衍生息；漢唐遺韻，蜿蜒迤邐；遼金烽火，馳煙驛跡；清初封禁，草木繁密；近代開蒙，清末肇啟；移民戍邊，龍興之地。

若夫蛟河大地，岡巒蜿蜒；土地肥沃，強盜垂涎。星星之火，勢若燎原！大刀會，紅槍隊，雙勝碧血灑白山；康大蠟、湧泉觀，薛大法師英名傳。白山松水逐倭寇，青天白日落西山！風雲變幻，東北民聯喋血嘎牙河；鐵血丹心，梁梁部隊亮劍拉新線。歲月更迭，星雲斗轉；將軍作古，軍魂依然。拉法山紀念塔，青峰無語埋忠骨；東山烈士陵園，金戈鐵馬換新天。

偉哉蛟河，人傑地靈。誰是最可愛的人，松鼓峰下隋金山；更有智勇雙全者，丁叢德演繹地雷戰。擊日寇，李聲徹橫刀立馬；滅土匪，孫大德馳騁雪原。報效家鄉，美籍華人祖炳民；不辱使命，挪威大使張永寬。全國農業戰線一面旗幟，韓恩踏上幸福路；神州首個世界長跑冠軍，軍霞故里白石山。

美哉蛟河，物華天寶。山嶺縱橫，層巒疊翠；川谷遍布，雨量充沛。長白山千裡旺脈，貯藏關東三寶；松花湖萬頃碧波，孕育三花一島。茫茫林海廣棲飛禽走獸，巍巍峻嶺遍布礦產資源。慶嶺活魚香飄萬里，林蛙油脂遠走天涯。皇帝御封漂河菸，全國八大菸葉品系；女媧補天天崗石，中華四大石材基地。黃松甸黑木耳，聲名遠播；長白山葡萄酒，行銷海內。奶子山鎢金，優質能源；松花湖浪木，化枯為潤。

秀哉蛟河，人間勝景。拉法山山川形勝，洞奇峰美。穿心洞、滴水洞、長蛇洞，七十二洞洞洞天造地設；姊妹峰、臥象峰、競秀峰，八十一峰峰峰景色

怡人。九頂鐵叉山流雲飛渡，八寶雲光洞暗綠氤氳。松花湖湖光山色，水清岸闊。四百里藍天碧水風情萬種，八百處灣巒起伏風月無邊。金蟾島月宮折桂裝點湖光山色，額赫島水舞龍蛇直刺山水江天。一江秀水漁舟唱晚，兩岸田疇風光無限。有此藍天碧水伴青山，羨什麼世外桃園？紅葉谷谷明山曠，層林盡染。棒槌谷、鹿鳴溪，風吹紅葉盈盈若舞；將軍台、情人坪，彩巒迤邐氣象萬千。情人谷尋夢，谷中谷追秋。雲霧逞萬象峰巒出沒，霜中求五色水墨丹青。閱盡青峰伏蘊筆，大美意境寫天成。慶嶺山花爛漫，峰迴路轉；流水潺潺，銀瀑飛練。慕盛名紛至沓來報恩寺，晨鐘暮鼓；因感懷吟風誦水蝴蝶泉，踏歌起舞。老爺嶺千姿百態，鬼斧神工。奇石林、怪樹坡，千層崖邊神龜望海；金石灘、紅葉坡，五指峰上紫氣東來。高山草原黃花地，女真人古墓麗影；婷婷玉立岳樺林，巴拉人綠野仙蹤。冰湖溝都市森林，原始生態。林中漫步溪流潺潺，流觴曲水瀑布飛濺。群山漫舞高山出平湖，百鳥齊鳴一笑變龍潭。

一世紀風雨兼程，百餘年艱難跋涉，看今日蛟河，啟程揚帆。振興發展，堅定不移；民生改善，凝心聚力；招商引資，全民鼎力；新區建設，磅礴大氣。長白藥業依托資源得天獨厚，電子商務「八仙過海」盡顯風流，生物發電低碳環保獨占鰲頭。至若城鄉建設，日新月異。昔日棚戶相連，今朝廣廈萬千。煤礦棚戶區改造，萬人大搬遷；農村泥草房建設，千家總動員。首鋼美麗城金街眺翠，荷塘秀色；商業步行街歐州風情，人流漣漣。城防工程，清水綠帶；迎賓大道，綠影翩翩。觀夫蛟河文脈，源遠流長。紀曉堂降妖，相思草還魂。大秧歌綻出鶯歌燕舞，二人轉盡顯關東風韻。《蛟河文藝》佳作雨後春筍，松花江河燈飄耀水中河神。廣場飛舞，演繹太極神韻；曲巷悠揚，舒展映日天倫。

巍巍拉法山，鑄就蛟河浩然之魂魄；滔滔松江水，激蕩蛟河發展之洪波。政通人和，常懷效績；論安言計，鞠躬盡力；人畢其功，於民心繫。則我美麗蛟河、和諧蛟河當噴薄而出矣！

▲ 中國優秀旅遊城市——蛟河市

▲ 蛟河市人民廣場百年蛟河巨鼎

　　蛟河位於吉林省東部、長白山西麓、松花湖畔。東與敦化市相鄰，南與樺甸市接壤，西隔松花江與永吉縣、豐滿區相望，北與舒蘭市和黑龍江省五常市毗連。地理坐標在東經 126°45´到 127°56´，北緯 43°12´到 44°09´之間。幅員面積六四二九平方千米，轄八鎮二鄉六街二個省級經濟開發區和一個縣級經濟開發區，總人口四十七萬，有漢、滿、朝、蒙等三十二個民族，是全國文化、體育先進縣（市）、全國科普示範市、全國食用菌十強市、中國優秀旅遊城市。

　　蛟河地處東北亞經濟圈核心地帶、東北三省軸心位置、長吉圖開發開放先導區中間節點，交通便捷，京圖和哈圖兩條鐵路、長琿高速、三〇二國道、省道榆江公路貫穿全境。

　　蛟河素有「長白山立體資源寶庫」之稱。松花湖三分之二水域位於境內，水資源總量 19.5 億立方米；林木資源豐富，森林覆蓋率達 63.9%；已探明礦

產資源四十三種，花崗岩儲量超過一百億立方米；食用菌、山野菜、中草藥、林蛙等長白山特色資源異常豐富，享有「中國黑木耳之鄉」的美譽；國家AAAA 級景區拉法山國家森林公園覆蓋全境，六大景區異彩紛呈，蛟河「紅葉」享譽全國。

巍巍長白蛟龍出水，滔滔松水奔流不息。在這塊雄渾廣袤的土地上，勤勞質樸的蛟河人民創造了源遠流長的文化。

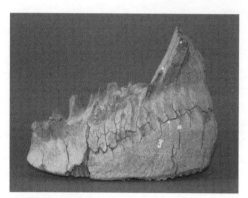
▲ 猛獁象臼齒化石

早在三千年前，就有人類在蛟河這片土地上勞動生活、繁衍生息。《蛟河縣志》（長春出版社，一九九一年版）記載：蛟河，隋和唐初期隸屬靺鞨部，遼代歸屬長白山部，金代歸上京路管轄，清代隸屬吉林將軍府轄制。清宣統元年（西元 1909 年）建額穆縣（今蛟河市），隸屬吉林省東南路道，東以鏡泊湖南湖頭為界，西以老爺嶺為屏，南以威虎嶺為障，北以呼蘭嶺為界。

民國三年（1914 年），額穆縣隸屬吉林省延吉道。一九三二年，額穆縣政

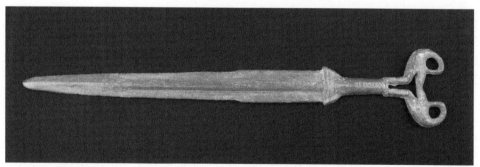
▲ 青銅對頭雙鳥首劍

府改稱額穆縣公署，一九三九年十月改稱蛟河縣。

一九八九年九月經國務院批准，撤縣設市。

蛟河境內文物古跡遍及深山幽谷、田野森林、地下水底、內涵極其豐富。現有各時期歷史文物古跡三三一處，其中舊石器時代遺址一處，青銅時代遺址二百餘處，近現代遺跡一三五處。全國重點文物保護單位一處，吉林省級文物保護單位一處，吉林市級和蛟河市級十四處，館藏文物千餘件。

上世紀六七十年代，發現猛獁象臼齒化石等大量古生物化石。一九九一年，吉林大學考古系專家陳全家教授來蛟河考察，在距地表深約十米處，發現了古生物化石和人類打製石器，有打製的石刀、石斧、石核等，經北京大學考古系和中國社會科學院碳-14 測定，為距今六萬兩千年的文物，一舉彌補了吉林地區舊石器遺址的空白。二〇〇七年，該遺址被吉林省政府列為重點文物保護單位。

在蛟河市漂河鎮、天崗鎮等地出土了青銅對頭雙鳥首劍、青銅劍、青銅斧等國家一級文物。在多個鄉鎮還出土了玉璧、石鋤、石鑿、石鏃、石劍、石

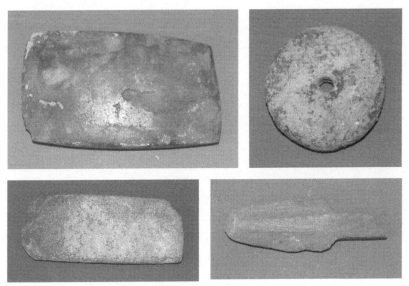

▲ 蛟河境內出土的青銅器時期石器

鐮、石錛、石網墜、石紡輪、環狀石器等二十餘種青銅器時代文物。

在蛟河北部的拉法小砬子山上，有座山城遺跡，據考證為渤海國時代的軍事瞭望台。山城海拔五七四米，三面山脊地勢險峻，西側城牆用燒製的紅褐色坯磚砌成牆，中部為山城門約四米寬，城內有多處居住址，城周長四百餘米。

位於張廣才嶺的「前進古城」，是契丹統治者為加強防禦生女真人侵略而修築的，均是防禦城和守備城，建於遼金時代，是全國重點文物保護單位。守備城周長六百米，高八米，寬一點五米，防禦牆南北長一一八九米，寬十一米，頂部寬二米。防禦城和守備城由角樓、馬面、甕城、護城壕等組成，城內有居住址、水井，曾出土過遼金時期的軍用鐵甲片、鐵鏃等，該地出土的金代六耳鐵鍋被評為國家一級文物。

一九七九年在蛟河天崗鎮出土一枚「海西遼東道宣慰使司都元帥府」銅印。一九八八年在蛟河市漂河鎮（原青背鄉）出土一枚「遼陽等處打捕鷹房紅花總管府印」銅印，這兩枚銅印文為八思巴字朱文九疊篆書，證明蛟河為元代管轄，反映了當時人民的生產生活狀況。

清朝時期，蛟河為龍興之地，封禁兩百餘年。一六八二年，清聖祖玄燁東巡吉林，到「納穆窩集」即今天蛟河境內老爺嶺狩獵後寫詩道：「松林暗暗百十里，罕境偏為麋鹿游。雨雪飄蕭難到地，啼鳥野草各春秋。」

清自吉林將軍富俊始，墾荒漸入高潮，進而上升為國家戰略，遼東墾荒令後，蛟河雖然山高路險，但人煙漸盛，捕魚、狩獵、挖參、伐木、種煙、稼穡，中原文化與當地巴拉文化交匯融合，形成了吉林省東部山區與半山區最富自然傳奇的

▲ 蛟河市文化館正門

▲ 蛟河人民廣播電臺在直播節目

捕魚文化、狩獵文化、棒槌文化、木幫文化等獨特的文化風俗。

東北正宗關東菸就是這一文化融合的產物。成書於清道光七年（西元1827 年）的《吉林外記》記載：「菸，東三省俱產，唯吉林產者極佳。獨湯頭溝有地四五坰，所生菸葉只有一掌，與別處所產不同，味濃而厚，清香入鼻，人多爭買。」

清末，政府羸弱不堪，列強環伺進而不斷蠶食，民不聊生。蛟河民眾不斷抗擊，抗日戰爭，解放戰爭，發生在蛟河這片熱土上的故事，可歌可泣。

「九一八」事變以後，蛟河自發組織農民武裝打擊日寇，「雙勝」（祁永全）時任抗聯第一軍第九支隊隊長，他奮勇抗擊日寇十餘年，著名的黃松甸火車站阻擊戰、慶嶺阻擊戰，多次重創日寇。

一九四六年，在中國共產黨的領導下，東北民主聯軍在拉法打響了東北解放的第一槍，拉開了解放全中國的大幕。同年，蛟河全境解放。從此，蛟河人民以主人翁的姿態生活在這片肥沃的黑土地上。

一九五〇年，蛟河縣民眾教育館改名為蛟河縣人民文化館。館內設群眾教育股、文化宣傳股、社會服務股，同時負責兼管電影院和評劇團。一九五四年，人民文化館改名為蛟河縣文化館，館內增設圖書室。一九五六年，蛟河縣文化館先後在新站、烏林、白石山等鄉鎮建立了十二個文化站，全面開展文化工作。一九八四年，烏林、松江、黃松甸三個鄉文化站被評為省文化系統先進單位。

二〇〇四年，蛟河市文化館被評為國家二級館。自蛟河縣文化館成立以來，先後湧現出了一批文學愛好者和本土作家，創作了一批在全國有影響的文藝作品。一九六四年，李培基創作的長篇小說《幸福之路》出版發行。一九六

▲ 蛟河廣播電視臺辦公樓

▲ 蛟河電視臺在錄播新聞節目

五年，徐常仁創作的唱詞《向陽花》，由著名藝術家馬增芬演唱並在中央人民廣播電台播出。一九六八年，由姚綠野創作的詩歌《綠野詩草》出版發行，王宗漢創作的長篇小說《關東大俠》出版發行。

一九五六年七月十一日，《蛟河報》創刊；一九五九年六月三十日停刊。一九九六年二月十九日復刊；每周一報，四開版面。二〇〇〇年一月一日改為每周三報；二〇〇三年十二月三十一日，《蛟河報》出版復刊後至第八一六期停刊。

一九五〇年六月，蛟河縣收音站建立；一九五二年，蛟河開始籌建農村廣播網；一九六六年，全縣十八個公社都建立了廣播站；一九八五年八月十三日，縣廣播站擴建為蛟河人民廣播電台，是繼農安人民廣播電台之後建立的全

省第二個縣級廣播電台。二〇〇九年一月一日，蛟河人民廣播電台隆重復播，採用全新數字化廣播傳輸設備。

一九八六年九月，蛟河電視台成立。每晚在央視二套節目中插播；一九八九年，蛟河電視台有一台米波一千瓦電視發射機；至二〇一一年底，蛟河電視台先後購置十五萬元以上的攝像機八台，十萬元左右的十餘台，非線性編輯設備十六套，實現採編播設備 100%數字化。二〇〇九年，蛟河電視台被中國廣播電視協會評為全國百家（縣級）先進電視台。二〇一一年被中國廣播電視協會評為全國縣級「十佳電視台」。二〇一三年，又被評為全國市縣級綜合實力二十強電視台。

蛟河市電影事業始於一九二八年，趙漢青在蛟河大馬路開設第一家影院——「中央電影院」；一九四五年改稱「蛟河人民電影院」；一九四七年，

▲ 群眾體育活動

▲ 群眾體育活動

吉林省軍分區接管改名為「軍民電影院」；一九五八年，成立蛟河縣電影管理站；一九八一年改稱「蛟河縣電影放映公司」，至一九八八年，全縣十八個鄉鎮建立十三個電影管理站，專業放映人員達到二六二人。

從二〇一〇年到二〇一四年，蛟河的文化發展進入了一個新時期，文化出版事業蓬勃發展，群眾文化如火如荼。

對文化館基礎設施進行全面改造，配備了中型客車、流動演出車、航空鋁舞台和一批燈光、音響設備，館容館貌煥然一新。相繼建設了省級非物質文化遺產漂河菸文化傳習所、省內首家百年老礦博物館和省內首家傳統村落博物館，成立了省內首家百人威風鑼鼓隊和東北首家農民攝影家協會，出版了省內首份農民報紙《山花》。

▲ 豐富多彩的群眾文化活動

▲ 蛟河市被評為吉林省文化體制改革先進地區

　　先後出版了《蛟河村名文化集》《中國正宗關東菸文化》《蛟河旅遊文化集》
等六部全面反映蛟河文化的專著，個人出版小說、散文、詩歌等文集二十餘
部；各類專著和作品先後獲國家、省、市級大獎三十餘項。

　　在文化設施建設方面，蛟河市堅持突出特色，建用並舉的原則，紮實有效
地推進城鄉公共文化基礎設施建設。在城區建設占地 29200 平方米、建築面積
6516.75 平方米的全民健身中心。中心包括圖書館、體育館、體育場、體校，
是一座綜合性文化體育設施，並以此為基點，輻射帶動全市。全市社區文化中
心、農村文化大院標準高，配備全，覆蓋率達 100%。

　　在推進文化陣地建設的同時，蛟河市重視文化人才培養，實施「千名草根
文化人才培養工程」，通過培養一批隊伍，鞏固一批陣地，組建一批社團「三
個一」建設，推動人才隊伍不斷壯大。根據城鄉居民的興趣、愛好、特長，組
建了秧歌、廣場舞、交誼舞、農民攝影、文學、美術、根雕、戲曲、書法、手

▲ 豐富多彩的群眾文化活動

工、長跑、太極拳等三十八個協會，協會會員達五萬餘人。成立了浪花藝術團、濱河社區老年藝術團、笨娘舞蹈隊、紅葉舞蹈團、大秧歌協會、山裡紅藝術團、稻花香文學社、莊稼院大戲台、農民畫苑等二十五個專業文化社團，常年活動人數三千多人。

實現博物館免費開放，共申報命名國家、省、地、縣四級文物保護單位十七處，對二十七處各級文保單位遺址進行了立碑保護。

圖書館建成文化共享工程信息服務平台，實現資料服務和信息公布網絡化。市圖書館被評為國家一級圖書館，被省委、省政府評為服務農民、服務基層文化建設先進集體，圖書事業惠民效果明顯。

體育事業蓬勃發展。全市二十三個體育協會每年有組織的活動三百餘場次，組織開展「全民健身百日行」等群眾體育活動。參加吉林省、吉林市各項體育賽事，屢創佳績。培訓國家、省、市各級體育指導員二十四名。新站鎮文

體廣場被評為全國體育示範工程。

　　群眾文化活動蓬勃開展。組織開展節慶文化活動。自二〇〇二年至二〇一四年，連續舉辦十三屆「中國‧吉林‧蛟河長白折山紅葉旅遊節」開幕式文藝演出。「三節」期間，組織開展關東秧歌展演、元宵燈會、攝影展、「春風進農家」送春聯、農民書畫聯展等群眾喜聞樂見的大型文化活動。並精心組織紅葉旅遊節、黃松甸鎮食用菌節、插樹嶺風情節、窩集口採摘節、蘇爾哈開江魚美食節等群眾性文藝演出。每年數萬群眾參與慶祝活動，成為蛟河節日文化的一道靚麗風景。每年四月到十月份，組織開展「走基層、送文化」活動。由市藝術演出團體編排群眾喜聞樂見的歌舞、小品、二人轉等形式多樣的綜藝節目，深入社區、村屯開展文藝下鄉演出上百場，豐富了廣大群眾的精神文化生活。

　　二〇一二年，按照上級要求，蛟河市成立文化體制改革工作領導小組，辦公室設在市委宣傳部，在新成立的文化廣電新聞出版局設立蛟河市藝術團轉企改制工作組，積極穩妥推進改革。蛟河市藝術團實現轉企改制，成立蛟河市藝術團有限責任公司。組建蛟河市文化廣電新聞出版局，實現蛟河市科學技術局、蛟河市文化新聞出版和體育局、蛟河市廣播電影電視局三局合一，為蛟河市人民政府工作部門。組建蛟河廣播電視台，為隸屬於蛟河市人民政府的全額撥款事業單位。組建蛟河市互聯網信息中心，為隸屬於蛟河市委宣傳部的全額撥款事業單位，加掛中共蛟河市委對外宣傳中心和蛟河市政府新聞中心牌子。組建蛟河市文化市場綜合執法大隊。

　　二〇一二年六月二十日，蛟河市文化體制改革工作代表吉林市接受省文化體制改革督查組全面督查、驗收，在吉林地區率先完成文化體制改革工作。蛟河被評為省文化體制改革先進地區，蛟河市文化廣電新聞出版局榮獲省文化體制改革工作先進單位。

　　二〇一三年至二〇一四年，蛟河市根據吉林省、吉林市委宣傳部關於開展市民文化節和農民文化節的指導意見，結合當地實際，相繼舉辦了兩屆農民文

化節和首屆市民文化節，通過組織群眾文化活動，創新設計開展了紅葉節群眾文化系列活動、社區文化活動月、市民歌手大賽、健身舞蹈大賽、送文化下鄉和系列攝影、書法作品展等群眾喜聞樂見的文化活動，在全市形成了城區集中展演、農村文化大院普遍開花的良好態勢，使廣大群眾走上文化節舞台，為群眾文化活動注入了活力。特別是蛟河農民攝影協會作為省內首家農民攝影協會，在第四屆全國農民攝影大展上，全省獲獎的十一個作品中，蛟河市農民攝影家獲獎作品就占八個，占獲獎總數的 73%，被中國文聯、中國攝影家協會確定為「吉林農民攝影文化現象」。二〇一四年，蛟河市被吉林市委宣傳部評為市民文化節和農民文化節雙項優秀組織單位。蛟河市委宣傳部撰寫的《吉林省農民攝影領軍品牌——蛟河農民攝影家協會》案例被吉林省委宣傳部、吉林市委宣傳部分別授予宣傳思想文化工作創新獎。

第二章

文化事件

蛟河，因為清朝封禁了幾百年，文化開蒙較晚。新中國成立後，蛟河人在這片古老的黑土地上續寫著新的篇章，「中國優秀旅遊城市」「全國文化先進縣」「全國體育先進縣」「中國民間文化藝術之鄉」等一系列的國字號榮譽稱號，見證著勤勞、豁達、智慧的蛟河人對文化的理解與感悟，傳承與創新，而農民攝影家協會的成立，作為「一種新時代文化農民現象」，已然成了吉林省的一張亮麗名片。

皇封正宗關東菸

過去，東北有三大怪：窗戶紙糊在外，大姑娘叨煙袋，養個孩子吊起來。這裡的「大姑娘叨煙袋」形象地說明了關東菸文化的源遠流長及在東北人生活中的特殊地位。

關於關東菸的記載：

> 关东烟叶亨名久远。清咸丰十一年（一八六一）吉林通志记载如左。
>
> 通志盛京
>
> 草屬
>
> 淡巴菰即煙草冬可禦寒通志東三省俱產惟吉
>
> 林產者極佳名色不一吉林城南一帶名爲南山菸
>
> 味豔而香江東一帶名爲東山菸香豔而醇城北邊
>
> 台菸爲次窩古塔菸名爲台片獨湯頭溝有地四五
>
> 《吉林通志卷三十三》 兗
>
> 晌所生菸葉止有一掌咮邊而厚此南山東山名片
>
> 湯頭溝之所分也通名黃菸搥載入關者最影爲土
>
> 人衣食所養紀七外 吉林

▲《吉林通志》關於關東菸的記載

關東菸以吉林菸爲上品，而吉林菸以產自蛟河的漂河菸爲最佳。特別是在清代，漂河菸更是專供給皇室的貢品。因其特殊身份和獨特的種植技藝，二〇〇八年，漂河菸栽種技術被錄入吉林省第一批省級非物質文化遺產名錄，漂河菸吸食風俗和民間傳說被錄入吉林市第一批非物質文化遺產名錄。

清代皇太極把居住在輝發城的百姓遷到烏拉城，設置「嘎善」，一六五七年正式更名「烏拉打牲總管衙門」，由朝廷內務府直屬，負責爲朝廷徵集貢品。

據有關史料記載，打牲烏拉衙門「專事皇室採捕祭天，祀祖及皇家特需的東珠、蜂蜜、松籽、人參、貂皮、菸草等特產」。貢品每年有定例，不但有納

貢時間的要求，而且有對數量、質量、產地的要求，多則褒獎，少則受罰。

菸葉在永吉縣五里河、農安縣老青山、磐石縣驛馬鄉都有種植，但經過打牲烏拉衙門幾年的考察舉薦，經皇宮裡吸食使用，最終確定納貢菸葉產地為漂河川湯頭溝（今蛟河市漂河鎮）。

據清代人張集馨所撰《道咸宦海見聞錄》中記載：在重臣肅順的列單中，提到皇帝關心的大事——要發展吉林關東菸，而吉林關東菸之最，要數額穆索羅站（即蛟河）的漂河菸了。從此，漂河菸就一直成為朝貢的佳品，源源不斷進入紫禁城。

新中國成立後，出於對漂河菸的感情，愛新覺羅的後代、全國政協委員溥佐先生為蛟河菸親筆題詞「正宗關東菸」。

▲ 傳統關東菸發酵上色

▲ 傳統關東菸黃菸成品

額穆縣通俗講演所蛟河分所

清代以來，蛟河就有文人、民間藝人和能工巧匠，從事文化藝術活動，如撰寫族譜、說書講古、修建廟宇等。民國十三年（西元 1924 年）三月，建立「額穆縣通俗講演所」，所址設在額穆索街，同時在蛟河設立講演所分所。

民國十九年（西元 1930 年），縣通俗講演所遷至蛟河街，與蛟河講演分所合併，所址設在蛟河街吉祥街（今新華大街）。

一九三二年七月，縣通俗講演所改名為額穆縣民眾教育館，館址在蛟河縣中央街（今華東路），館舍兩間，館長一人，館員二人，設講演部、書報部、宣傳部、事務部。館裡訂有七種報紙，五種雜誌，翌年又重新劃分問字、圖書、體育、講演四個部。一九三四年七月以後，在協和會的指使下，縣民眾教育館、電影院、戲園子都進行所謂「日滿親善」「王道樂土」等內容的宣傳。

解放初期，縣民眾教育館解體，蛟河縣文化宣傳活動主要靠蛟河中學師生。一九四七年春，蛟河中學派出一部分師生深入農村結合減租減息，邊工作，邊宣傳。年底，縣委將這些學生編成土地改革文藝宣傳隊，向廣大農民宣傳黨的方針政策。

一九四八年十一月，縣民主政府重新建立縣民眾教育館，積極開展民眾教育活動。

一九五〇年，縣民眾教育館改名蛟河縣人民文化館，館內設群眾教育股、文化宣傳股、社會服務股，同時負責兼管電影院和評劇團。

一九五四年，人民文化館改名蛟河縣文化館。

電影《寂靜的山林》真實故事發生地

二十世紀五〇年代中期，長春電影製片廠拍攝的反特片《寂靜的山林》全國熱播，該電影由真實故事改編，故事的發生地就在蛟河市漂河鎮的摩天嶺上。

《蛟河文史資料選編》（1992 年）收錄了丁維璽口述、王鳳閣整理的《空降特務的覆滅》一文，裡面詳細敘述了該故事。

該電影劇情：在北方某地，境外間諜機關委派女特務李文英潛入東北地區，企圖組織敵特空投。正在此時，偵察員馮廣發假借生意虧本而結識了李文英，敵方演出了一系列「苦肉計」，均被馮廣發識破，他還巧妙地被敵人委任為東北空投大隊長。馮廣發在接受空投任務的時候，偵尋到了敵人的全盤空投計劃。在同一時間裡，我公安部隊和民兵早已在一片靜寂的山林裡，布下了天羅地網。經過一夜激戰，在山林裡的女特務和她的丈夫孫威廉等全部落網。

▲ 電影《寂靜的山林》海報

郭沫若為蛟河縣第二中學題寫校牌

一九六二年秋天，蛟河市（時為蛟河縣）第二中學學校的師生自力更生新建了校門，當時主持學校工作的代理校長楊德榮委派美術教師才永慶書寫校牌。才永慶和大隊輔導員岳明君商量後，他執筆以少先大隊名義給遠在北京、時任中國科學院院長的郭沫若寫了一封信，請求郭老為學校校名題字。

▲ 郭沫若為蛟河二中題寫校牌

信中的主要內容是「我們少先隊員，自力更生新建校園大門，請郭老給我們題寫『蛟河縣第二中學』校名牌」。寫完後用紅信封寄到北京。

讓大家沒有想到的是，信件寄出不到

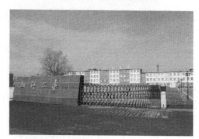

▲ 蛟河二中正門

二十天，學校就收到了郭老秘書的回信。回信內容大致是：郭老收到你們的來信很高興，在百忙中給你們題字，祝你們好好學習……立志成材。

信中寄來了郭老親筆題寫的「蛟河縣第二中學」七字，紙張為熟宣紙，大小為八乘二十左右，字體大小為四乘三公分左右。

接到題字後，學校通過投影放大，刻出郭老親筆題寫的「蛟河縣第二中學」校牌，掛在了新建的大門右側。

蛟河市被評為中國優秀旅遊城市

二○○一年，蛟河市做出了爭創「中國優秀旅遊城市」的決定。經過三年的不懈努力，二○○四年，蛟河創優成功，高分通過了評審，捧回了「中國優秀旅遊城市」金字招牌。

「創優」三年中，蛟河大力開展城市基礎設施建設、提升城市品位。精心修編旅遊發展總體

▲ 中國優秀旅遊城市證書

規劃，加大力度建設城市基礎設施。累計投資十六點十五億元，大力開展城市亮點工程，大力度實施「拆小還綠」「見縫插綠」和「拆牆透綠」以及巷路鋪裝等城市綠化、硬化、美化、亮化工程，新建、改建、擴建一批城市道路工程，開發建設了一批精品住宅工程，實施改造了一批城市公用設施建設工程。開始規劃建設蛟河新區，拓展城市發展空間，提高城市承載功能。投資二百餘萬元，購置了先進環衛清運設備。成立了城市管理綜合執法局，增配五十五個財政全額撥款事業編制。制定出台了《蛟河市市民守則》《蛟河市城市管理「十不准」》等規定。強化社會治安綜合治理，嚴厲打擊各類違法犯罪活動，創建了良好的社會治安環境。加大了城市環境保護力度，城市環境空氣、城市環境噪聲、地面水污染指數均優於國家優秀旅遊城市標準，城市旅遊產業要素得到優化配置。

在加強基礎建設的基礎上，蛟河把景區建設作為創優工作重點，在打造精品景區、開發旅遊產品、加強旅遊管理上下功夫。以發展旅遊經濟，培育支柱產業，打造特色品牌為目標，按照旅遊總體規劃，通過企業投入、財政投資、

社會融資、招商引資等方式，累計投資二點二億元全面加快了旅遊基礎設施建設和景區開發，形成了「關東奇山」拉法山、「森林浴場」慶嶺瀑布、「秋天童話」紅葉谷、「小長白山」老爺嶺、「山水畫廊」松花湖、「關東九寨」冰湖溝等風格迥異的六大精品景區。在景區修建木質棧道、石板路和盤山路等一批獨具特色的景區內道路，建設紅葉谷賓館、拉法山賓館、旅遊服務中心等一批綜合服務設施，提高了旅遊接待能力和服務水平。建設了旅遊諮詢服務中心，

▲ 蛟河城區全貌

在交通樞紐、旅遊服務場所規範設置諮詢服務及投訴場所，及時為遊客提供服務、排憂解難。全面加強旅遊市場管理和集中整治，成立了旅遊監察大隊和質監所，對擾亂旅遊市場的行為給予嚴厲打擊。

開發新旅遊項目，拉長旅遊產業鏈條，壯大旅遊產業規模。推出了漂流、烏林朝鮮族民俗旅遊、「亞洲第一酒窖」工業遊、東北最大食用菌基地農業遊、滿族民俗風情遊、農家樂採摘遊、插樹嶺關東民俗體驗遊等旅遊項目。開

▲ 拉法山穿心洞

▲ 拉法山姊妹峰

▲ 拉法山國家森林公園慶嶺瀑布景區

▲ 紅葉谷風光

▲ 紅葉谷將軍祭台

▲ 紅葉谷谷外谷

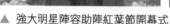

▲ 強大明星陣容助陣紅葉節開幕式

發了浪木、根雕、微型石雕、正宗關東菸、長白山土特產品等具有地方特色的旅遊商品二十多個種類，幾百個品種。

把大力宣傳推介作為創優工作的關鍵，策劃舉辦特色節慶活動，打造旅遊品牌，塑造旅遊形象。先後舉辦了拉法山旅遊登山節、「世紀之春」演唱會、中國・吉林・長白山紅葉旅遊節等節慶活動，效果明顯。特別是舉辦中國長白山金秋紅葉旅遊節，推出了紅葉旅遊品牌，填補了吉林省秋季旅遊的空白，成為吉林省四大節慶活動之一，已列入國家節慶活動名錄。尤其是和央視一套、四套、七套及吉林衛視等權威媒體的良好合作，邀請劉歡、郁鈞劍、金鐵霖、祖海、張也、李玉剛、韋唯、李谷一、李詠、王小丫等明星名人走進蛟河，使《紅葉情》《紅葉頌》等一批讚美蛟河紅葉的歌曲唱響中華大地，「紅葉之城、魅力蛟河」聲名遠播。

經過多年的精心培育，目前，蛟河市的旅遊已經走向成熟，獲得了極高的知名度，取得了豐碩的成果。二〇一四年，蛟河各大景區全年共接待遊客六十二點三萬人次，旅遊總收入達二點七三億元。旅遊產業正在成為蛟河經濟發展的重要支撐，蛟河紅葉更是享譽海內外，成為蛟河最靚麗的名片。

蛟河市被評為全國文化先進縣、全國群眾體育先進單位

蛟河市委、市政府一向高度重視文化體育事業，大力開展文化體育基礎設施建設，潛心培育文化體育人才，組織開展豐富多彩特色鮮明的文化體育活動，全力發展文化事業，文化體育建設取得了豐碩的成果，受到蛟河各界群眾和上級文體主管部門的認可。

▲ 全國文化先進縣

近年來，總投資二五〇〇萬元建設完成占地 29200 平方米、建築面積 6516.75 平方米的全民健身中心。中心包括圖書館、體育館、體育場、體校，設施齊全。建設完成七個街道文化中心、十四個城市社區文化室。總投資二四〇萬元建設

▲ 全國群眾體育先進單位

完成十個建制鄉鎮的綜合文化站建設。實現行政村農村文化大院和農家書屋全覆蓋。每年節慶期間，蛟河市都充分發揮圖書館、文化館及城區各級文化陣地的作用，組織開展群眾喜聞樂見的文化活動。「三節」期間，組織開展關東秧歌展演、元宵燈會、攝影展、「春風進農家」送春聯、農民書畫聯展等十餘項大型群眾文化活動。每年組織文藝團體深入社區、村屯開展文藝下鄉演出八十場，組織電影公司全年放映公益電影三〇七二場。根據城鄉居民的興趣、愛好、特長，組建了秧歌、廣場舞、交誼舞、農民攝影、文學、美術、根雕、戲

▲ 蛟河市元宵節秧歌會演

曲、書法、手工、長跑、太極拳等三十八個協會，協會會員達五萬餘人。每年組織開展「歡樂莊稼院」「和諧大家園」「鄉村大擂台」等城鄉文體活動三百餘場。

二〇〇五年，蛟河市被評為「全國文化先進縣」「全國群眾體育先進單位」。二〇〇九年復評「全國文化先進縣」。

▲ 蛟河市全民健身中心全景

蛟河市烏林朝鮮族鄉被評為「中國民間文化藝術之鄉」

　　烏林朝鮮族鄉是吉林地區唯一的朝鮮族鄉，也是蛟河市內最大的、最集中的朝鮮族聚居區，保留了最為完整的朝鮮族民族文化和風俗。烏林鄉因其豐富多彩、極具鮮明特色的民族文化，二〇一一年十月，被國家文化部授予「中國民間文化藝術之鄉」榮譽稱號。

　　朝鮮族民俗風情異質文化特徵明顯，在生產生活、建築民居、婚喪嫁娶、節慶娛樂、語言文字等方面始終保持著濃郁的民族特色。在開發和建設蛟河這

▲ 文化部授予「中國民間文藝藝術之鄉」榮譽稱號

▲ 烏林朝鮮族鄉群眾表演的民族特色舞蹈

片沃土中，朝鮮族做出了重要貢獻，並在繼承傳統文化的基礎上，不斷賦予新的內容，在服飾、飲食、禮儀、節日、舞蹈、體育等許多方面獨具特色。烏林民俗遊戲花樣繁多，還保留著摔跤、跳板、鞦韆等大量的朝鮮族遊戲。民族飲食異彩紛呈，紫菜飯、米腸、打糕、涼粉、冷麵、狗肉、泡菜等風味食品獨具特色，深受國內外遊客喜愛。

蛟河市一直重視對朝鮮族文化的保護。自二〇一〇年以來，投資二七〇萬元建成建築面積 660 平方米，占地面積 5000 平方米的「民俗會館」，成為蛟河最具朝鮮民族特色的文化活動中心。對二十個行政村文化陣地進行了大規模完善。購置了文藝、體育活動開展所必須的各類器材，重點加強鄉農民文化學校和村文化活動室建設，使之成為農民學文化受教育的學校，成為推廣科學技術，帶領農民致富的示範基地，更是盡最大可能滿足朝鮮族群眾豐富多彩文化生活的陣地。朝鮮族民俗舞蹈表演隊和朝鮮族農民秧歌隊表演朝鮮族傳統龍鼓

舞、頂水舞、象帽舞、刀舞、農樂舞等傳統民族舞蹈，其中「農樂舞」參加了省、吉林市各級文藝會演，榮獲多項大獎，廣受社會好評。

烏林鄉還代表上級部門承辦了韓國嶺南大學學生前來旅遊觀光交流活動和全國優秀青年企業家觀光旅遊活動三十多項，交流了文化，展示了朝鮮族鄉獨特的風土人情。

▲ 中國民間文化藝術之鄉石碑

創作推廣《蛟河市文明風尚三字歌》

　　為進一步提升廣大市民的思想道德素質，激發廣大市民愛祖國、愛家鄉的情感，形成良好的社會風尚，二〇一二年，中共蛟河市委宣傳部創編《蛟河市文明風尚三字歌》。經蛟河市委宣傳部擬定初稿，組織全市文學精英評審完善和提請市委常委會討論通過後，在全市市民中推廣誦讀。

　　《蛟河市文明風尚三字歌》由總序、建設家鄉、社會公德、職業道德、家庭美德、個人品德和結語七個部分組成，每部分二十四個字，總計一六八個字。通過蛟河電視台、蛟河人民廣播電台滾動播放三字歌童音宣傳帶、向廣大群眾群發三字歌手機短信，統一製作懸掛文明風尚三字歌宣傳板等方式，在全

▲ 蛟河文明風尚三字歌在農村

市廣泛宣傳，做到了家喻戶曉、人人皆知。

《蛟河市文明風尚三字歌》的編寫和廣泛傳唱，為蛟河市深入開展社會公德、職業道德、家庭美德和個人品德教育提供了學習載體，提升了蛟河市民的文明意識，推動人們「克己自律，引言導行」。

蛟河市文明風尚三字歌

蛟河人，好風尚，崇文明，重形象。

榮辱觀，記心上，愛祖國，建家鄉。

拉法山，好風光，紅葉谷，美名揚。

資源富，廣招商，共創業，鑄輝煌。

提素質，獻力量，懂禮儀，有素養。

誠與信，要提倡，促和諧，互相幫。

盡職責，業務強，愛崗位，能擔當。

嚴律己，意志鋼，守法紀，德高尚。

孝爹娘，敬兄長，夫妻和，家興旺。

育子女，要有方，睦鄰里，互謙讓。

善學習，知識廣，多鍛煉，身體壯。

通情理，心安康，樂公益，人敬仰。

好生活，感謝黨，當模範，做榜樣。

三字歌，永傳唱，學與做，莫相忘。

成立東北首個農民攝影家協會

多年來，蛟河市一直致力於農村生產生活條件的改善，通過大力發展特色產業幫助農民走上富裕路，通過開展文明生態村建設，引導農民有了更高層次的精神需求。一些農民開始放下鋤頭，玩起了鏡頭，用鏡頭捕捉身邊的火熱美好的生活。

鍾靈毓秀的自然風光和新農村建設的豐碩成果鋪展開一幅幅美麗畫卷，哺育了齊雙、李志成、袁永貴等二十多位農民攝影家。他們把鏡頭對準了鄉村的日出日落和田園風光，對準了新農民的幸福生活和嶄新面貌，創作出一幅幅「接地氣」的優秀作品。在對攝影藝術的不斷求索中，他們的攝影水平不斷提高，作品也陸續嶄露頭角。

為了提高農民攝影愛好者水平，蛟河市文化館每年都組織專題培訓，聘請著名攝影家鄒毅為農民攝影愛好者傳授經驗，通過現場指導，提高攝影技藝。為了讓理論更好地應用到實踐中，文化館每年無償組織攝影家協會人員採風三十餘次，一年四季走遍蛟河的山山水水。

▲ 省委常委、宣傳部長莊嚴與蛟河部分農民攝影家合影

在二○一○年全國首屆「農民眼中的新農村」紀實攝影大展中，齊雙，李志成，袁永貴三人五幅作品獲大獎；在建黨九十周年全國農民攝影展中，齊雙、李志成獲得優秀獎；在二○一一年第二屆全國農民攝影展中有劉太東等三人五幅作品獲獎⋯⋯

二○一二年二月，在吉林省、吉林市文聯和攝影家協會的關心支持下，蛟河市在文化館成立了東北首家農民攝影家協會，吸納了更多的農民攝影愛好者加入，會員人數達到十三人。二○一二年七月，中共蛟河市委宣傳部、吉林市文聯、攝影家協會在蛟河市松江鎮靠山村舉行了「蛟河市農民攝影家創作基地」授牌儀式，為農民搭建攝影平台，推動農民攝影家更好地創作出一批有影響、記錄新農村建設發展進程的攝影作品。

協會和基地的成立使他們有了「家」的歸屬感和強烈的創作激情，正式會員增加到二十一

▲ 齊雙《嬉春》（第四屆全國農民攝影展獲獎作品）

▲ 袁永貴《凌空》（第四屆全國農民攝影展獲獎作品）

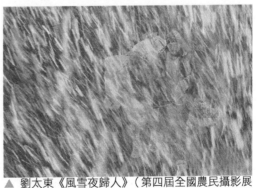

▲ 劉太東《風雪夜歸人》（第四屆全國農民攝影展獲獎作品）

人，農民攝影愛好者五百餘人，作品也呈現井噴式增長，並走上了全國最高領

獎台。

二〇一二年三月，在「吉林國際霧淞冰雪攝影大賽」中，蛟河市李志成獲得金獎；在二〇一三年文化部舉辦的「文化共享杯」全國攝影大賽中，齊雙獲得銀獎；在吉林市「歡天喜地過大年」攝影展中，連續四屆榮獲金銀銅獎。現吉林市政務大廳懸掛的三十多幅作品和吉林市風光明信片背景圖有四分之一來自蛟河市農民攝影家的作品，蛟河農民攝影家協會已經成為蛟河群眾文化的一道獨特的靚麗風景。

二〇一四年，吉林省第二屆農民文化節專門為蛟河農民攝影家設立展區，在全省人民面前展示作品二百餘幅。七月二十三日，蛟河市五位農民攝影家到中國攝影展覽館參加第四屆全國農民攝影大展開幕式及頒獎儀式。齊雙、袁永貴、劉太東等五位農民攝影家的《風雪夜歸人》《嬉春》《凌空》等一舉奪得三個銅獎和八個優秀獎，占吉林省獲獎總數的90%。《中國藝術報》發表的《在土地中生長的攝影故事》稱：「如此殊榮，在全國是獨一份。」並稱其為「吉林省吉林市農民攝影文化現象」。

二〇一四年十月，齊雙、劉太東、袁永貴、李志成四人正式加入中國攝影家協會。同年，蛟河市農民攝影家協會喜獲吉林省、吉林市兩級宣傳思想文化工作創新獎。

▲ 蛟河市「我們的中國夢」農民攝影作品展

▲ 吉林市攝影家協會為蛟河農民攝影家創作基地授牌

前進古城被列為第七批全國重點文物保護單位

前進古城位於蛟河市前進鄉，地處張廣才嶺東廟嶺上。地理坐標為東經 127°48´51.87″，北緯為 43°51´60″，海拔高度為 777.3 米。

二〇一二年三月，經省市文物主管部門、專家學者論證，組卷申報第七批全國

▲ 前進古城保護標誌

重點文物保護單位。二〇一三年三月五日，前進古城遺址被國務院正式批准為第七批全國重點文物保護單位。古城址建於遼金時代，是契丹貴族為防禦生女真族入侵而修建的守備城和軍事防護城。

防禦牆南北方向，長 1189 米，牆基殘寬 10 米至 12 米，牆殘高 2 米至 3 米，沿牆設有甕門一個，旁門二個，馬面十個，角樓三個。甕門東西半徑 11.5 米，南北直徑 22 米，外門道寬 7 米，內門道寬 22 米。在甕門南與北 25 米處，各有一旁門，門道寬 7 米至 8 米。馬面全部建在防禦牆東側，間距 5 米至 12 米，馬面直徑 10 米至 16 米。在防禦牆外挖有護城壕，寬 8 米，深 1.5 米。防禦牆的北端有角樓兩個，間距 100 米，南端有角樓一個。角樓長 11.5 米，寬 8.5 米。在防禦牆的偏南部位，有掩體數處。整座守備城呈不規則長方形，方向為南偏西 60°，東北至西南長 200 米，東南至西北 60 米至 120 米，周長 600 米，牆基寬 9 米至 12 米，殘高兩米左右。在城牆南側偏西部位，開有甕門一個，甕門南北長 22 米，東西寬 20 米，內門道寬 8 米，外門道寬兩米。在北、西、東三面均有馬面，北牆二個，西牆一個，東牆二個。馬面寬 6 米至 10 米不等。在守備城的東南角和西南角各有一個角樓，角樓寬約 6 米，內牆殘高 1.5 米左右，外牆殘高 2 米左右。防禦牆與守備城兩者最近距離為 10.5

▲ 前進古城古井

▲ 前進古城旗杆座

▲ 前進古城守備牆遺址

米。專家考證，前進古城為一座規模巨大的渤海時期軍事防禦要塞。西元六九八年，我國北方的粟末靺鞨族在其首領大祚榮的率領下建立了強盛的地方政權——渤海國，立都於敖東城（現在的敦化市六鼎山，距離前進古城不到六十千米），最強盛時渤海國下轄五京、十五府、六十二州，從長白山、松花江一直到牡丹江、黑龍江流域。

從前進古城遺址周圍採集到的遺物判斷，渤海國滅亡後，遼、金、元、明、清各朝各代一直將前進古城作為軍事要塞沿襲使用。史料記載：清康熙十五年，寧古塔守備將軍奉旨移駐吉林烏拉城後，為了加強與東北各地的連繫，特別是為了防禦沙俄入侵，曾開闢多條驛路，其中一條驛路是由尼什哈站出發，經由龍潭山、江密峰、拉法等十站到達寧古塔（原在黑龍江海林，後移往寧安）。這條驛路，正是通過前進古城。

大型紀實話劇《工會主席》進京演出

二〇〇二年，吉林市總工會、吉林市委組織部、吉林市委宣傳部、吉林市機關工委、吉林市文化局，決定以中國石油天然氣集團吉化集團北方化工總公司工會主席李賀為原型創作大型紀實話劇《工會主席》。

中國石油天然氣集團吉化集團北方化工總公司工會主席李賀，從事工會工作三十八年，在任工會主席的十年中，始終牢記黨的宗旨，模範履行維護職工合法權益的基本職責，把全部精力放在為職工群眾特別是困難職工排憂解難辦實事上。他千方百計，克服重重困難，組織興建扶貧住宅，使九十八戶無房的特困職工搬進新居；倡導建立了扶貧助學基金，讓一千多名困難職工子女不因家庭生活困難而輟學；通過多種渠道，幫助八千多名下崗職工實現了再就業。李賀同志以其勤勉敬業、無私奉獻、全心全意為職工群眾服務的實際行動，贏得了廣大職工、幹部的讚譽和信賴，職工們親切地稱他為「扶貧主席」。為此李賀同志先後被授予勞動模範、模範工會幹部、文明市民標兵等榮譽稱號，並榮獲全國「五一勞動獎章」。

吉林市文化局面向全市進行公開招標，蛟河市藝術團經過多輪激烈競標脫穎而出，四十多名演員艱苦排練近半年時間，在吉林市大劇場首場演出即獲得

▲ 話劇《工會主席》劇照

▲《工會主席》主人公原型李賀

巨大成功。劇本客觀、真實地再現了李賀這位多年來為黨和人民無私奉獻的優秀共產黨員的感人事蹟,並由國家一級演員和多名富有話劇舞台表演經驗的話劇演員傾情出演,情節內容豐富,表演質樸動情。

二〇〇三年,《工會主席》到省會長春演出後,又接連在省內演出六十多場;二〇〇四年,《工會主席》經文化部批准,在慶祝建黨八十三周年前夕調北京在人民大會堂進行演出,再次獲得成功,隨後,在全國各地巡演三十多場。

▎創建農村題材影視劇拍攝基地

蛟河依托秀麗的山水資源，將質樸民風與風景優勢完美結合在一起，依托吉林電視劇現象，緊緊抓住農村題材影視劇熱播的大好時機，全力建設頗具東北特色的農村題材影視劇拍攝基地，努力把資源優勢轉化為文化產業優勢。

▲《正月裡來是新春》劇照

在蛟河有關人士的強力推介下，一些在國內非常有影響力的農村題材的影視劇把蛟河作為拍攝基地，相繼在蛟河開機拍攝。其中，《正月裡來是新春》《都市外鄉人》《種啥得啥》《插樹嶺》《女人的天空》等群眾喜聞樂見的影視劇先後以蛟河市天崗鎮窩集口村和松江鎮插樹嶺村為主景區或分景區進行拍攝，並在央視熱播，劇中優美的自然風光給全國人民留下了深刻的印象。更值得一提的是，電視劇《插樹嶺》榮獲國家「五個一工程」獎。

在此基礎上，蛟河又加大投入，建設拍攝硬件，加強環境改善，進一步維護良好的生態環境，大力推進農村題材攝影基地建設。又有一些劇本、專題片相繼在蛟河拍攝並獲獎。在慶嶺活魚一條街和窩集口村創作拍攝電視紀錄片《慶嶺活魚》和《農民攝影家》，分別榮獲第五屆中國旅遊電視周優秀短片獎和第六屆新農村電視藝術節最佳作品獎。二〇一四年，中央電視台《遠方的家》欄目組走進蛟河市松江鎮、慶嶺鎮、新站鎮、前進鄉，以松花江沿岸的風土人情為內容製作專題節目，通過《江河萬里行》欄目在央視四套播出，收到了良好的效果。

發現保安睡佛與《保安睡佛賦》始末

山不在高有仙則名，水不在深有龍則靈。蛟河保安睡佛能成為與樂山大佛幾近齊名的自然景觀，與著名詩人張福有的《保安睡佛賦》有莫大的關係。

「皇皇乎，保安睡佛，自然奇觀。惟妙惟肖，勝似樂山。經配樂以廣播，名揚海內；由報章以發表，影繞邊關。從銀屏裡搖來，令豪飲客豪吞波裡月；在夢魂中相遇，叫酣遊人酣醉水中天。鋪天蓋地銷永晝，悟空醒世過流年。甲子幾度輪回，歷代名賢未曾記；乙酉一經報曉，如今眾口競相傳。小憩保安之睡佛，方浴長白之天池。濃霧淫雨連數日，秋色晴光當此時。雄麗掩妖嬈，勢逼五岳；瓊潔含縞素，源開三支。攜白山之靈氣，為睡佛照影；共保安之肇基，策駿騎奔馳。東方喬岳，壯神州之美；山川鍾靈，驚寰宇之奇。嘉夢無邊，頭西北而高枕；安定有致，腳東南而低垂。青鬢秀髮，翠黛慈眉。耳聰聞人間哭笑，目明察世上妍媸。藏百禽而心寬有忍，納萬木而腹大無欺。仰臥於天地之間，風霜並雨露潤神爽意；置身於日月之下，草木共山石含情凝睇。嗟夫！天造乎疑地設，鬼斧乎疑神技。千姿百態，任君揮灑五色筆；七步八斗，愧我胸少十香詞。

朝霞染新梅，疏影暗香，恍似和靖孤山梅蕊放；晚風搖弱柳，輕枝細葉，猶如淵明故宅柳條舒。春夏草茂山寺遠，秋冬月明水亭虛。東北風光，拉法起舞，綠水揚聲聲相應；西南煙波，樂山歡歌，翠竹弄影影不獨。未到蛟河今先駐馬，從今莫問人到否；初識保安今已銷魂，而後不愁客來無。詩曰：「保安睡佛今不孤，敢問此時有夢無？香國上方拋錦字，福田彼岸讀天書。三摩月帳師王母，半揭雲衣疑麻姑。入定悟空休打坐，塵囂摒卻味真如。」

一九九三年八月七日下午，時任吉林省委辦公廳副主任張福有等，自長春赴延吉途中，路經蛟河拉法鎮保安村附近路面時，偶從車內眺望東側山嘴山（亦稱海青山），見其山形猶如一睡佛狀，遂精神為之一振，便在汽車內將此

狀如睡佛的山體定名為
「保安睡佛」。

張福有返長後興奮不
已，奮筆疾書，電台、電
視台均播出此訊，多家日
報、晚報均刊出此消息。
隨後，張福有又在《吉林

▲ 保安睡佛

日報》「東北風」上載《自然奇觀──保安睡佛》一文稱：仔細端詳，清晰可
辨「睡佛」濃密的頭髮規則地捲曲著；前額下的眼睛依稀透出光明，眼窩下鼻
梁勻稱，鼻尖略微隆起，上下唇間，清晰地橫一道唇線，兩唇豐腴，且下唇稍
托上唇，似開又閉，最令人叫絕的是唇下十分逼真地內陷一點，緊接著清楚的
雙下頦兒與脖子連在一起。再往下，胸脯豐滿，隆起中透出難以言狀的美感。
上腹略低，中腹部自然隆起，小腹低平，腹部與腿部界線分明，大腿與小腿之
間膝蓋十分明顯、臍部痕跡宛然，小腿之下，腳凸起，右臂自然地置於胸腹之
側，右手放在小腹下部，真是天造地設、鬼斧神工！

張福有稱「保安睡佛」與樂山睡佛相比較，保安睡佛絲毫不比樂山睡佛遜
色。她不僅如樂山睡佛那樣有清晰可辨的五官，而且更形象、深邃、惟妙惟
肖，飽含哲思。緊接著《視聽導報》《江城日報》《吉林畫報》及香港《大公
報》、泰國《新中原報》、法國《歐洲時報》等報刊均分別以《中國長白山區
發現天然大睡佛》為題登出消息。

保安睡佛遂被眾多旅遊界人士關注，被選入「中國九三·十二奇」之一。
同年十一月，張福有在《吉林日報》上發表長篇《保安睡佛賦》，又被國內外
各大媒體紛紛轉載。

「保安睡佛」經此渲染，名揚海內外，眾口相傳，國人爭先一睹為快。二
〇〇一年五月，蛟河市在三〇二國道觀看保安睡佛的最佳位置處修建一花崗岩
觀佛壇，便於遊客駐足觀看。

《誰是最可愛的人》著名作家魏巍與蛟河奇緣

　　《誰是最可愛的人》這篇作品，家喻戶曉，流傳中外，被選入全國中學語文課本，鼓舞、教育了幾代人。一九五一年四月十一日《人民日報》第一版頭條發表了魏巍的這篇文章。最可愛的人和新一代最可愛的人，在當代中國已成為中國人民志願軍和中國人民解放軍的代名詞。《誰是最可愛的人》中記述的「松骨峰戰鬥」中那位「咬著敵人耳朵」的英雄隋金山是蛟河市人。著名作家魏巍也因此與英雄的後人結下了一段奇緣。

　　隋鳳喜十五歲那年的一天，老師領著上中學二年級的他和同學們朗讀課文《誰是最可愛的人》。讀到「隋金山」這三個字時，隋鳳喜心裡一驚：這不是父親的名字嗎？難道自己早亡的父親是這樣的英雄？是不是重名呢？他向老師說了自己的疑惑。在老師的引導下，他到縣民政局詢問，終於得到了證實：作家魏巍寫的隋金山確實是自己死去的父親！

　　一九五〇年十月，朝鮮戰爭爆發。時任排長的隋金山帶領戰友們奉命向中朝邊境集結。部隊在九台駐紮時，隋金山寫信給妻子陳桂芝，要她帶上從未見過面的兒子隋鳳喜來部隊。然而，當陳桂芝剛剛準備好路費要動身時，又收到隋金山的第二封信，告訴她部隊馬上開拔，不要來了。此後陸續有隋金山的立功喜報寄回家鄉。一九五〇年底的一天，部隊派人送來了隋金山最後的「軍功章」——烈屬證！陳桂芝知道丈夫再也回不來了！

　　一九六九年一月，二十二歲的隋鳳喜參軍，在遼寧錦州葉柏壽鎮守衛大橋。一九七〇年夏季他突然患了肺結核，在醫院住了半年。後來又復發兩次，不得不在一九七三年五月因病轉業，到蛟河縣煤建石油公司油庫做保衛工作。

　　一九七五年五月他和在一家福利廠工作的女工于桂蘭結婚，一年後有了兒子隋義。一九七六年秋天，隋鳳喜的肺結核病又一次復發，經醫院檢查肺葉已

穿孔成洞。出院後，他被調到了物資局下屬的燃料公司當收發員，工資不高，加上每月買藥和償還住院欠下的醫藥費，所剩無幾。一九八四年，妻子下崗，這更令隋鳳喜一家陷入困境。

絕望之時，隋鳳喜猛地想到了自己沒有實現的心願：見魏老一面！他給魏老寫了一封信，表達感謝，敘說自己的辛酸和坎坷，這封信足足寫了八九頁。

一九八四年五月三十日，正在收發室值班的隋鳳喜突然接到一封北京的來信，信封上署著「中國人民解放軍北京軍區政治部」的字樣，下面是一個大大的「魏」字！隋鳳喜兩手哆嗦著打開了來信。

讀著魏老的來信，隋鳳喜的心裡像打翻了五味瓶，自責、內疚和悔恨一齊湧上了心頭，魏老在信裡熱情的鼓勵、懇切的希望和叮囑像一記重錘，砸在他的心上！

魏老還幾次寫信給部隊及地方政府，請求幫助解決隋鳳喜的生活困難問題。在魏老的努力下，隋鳳喜的醫療費、住房等問題都得到了妥善解決。就這樣，一個普通的烈士後代與一位德高望重的老作家建立起了頻繁的書信連繫和親密友情。

一九九七年初，上高一的女兒隋心的學費還未湊上。從這年大年初三開始，隋鳳喜一早一晚推著三輪車開始在大街小巷四處搜尋撿破爛。一個月後，硬是「撿」出了女兒的學費，隋鳳喜把這事告訴了魏老，魏老高興地連聲說：「好樣的，不愧是隋金山的兒子，有你爸那勁頭！」

二〇〇一年八月一日下午，在一家媒體的幫助下，隋鳳喜等一行四人來到了位於北京西山腳下的魏巍的家。魏巍那年八十一歲，耳朵有點兒背，腿腳也不太好使，但他每天都要工作到凌晨一點多。魏老的記性好，他還清楚地記得抗美援朝戰爭中他所經歷的事兒。說到動情處，魏老再一次握著隋鳳喜的手，說：「我今天特別高興、特別激動，因為我見到了松骨峰烈士隋金山的兒子！」

二〇〇八年八月二十六日，隋鳳喜下班回家，女兒隋心告訴他：「魏爺爺去世了。報紙上都報導了。」隋鳳喜大吃一驚，急忙往魏老家打電話，可是電

話撥通後卻一直無人接聽。隨後，他又撥打了魏巍的二女兒魏欣的手機，得知魏巍的葬禮將在八月三十日舉行，他表示一定參加。就這樣，隋鳳喜終於如願以償，圓了去北京為他精神上的父親送行的夢⋯⋯

創編蛟河形象歌曲《我愛你蛟河》

為反映蛟河市經濟社會發展成果以及廣大群眾良好的精神面貌，進一步加強蛟河文化建設，蛟河市於二〇一一年十二月開展打造城市形象歌曲創作活動。

通過蛟河市電視台向全市發出了「蛟河形象歌曲」歌詞徵集活動的啟事，動員全市人民積極參與投稿，共收到市民報送作品九十八首。初選經專家評審組「背對背」方式嚴格評審，選出具有一定文化底蘊，能夠反映蛟河發展，激發群眾情感的作品十篇，復選按照「五、三、二、一」逐級淘汰的原則，由專家評審組經過四輪嚴格封閉式評選，《我愛你蛟河》入選。入選歌詞確定後，專家評審組進行了完善，吉林省歌舞團副團長林華秀為其譜曲，於二〇一二年九月二十七日中國第十一屆長白山紅葉旅遊節開幕式上由歌手陳乃良首唱。蛟河市通過蛟河人民廣播電台、蛟河電視台和人民廣場大屏幕分時段循環播放形象歌曲 MTV，在全市掀起唱歌曲、愛家鄉、做貢獻的熱潮。

蛟河形象歌曲在廣大群眾中廣為傳唱，與「文明風尚三字歌」一起，共同推進蛟河文化建設，推動市民克己自律，引言導行。

▲ 青年歌手陳乃良演唱《我愛你蛟河》

我爱你蛟河

1=D 2/4

豪放、真挚、赞美地

集体 词
华秀 曲

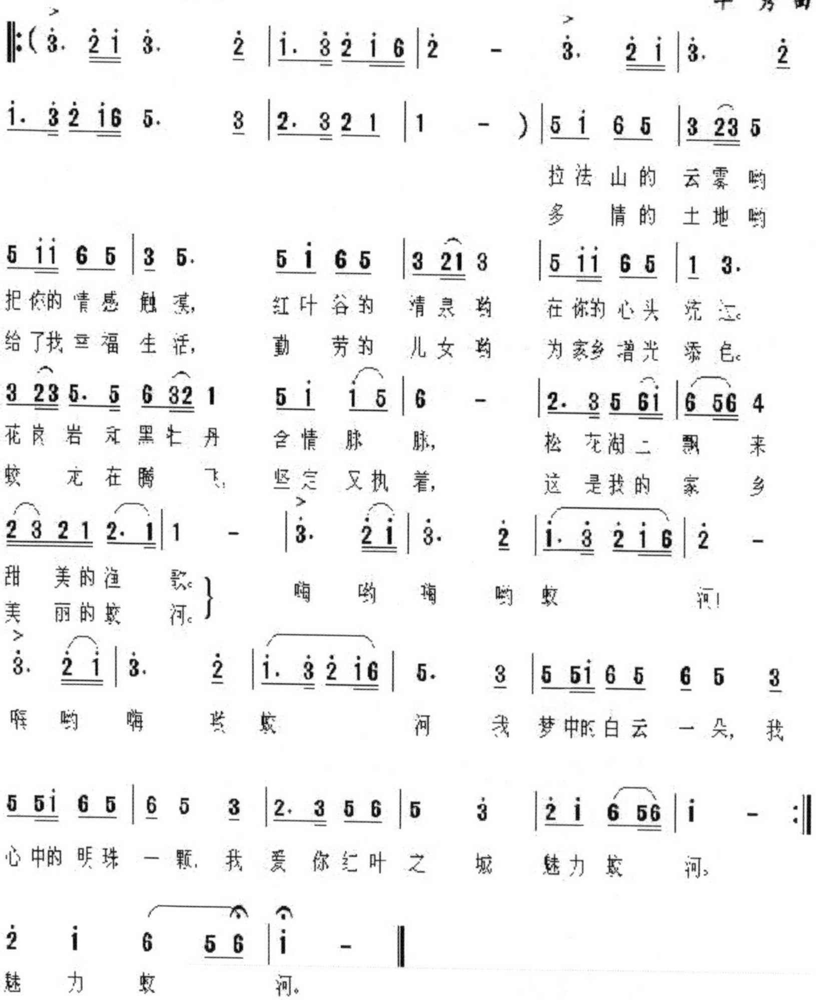

黃松甸被評為「中國黑木耳之鄉」

蛟河市黃松甸鎮依托冬季寒冷漫長、夏季晝夜溫差大、適宜黑木耳等菌類生長的自然條件，自二十世紀七〇年代起，就有農戶試種木耳，並且逐步形成規模，至今形成了獨具特色的木耳產業文化。

在木耳產業發展過程中，蛟河市把提升木耳的文化內涵作為重要內容，以文化推動產業發展。一九九九年，黃松甸鎮鎮長崔成吸納當地的食用菌「土專家」領辦成立農林土特產品經銷公司，建設黑木耳種植示範基地，主抓食用菌產業，開闢了全市領導幹部領辦公司的先河。使食用菌產業從民間自發成長狀態順利過渡到由政府引導的科學發展道路上來。

二〇〇一年，黃松甸鎮掛牌成立「吉祥食用菌公司」，專門經營食用菌產品的保鮮和深加工，先後註冊了「靈雲」牌靈芝茶、「綠花園」牌木靈芝、「黃松甸」牌黑木耳三個商標，其產品被評為東北名牌產品。

二〇〇三年，蛟河在黃松甸鎮組建了二十個特色木耳文化產業園區，使得黃松甸的食用菌再一次聲名鵲起，食用菌人均純收入占總收入的65%。

二〇〇四年至二〇〇七年，黃松甸鎮分四期工程建設食用菌大市場，是全省規模最大、公共服務設施最完善的食用菌專業批發市場，年銷售黑木耳等乾品三萬噸，產值二十餘億元。

二〇〇六年，打造「國家級萬畝黑木耳標準化種植示範區」，統一規範化種植標準、統一管理、統一供水、統一供電、統一技術指導培訓，逐步實現了從庭院經濟向集約經濟轉變。

二〇〇七年始，成功舉辦五屆「食用菌暨長白山特色產品展洽會」，平均每屆展會的參展商均達到五十餘家，來自十餘個省三十餘個城市，參加會議的來自國內的食用菌客商、經紀人、食用菌方面的專家學者六千多人次。

自二〇〇二年至二〇一三年，蛟河市先後舉辦兩屆「靈芝藝術節」，五屆

食（藥）用菌產品經貿洽談會，提升「黃松甸」知名度，積極爭取創名牌，先後被評為吉林省「黑木耳之鄉」「省級科普示範鄉鎮」，在全國第七屆菌物年會上被中國菌物學會評為「食用菌生產先進單位」，在第四屆中國食用菌協會大會上被評為「全國食（藥）用菌行業優秀基地鎮」。二〇〇六年至二〇〇七年連續被評為「全國小蘑菇新農村建設優秀示範鎮」，「黃松甸牌」黑木耳被評為「吉林省著名商標」。

▲ 黑木耳生產場景

二〇〇九年六月，黃松甸鎮通過吉林省食用菌協會逐級向中國食用菌協會申報「中國黑木耳之鄉」，二〇〇九年八月六日，在第三屆吉林蛟河‧黃松甸食用菌產品展示暨經貿洽談會上，中國食用菌協會授予黃松甸鎮「中國黑木耳之鄉」榮譽稱號。在此基礎上，二〇一〇年，國家質檢總局批准「黃松甸黑木耳」為「中華人民共和國地理標誌保護產品」，二〇一四年，「黃松甸黑木耳」地理標誌證明商標獲國家商標總局批准，「黃松甸靈芝」地理標識，已經通過國家農業部專家評審。

現在黃松甸鎮已經成為東北地區最大、全國知名的食用菌生產基地，「黃松甸」黑木耳也成了遠近聞名的知名品牌。

蛟河旅遊開發第一篇——拉法山開發

> 奇峰雲海立，秀色霧中天。
>
> 八寶雲光洞，鐵叉九頂山。
>
> 天橋驚膽魄，洞體戀纏綿。
>
> 好漢登高處，關東拉法山。

拉法山位於蛟河市城區北 11 千米，總面積 12 平方千米，主峰雲罩峰海拔 886 米。拉法山拔地而起，雄偉狀觀，重巒迭嶂，氣勢磅礴，號稱「九頂鐵叉山、八寶雲光洞」，素有「七十二洞、八十一峰」之說。站在雄偉壯觀的山門前，放眼拉法山「萬丈煙巒接翠濤，絕險危崖步步高」。蒼松、石洞、怪石點綴其間，猶如一副綺麗多姿、紫氣迷蒙的山水畫卷。登上白雲飄逸、險峻陡峭的拉法山主峰雲罩峰，茫茫雲海盡收眼底、座座山峰歷歷在目，奔騰不息的蛟河水，如銀色長龍，蜿蜒西去；碧波蕩漾的松花湖，雲霧迷蒙、魚帆點點；村莊、農田、土路、水庫，相互點綴，充滿詩情畫意，一年四季，拉法山姿態萬千，美景終年紛呈。這裡還是楊金豹下山、紀曉堂降妖、長白李大仙、水眼金睛獸等故事的發生地。優美動人的神話傳說，為巍峨壯觀的拉法山，增添了幾分神秘。前人栽樹後人乘涼，拉法山旅遊開發，無疑喚醒了蛟河市沉睡的旅遊文化……

一九八四年四月。蛟河市一位叫王大本的市政協委員認真考察了蛟河的旅遊資源後，寫了一份建議興辦蛟河縣旅遊事業的提案；一九八五年二月，他給當時的蛟河縣長賀瑞祥寫了一封長信，提出《發展蛟河旅遊業是振興蛟河經濟最佳方案》的建議。一九八五年五月，王大本再次聯合蛟河縣委宣傳部劉國志等七人，聯名向蛟河縣長賀瑞祥提出了《關於興辦蛟河縣旅遊事業的建議》。

賀瑞祥縣長對該建議極為重視，親自主持召開了座談會。一九八五年八月十九日，蛟河縣政府常務副縣長段玉林、政府辦公室主任左殿海，組織相關人

員對拉法山等旅遊資源進行實地踏查，為拉法山旅遊的規劃、開發做前期準備。

為推動蛟河旅遊業發展，一九八六年九月十五日，蛟河縣旅遊愛好者協會成立，蛟河縣長賀瑞祥、副縣長段玉林擔任協會的名譽主席。

一九八九年七月，蛟河撤縣建市後。蛟河市委、市政府領導對開發拉法山更為重視，並將拉法山初期開發的任務交由蛟河市政協負責。蛟河市政協組成了以政協時任主席楊志強為組長、副主席張文學為副組長的拉法山踏查小組，組織部分政協委員和測繪、園林、美術工作者，吃住在拉法山下的農業屯，歷經四個多月時間，完成了拉法山地形圖繪製、立體沙盤製作和《關於開發拉法山旅遊區的意見》。

此後，楊志強出面向交通局等單位籌集資金建起拉法山外山門，並由蛟河煤機廠支援鐵鎖鏈等在攀登拉法山的險要處安置了登山扶手。

一九九一年五月十日，蛟河市政協再一次組織政協委員和機關人員共百餘人赴拉法山實地考察旅遊資源，然後由蛟河市政協編輯出版一本《拉法山詩選》，蛟河市前任和時任領導吳廣才、肖榮、姚來富、曲國良、鄒喜山、楊志強等人都有佳作入選。

一九九一年六月三日，時任市長張維剛主持的蛟河市政府第十次會議專題討論並決定了拉法山旅遊資源的開發、規劃和建設工作，並決定成立以常務副市長張中濱為組長、政協副主席張文學為副組長的蛟河市旅遊開發領導小組。

此後由蛟河市政府給市直各單位下達任務，分片包幹在拉法山建立一些簡易旅遊設施，拉法山旅遊區的開發、建設由拉法鄉政府具體負責。一九九三年四月二十四日，蛟河市政府第五次常務會議決定正式成立蛟河市旅遊事業管理辦公室，同蛟河市政府辦公室合署辦公。

一九九四年四月二十六日，蛟河市政府召開旅遊工作會議，副市長張永剛主持，政府辦、旅遊辦、計經委、財政局、鄉企局、市賓館、文物所和有旅遊景點的鄉鎮，以及市內各旅遊景點、蛟河旅行社、蘭天旅行社負責人參加。一

九九四年八月，蛟河市正式成立蛟河市旅遊局，李耀忠任旅遊局局長，王大本任旅遊局副局長。一九九五年二月，蛟河市旅遊局與蛟河市林業局合署辦公。

一九九一年六月十八日，蛟河市拉法鎮人民奏響了向拉法山旅遊大開發進軍的序曲。

拉法山原始山名叫「喇叭磋子」，又叫「大磋子」，被命名為「大磋子」是為了與附近的「小磋子」山名相區別。一九九一年開發時，由於大磋子山坐落在拉法鎮境內，於是將其更名為「拉法山」。「拉法」是滿語的音譯，意為最好、無與倫比。

一九九〇年七月一日黨的生日那天，拉法鎮黨委書記、鎮長、副鎮長、水利所所長一行九人第一次正式踏查拉法山。

一九九一年六月十八日，拉法鎮召開黨委會，決定成立拉法山旅遊開發工作隊，由鎮長帶隊全面負責拉法山旅遊開發工作。六月二十日，召開了由鎮村

▲ 拉法山山門冬景

全體幹部參加的「開發拉法山、建設旅遊區」工作動員大會，當天下午，工作隊上路，測量通往拉法山的交通路線，由此吹響了向拉法山旅遊開發建設進軍的戰鬥號角。

山外的道路建設從六月二十一日開始，由各村書記帶隊修路，實行分段負責制。各村牛馬車、拖拉機和全鎮勞動力無償獻工，全員參戰，到七月八日僅用十八天時間，山外砂石路建設竣工。

又一次開發動員大會後，旅遊開發工作隊八人帶著米尺、紙筆、指南針，再次走進拉法山。工作隊走過山上每一寸土地，觸摸過山上每一塊石頭，探尋過每一個洞穴，十四天後，終於全面地踏查了這座神奇的拉法山。

工作隊發現，拉法山除了山勢雄奇外，更神奇的在於一個又一個流傳在民

▲ 拉法山全貌

間的關於拉法山的故事、傳說，那才是拉法山旅遊的根，文化的魂。

　　除了歷史上已經有名的朝陽洞、太和洞、穿心洞外，餘下的所有的洞穴都結合拉法山的傳說來逐一命名。工作隊在民間走訪時，記錄本記不下，就將一些傳說故事記在煙盒上，之後再認真整理，他們先後收集整理了二十六個傳說故事。

　　旅遊開發，資金是關鍵，文化是支撐。因為拉法山神奇的文化，吉林市江南博物館田大師來了，為太和洞、太極洞、穿心洞、通天洞塑像。福建的大師來了，根據吉林北山大廟的原型結構，設計建造了山上的玉皇閣。在奶子山一中任教的徐老師來了，書寫了「絕壁亭」三個遒勁大字。市書法家劉慧來了，書寫了拉法山景區內所涉及到的其餘所有景點文字。十八　地村大橋溝屯石匠

蒲慶武來了，用雙手一錘錘敲打出為建登山石階所用的一塊塊條石，在險要路段鋪設了台階。市建設局來了，投資贊助建設了拉法山外山門。市第二機械製造廠來了，投資贊助建設了內山門、主峰亭子、觀壁亭、絕壁亭。

一九九二年五月八日，正式舉行了開山儀式，拉法山旅遊景區正式向遊人開放。一分心血，一分成果；一分汗水，一分收獲。當年，門票和商業網點出租為拉法鎮實現景區收入四十六萬元，純收入二十三萬元。到一九九七年，拉法山旅遊景區年收入已高達一百萬元。

一九九九年，蛟河市提出「統一規劃旅遊產業，集中管理旅遊事業，拉動經濟快速發展，提升全市旅遊品質」的思路，對全市旅遊資源整合規劃，將拉法山景區的經營管理權移交給市林業局。

在拉法山發現的岩漿氣泡洞位於主峰雲罩峰峰體的後側，海拔 754 米處。二○○一年六月七日，有史以來第一次對此洞進行科學系統的考察。

考察探險隊由專家、媒體記者、保安人員組成，同行的還有當地醫院派出的一個急救隊。跨過「天橋」，繞過「一線天」等幾個險絕地帶，探險隊來到位於主峰峰頂下一百餘米的集結地點，這只是個最寬不到二米，最窄僅一米的山脊，前後都是坡角八十多度，深達一百多米的絕壁。氣泡洞就在後壁下方近

▲ 俯瞰拉法山

二百米遠的懸崖底部。

八時整，借助工作人員繫在崖頂大樹上的兩根繩索開始向下攀援。經過一個僅能容下兩腳的緩衝斜坡後，探險隊來到一處長二十餘米的垂直岩體上部，岩體上除了幾處天然的淺石窩可以輔助攀援外，只有靠兩根繩索攀附。

八時三十七分，全部人員集齊到一個被稱作背陰洞的大洞口前，這是個長、寬均三十餘米，高十餘米的大洞，就像一個天然的賓館大廳，由於海拔高被封藏在密林中，這裡的落葉下面還有厚厚的一層冰雪；洞底則有一泓清澈的水池。探險專家組成員、中國地學旅遊研究會委員、吉林大學地球科學學院教授程新民介紹，這個洞係構造坍塌洞，正是它的坍塌造洞過程才讓大氣泡洞得以顯現。

程教授和吉大考古系教授陳全家兩人用力敲著一塊洞內風化為淺白色的岩石，指著露出來的肉紅色岩面介紹，這種白崗岩，據他們上次考察在周邊帶回的樣品分析測樣表明，這裡的岩石形成於距今一點五億年的早侏羅紀。這個洞的形成與岩石形成幾乎同時發生，但真正顯現則是較晚時期。

據陳教授和程教授介紹，拉法山上目前發現的三十個岩洞都是白崗岩洞，這在地質學史上是極為罕見的，而這個洞的表面形態和理化分析都符合氣泡洞特徵，更是奇中之奇。

關於這個洞的最早傳說出現在二十世紀二〇年代。據傳，這裡曾是當地民眾與日本侵略者進行鬥爭的隱身之所。據當地一位老人介紹，二十世紀二〇年代，拉法山東南方，有個叫十八垧地的村子，村裡有個姓洪的小伙子與老母相依為命，一天，日本鬼子來抓壯丁，小伙子獨自跑到拉法山裡。一天一夜的奔跑攀援，他自己也不知道來到了什麼地方，快天黑的時候他發現了這個懸在岩壁上的洞口。此後，這裡就成了一些山裡人避難的場所，而後期則成了部分村民抗擊日寇時的藏身地。

據兩位教授介紹，目前在我國尚未見到有關發現大型氣泡洞的記錄和資料。在拉法山上發現的這條長達二十二米有餘的岩漿氣泡洞，填補了我國沒有

大型岩漿氣泡洞的空白。它不但在地質學研究上有重要的意義，而且是造物主留給我們的無價財富。

除了這條被當地人稱為「上洞」的氣泡洞外，在一條叫「懸羊洞」的上部也有可能是氣泡洞。由於該洞洞內後壁為陡峭的絕壁，呈圓形向上，而且高不見頂，用常規的方式無法攀登，所以目前仍沒有人能揭開它的神秘面紗。兩位教授表示，在長白山腹地發現的白崗岩洞穴群和岩漿氣泡洞填補了我國洞穴學的空白。它不但在地質學研究上有重要意義，而且是造物主留給我們的無價財富。他們建議有關部門和當地政府能組織人力物力對此進行高層次的保護性開發，供海內外遊客和科考人員探險獵奇，使這一奇觀大放異彩。

景區開發絕非一朝完成，是在持續建設中不斷完善。之後，拉法山架設了電網，通上了電；在登山路上全程建設了台階；在危險的地方安裝了安全護欄，架設了觀光索道……

開發建設後的拉法山，真是一幅美妙絕倫的自然山水畫，讓你體會到「壑岩丹青千尺畫，雲海仙山一洞詩」的意境。春天，這裡百草吐綠，萬木蔥鬱。進入五月，拾階而上，身邊野花爭豔，蜂飛蝶舞，百鳥爭鳴。暮春，登高望去，峰峰浴於雲海，一簇簇，一抹抹，如懸浮於海中的島，似搖曳在水中的蓮，又好像航行於天際的帆。盛夏，這裡群峰蒼翠、古洞清幽，大雨過後，雲蒸霞蔚，纖雲弄巧，山峰隱現，宛若瑤池仙境，又如九重洞天。秋天，這裡天高雲淡，漫山紅遍，層林盡染，置身其中，激情無限。冬季，這裡人過鳥驚飛，風捲雪無痕，銀白耀世界，妖嬈競風流。有緣此山，無不感慨萬千：人入拉法山，猶在畫中間，五步一處景，十步一重天。「千姿百態風光好，畫中人醉畫中山，早知拉法山色好，何必千里去江南。」

第三章——

文化名人

近山近水的蛟河，得長白山之仁，得松花湖之智，蛟河人在自得其樂中逐漸認識了這塊黑土地，從山水傳說，到以各種形式展示蛟河自然風光、謳歌時代風雲人物，或詩歌，或散文，或小說，或書法，或繪畫、或攝影，他們追隨著這片土地的神韻，用自己的靈魂諦聽著祖先留下的文化密碼，然後，變成種種文化的語言，來詮釋大美蛟河。蛟河，因為他們的存在而斑斕；他們，因為蛟河的滋養而華美！

中國著名配音演員——肖南

▲ 配音演員肖南

肖南（1930 年-2010 年），生於蛟河。生前為長春電影製片廠譯製片演員、導演，中國電影家協會會員。一九四九年考入東北電影製片廠（長影前身），一直從事譯製片配音和導演工作，先後參加了兩百多部影片的配音和二十多部影片的配音導演工作。

肖南的童年時代，家境貧寒，父親為了尋找活幹，經常帶著一家人四處奔波。他從小就過著動盪不定的生活。

小時，他性格文靜靦腆，不愛說話，對文藝不感興趣。他在中學讀書時，學校組織學生下鄉參加土改工作，並排演了幾個秧歌劇。由於他個子高，嗓音響亮，老師便讓他在《兩個胡子》（東北稱土匪為胡子）中扮演大胡子。他雖然很不願意，但還是硬著頭皮參加了演出。從那以後，學校一有演出，就讓他參加，他慢慢也就愛上了文藝工作。

一九四九年初，他考入東北電影製片廠（長影前身）第四期訓練班。結業分配從事外國影片的配音工作。他終日捧卷苦讀，恨不得一下子把所有知識都「吃」進肚子裡。從一九四九年到一九六六年，他出色完成了二百多部影片的配音工作。

他聲音寬厚洪亮、莊重威嚴，為之配音的角色，大多數是革命領袖、將軍、長者、教授、科學家等。肖南同其他有成就的配音演員一樣，達到了配音與銀幕形象完美的融合。他認為，配音演員是在離開角色的外部動作，單靠自己的心理技術和體驗來為銀幕形象進行配音的，因此，必須設法了解角色的全部歷史，深入到角色的內心世界中去，感受角色所能感受到的一切，才能完成

好配音工作。

　　一九五四年，他為影片《人民歌手江布爾》中的江布爾配音。江布爾是塔吉克斯坦的民間歌手，生於一八四六年，經歷了沙皇時代、十月革命、社會主義經濟建設、衛國戰爭等歷史階段，直到一九四五年逝世，活了將近一百歲。影片表現了他一生的經歷，年齡跨度大、人物情感多變，給配音工作帶來很大困難。肖南為了這個人物的配音，花費了很多心血。他反覆看劇本，看原片，查閱了能夠收集到的關於江布爾的全部歷史資料，最終獲得成功。

　　一九七一年以後，肖南做了一段科教片編導工作。一九七七年以後，開始從事譯製片配音導演工作。完成了《羅馬假日》《摩羯星一號》《咖啡館》《雨夜奇案》《媽媽的生日》《橫衝直撞》《生活之路》《婆媳之間》《愛情的故事》《獨立與死亡》等影片的配音工作，其中《媽媽的生日》獲得文化部頒發的一九八一年優秀譯製片獎。

▲ 由肖南擔任配音導演的譯製片《羅馬假日》劇照

紮根縣城的評劇藝人 —— 秋冷豔

▲ 評劇演員秋冷豔

秋冷豔（1928 年- ）女，原名崔豔芳，生於河北省樂亭縣一個農民家庭。成年後在蛟河工作，國家二級演員，代表作品有《卓文君》《張羽煮海》等。

秋冷豔因家境貧困，從七歲開始就隨父崔義臣到錦州入孫家戲班學演評劇，孫家戲班是我國北方有名的評劇戲班，秋冷豔這個藝名就是一位老師所起。

她學藝時非常刻苦，一年四季練功不輟，每天早晨都要到河邊去喊嗓，每逢數九隆冬還要趴在冰窟窿上喊嗓，一練就是兩個小時，練唱腔、練跑場，練身段，學青衣、花旦、彩旦、老旦的唱腔和身段，經過六年的學習，基本上掌握了戲劇的「四功」唱、做、念、打；「五法」手、眼、身、發、步等基本功。學會了老八齣戲《劉翠萍哭井》《杜十娘》《桃花庵》《保龍山》《楊三姐告狀》等評劇。

秋冷豔十二歲時，跟班在錦州演出，受到了東北早期的著名評劇女演員筱麻紅的喜愛，於是拜筱麻紅為師。跟師傅專門學青衣、花旦的唱腔和表演技能。

十六歲開始獨立搭班演出唱主角，十七歲就成為紅角，在吉林、通化、烏蘭浩特、瀋陽、秦皇島等地演出，深受群眾的歡迎和好評。

一九五六年一月，秋冷豔應蛟河縣評劇團的邀請，來蛟河演出，她主演的古裝評劇《卓文君》《張羽煮海》《相思樹》等劇目，引起轟動，受到當時縣委、縣政府領導及城鄉群眾的贊譽。她當時看到蛟河觀眾的熱情，蛟河評劇團

的演職員及其樂隊配合較好，實力很強，於是決定紮根蛟河，同意留在蛟河縣評劇團當演員，在蛟河奉獻自已的藝術青春。

在蛟河工作過程中，她為蛟河的劇團發展傾注了大量的心血，帶出了一批優秀的演出人才，也為蛟河劇團的發展奠定了基礎。她把對藝術的畢生追求化作對蛟河的熱愛，奔走於蛟河大地，將她的藝術才華奉獻給蛟河百姓，根據蛟河當地人物創作藝術作品二十多個，深受群眾喜愛。她熱愛評劇極為敬業，既定的演出，再困難的條件也要克服。用她的口頭禪講，那就是：天大的雪也不能耽誤演出！她所到之處，群眾奔走相告、熱烈歡迎。在那個交通相對落後的年代，人們經常在大雪天裡背著孩子走十多裡山路看她的演出。秋冷豔也多次被評為縣市先進工作者，並被推薦為吉林市人大代表，蛟河縣政協常委，吉林市戲劇家協會理事。

▲ 秋冷豔演出劇照

北國江城的「水墨」畫家——陳華

▲ 畫家陳華

陳華（1964年- ），生於蛟河。一九九〇年畢業於東北師大美術系國畫專業。二〇一〇年被評為最具學術價值和市場潛力的三十位人物畫家，現為吉林省美術家協會副主席、吉林省中國畫學會副會長、吉林市美術家協會主席、吉林市畫院院長、吉林市美術館館長，享受國務院特殊津貼。作品《烽火少年》獲第十屆全軍美術作品展覽銅獎，《熱土》獲中國美術家協會中國西部大地情中國畫大展銅獎，《早春，那片土地》入選第二屆美術金彩獎，《塞外春曉》獲中國美術家協會海潮杯中國畫大展金獎。《中華名流》《中國畫家》《美術雜誌》《中國書畫報》等大量報刊、雜誌對其藝術成就做過專題報道。出版《當代實力派畫家藝術研究》《當代最具學術價值與市場潛力的畫家》等個人繪畫專集。

陳華作為當代極具潛力的實力派中青年畫家，在進入新世紀的十年中以獨特的面貌拓展了寫意人物畫的新領域。他以「寫意」為原則，以「水墨」為語

▲ 陳華作品《關東馬市》

言，在堅守中國畫水墨意蘊的前提下，融入西方造型因素，同時關注現實體驗。無論是早年獲獎作品《烽火少年》，還是如今表現關東人生存狀態的系列作品，無不體現了畫家藝術語言的成熟和作品內涵的深度。在「形神兼備」中表現出對現實的思考和對生活的觀照，對於傳統寫意人物畫的現代轉型做出了有益的探索。

▲ 陳華作品《冬捕》

鑑於陳華在吉林市文化產業發展推進中做出的特有的貢獻，吉林市委、市政府將代表著吉林市文化文藝最高獎的「松花湖文藝獎」頒給了陳華。在獲得第五屆「終身成就獎」的藝術家中，陳華是最年輕的。頒獎詞也許是對他的最好概括：「在中國畫壇，他是一幅北國江城的水墨畫；在吉林畫壇，他是一個標誌性符號。從畫家到畫院院長，從飄逸的長髮到俊朗的短髮，他在中國畫壇革新的變奏裡大膽演繹。學術年展，嘔心瀝血；文化產業，蒸蒸日上。他為青年畫家鋪路，他讓古韻江城揚名。他用流派震撼畫壇，他用責任感恩藝術。」

▲ 陳華作品《烽火少年》

以善拍冰雪風景而聞名 —— 鄒毅

▲ 攝影家鄒毅

鄒毅（1947 年- ），生於吉林舒蘭。一九六六年參加工作，在蛟河新站工務段任養路工。一九六九年開始學習攝影，一九八七年畢業於魯迅美術學院藝術攝影系，現為中國攝影家協會會員、瀋陽鐵路局文聯副主席、瀋陽鐵路局攝影家協會主席。一九九八年，被中國攝影家協會授予「德藝雙馨」優秀會員稱號；一九九九年，隨中國攝影家代表團到歐洲六國進行觀摩交流，五十餘幅作品在法國巴黎展示，受到歐洲攝影聯盟主席的高度評價。一九九八年、二〇〇二年分別獲吉林省政府頒發的「長白山文藝獎」和吉林市政府頒發的「松花湖文藝獎」。

鄒毅之所以在攝影藝術上取得那樣的成就，是因為他對於人生和藝術有著

▲ 鄒毅攝影作品《東方紅號》《直插雲天》

獨到的見解和追求。對於攝影藝術，鄒毅認為：在他的視野中，一切都是有生命、有感情的，能夠通過鏡頭對自然、社會、人生進行再創造，不僅能夠展示世界的美妙，也可以升華我們的生命。在二十年的冰雪攝影實踐中，鄒毅有十多個春節是在鄉下度過的，利用節假日到冰天雪地中創作採風。在鄒毅的眼中，這晶瑩如玉、浪漫如詩的北方冰雪是磨礪志趣、怡情養性的人生導師，是歡樂共享、痛苦同擔的親朋摯友；是激情飛濺、沉醉痴迷的藝術靈感，是思考理性、感悟人生、磨煉意志的思想火花。

　　鄒毅視攝影為第二生命，決心用一生的精力，將生他養他的黑土地表現出來。三十年來，這位將一生的心血和精力都貢獻給了中國攝影事業並在國內外享有較高聲譽的攝影藝術家，在攝影這條道路上奮力拼搏，他更加專注地將藝術之根紮在這塊白山黑水的土壤裡。有三百餘幅攝影作品在國內外大型影展和影賽中入選、獲獎。鄒毅的冰雪攝影藝術之所以稱得上藝術，並不僅因為其作品向人們展示了美與醜，展現了歷史和現實，更重要的是通過瞬間的藝術創造了永恆的美，使人們在時空的流韻中感受到自然的博大，從而更加熱愛家鄉，熱愛自然，熱愛我們人類的共同家園——地球。

▲ 鄒毅攝影作品集

醉心於蛟河山水的攝影家 —— 程英鐵

▲ 攝影家程英鐵

程英鐵（1957 年- ），生於蛟河。中國攝影家協會會員，吉林省民俗攝影家協會會員，吉林市攝影家協會會員，蛟河市攝影家協會副主席，蛟河市美術家協會主席。先後出版《拉法山國家森林公園風光攝影畫冊》上、下集和《蛟河之旅》《蛟河》《尋夢蛟河》《拉法山》《紅葉之城·魅力蛟河》《紅葉谷》《小長白山老爺嶺》《關東奇山拉法山》等攝影宣傳畫冊。編輯、設計、製作的家鄉風光宣傳畫冊達數十種，在國家、省、市各大報刊發表攝影作品上百幅，攝影作品多次參加國家、省、市攝影大展並獲獎。攝影作品《村口》二〇一一年獲得吉林省第

▲ 程英鐵攝影作品《新春進行曲》

▲ 程英鐵攝影作品《紅葉幻境》

▲ 程英鐵攝影作品《村口》

十九屆攝影作品展金獎，二〇一四年獲第十一屆吉林省長白山文藝獎提名。

　　程英鐵出生於書香門第，他酷愛繪畫，更喜歡攝影。在三十五歲時，他用省吃儉用攢下來的錢買了第一部相機。從此，他把幾乎所有的空閒時間全部交給了這架相機。他知道「工欲善其事，必先利其器」的道理。他的攝影藝術理念非常堅定：追求風光的原生態美。著名的世界攝影藝術家、美籍華人李元先生曾在程英鐵的陪同下遊覽了紅葉谷，從而更真切地感悟到了程英鐵攝影的藝術價值和宣傳價值。他以大師的身份直言不諱地承認他和程英鐵的藝術追求不同：「我更追求用光的藝術效果，而你，程先生，你追求的是原生態的美。」

　　程英鐵為了捕捉一個個自然的瞬間，不知付出了多少辛苦。為了展現老爺嶺極頂的瑰麗冰雪風光，他多次冒著暴風雪登上老爺嶺。二〇〇五年元旦，大雪沒膝，他和兩位攝友登上山頂時，頓時被那玉宇瓊寰的景象震撼了。儘管內衣已經濕透，儘管凜冽的寒風如刀般鑽肉割臉，但是，他還是和伙伴們搶拍著這罕見的景色。那天高山氣溫達到零下四十多度，程英鐵渾身冷透，但為了拍攝夕陽餘暉下的老爺嶺極頂風光，他和伙伴們互相鼓勵著堅持、等待，一直從各個角度拍攝到了理想的照片，才徒步下山。那天，他們連滾帶爬地回到公路上時，已經累得連說話的力氣都沒有了……程英鐵就是以如此的堅毅與執著宣示著自己對攝影事業的熱愛與追求。

▲ 程英鐵攝影作品《果園花海》

▌「吉林農民攝影文化現象」的領軍人——田宇

　　田宇（1966 年- ），生於吉林蛟河。現為中國攝影家協會會員、吉林省攝影家協會農村創作委員會副主任。《松花湖漁歌》《農家學子》《紅紅火火過大年》等二十多幅攝影作品分別獲國家級、省級金獎並入選收藏。

▲ 田宇

　　田宇，一九八九年從事群眾文化創作，三年的美術繪畫學習，為日後從事攝影並很快脫穎而出奠定了牢固的基礎。由於要從事群眾攝影教學工作，他一年四季把腳印印在了蛟河這塊熱土上，走遍了蛟河的山山水水、溝溝汊汊，海拔一〇〇〇米以上的山峰，老爺嶺、康大蠟、平頂山、榆木頂子、牛心頂子等都留下了他的足跡，最終形成了「樸素、真實」的攝影風格。多年的攝影心得讓他明白，越是惡劣的氣候條件下越能拍攝出大美之作。西土山海拔超過一〇〇〇米，山勢雄峻，他前後攀登了二十多次，為了拍攝到

▲ 田宇攝影作品《層林盡染》

滿意的雪後日出，他常常凌晨三四點開始登山，最終，他的攝影作品「西土山冰雪神韻」獲東北亞國際藝術展三等獎。

　　「站著是一種生命的姿勢，趴著也是追求的狀態，關鍵在於你站在哪裡，趴在何處。」生活的境界同樣決定作品的境界，田宇的不少獲獎作品正是在俯仰之間妙手偶得。二〇一三年春節前夕，他在蛟河一個集貿市場採風，那幾天零下二十多度，他連續拍攝了幾天都不滿意。一個雪後的中午，他循著陽光看

▲ 田宇攝影作品《雪瑞年豐》

到幾隻鴿子站立在附近的樓頂上。他腦中靈光一閃，寒風呼嘯，他趴在七層樓頂的冰雪上，連續拍攝了二個多小時，腳蹬僵了，手凍麻了，他渾然不覺。他從拍攝的二百多張數碼照片中選出的《雪瑞年豐》作品，在首屆全國文化共享杯攝影大賽中獲金獎。在隨後舉辦的第四屆全國農民攝影大展上，他率領的蛟河市五位農民攝影家獲獎數量占吉林省獲獎總數 90%以上，成為「吉林農民攝影文化現象」的主體。他個人也榮獲國家級「服務基層、服務農村優秀攝影志願者」稱號，當之無愧地成為「吉林農民攝影文化現象」的領軍人物。

▲ 田宇攝影作品《凇之戀》

吉林省最佳人像攝影師之一——亓玉亮

▲ 人像攝影師亓玉亮

亓玉亮（1949 年- ），生於蛟河。中國攝影家協會會員、中國人像攝影學會會員、吉林省新聞攝影學會會員、「吉林省最佳人像攝影師」。一九八〇年開始業餘攝影創作。一九八八年《戲雪》在日本東京獲尼康國際攝影比賽季軍獎。《喧鬧的山村》在中國攝影家協會主辦的全國樂凱藝術攝影作品展覽中獲二等獎，在全國「西光杯」攝影大賽中獲銀牌獎。《雪之嬉》在全國「星河杯」社會體育攝影比賽中獲一等獎。一九八八年省政府為他記一等功、享受省勞動模範待遇。一九九二年吉林省總工會授予他自學成才獎。一九九三年被批准為中國攝影家協會會員。

一九九七年被省人像攝影學會授予「吉林省最佳人像攝影師」稱號。一九九八年他和他的作品在《中國攝影家大辭典》《中國現代藝術人才大集》《中國攝影家代表作品選》中收錄。一九八二年至二〇〇三年，在國際攝影比賽中獲獎五次，在國家及各類攝影比賽和攝影展覽中獲選六十八次，獲得國家級獎勵二十多次，在《中國攝影》《中國體育報》等六十多家報刊、雜誌上發表作品一百五十多幅。

亓玉亮從事宣傳工作多年，他把全部精力投入攝影後，「政治敏感」讓其將鏡頭時刻聚焦在時代的前沿，所以他的多數獲獎作品，都有著強烈的社會脈動，深刻反映著時代的主旋律。獲獎作品《戲雪》正值中國改革開放初期，國外也想通過各種渠道了解真實的中國農村，亓玉亮冒雪到蛟河大山深處的農村，用他的鏡頭記錄了一個東北農村大雪過後的大人們看孩子們打雪仗的瞬間，大人孩子厚厚的棉衣、棉帽，老老少少的笑聲，一個欣欣向榮的中國農村

通過這一瞬間表現出來。獲獎作品《集市歡聲》也是遵循著這一思路：寒冬臘月的蛟河城鎮一集貿市場，雪花飄飄，一位上了年紀的農民，用秤秤兩捆黃煙，畫面中兩位婦女正指著秤說三道四。這一攝影瞬間，既反映了農村改革初期國家允許農產品進入市場流通後的繁榮，也用鏡頭從側面訴說了東北「三大怪」文化之一的「大姑娘叼煙袋」。

▲ 亓玉亮攝影作品《戲雪》

▲ 亓玉亮攝影作品《香雪》

新聞攝影界的「拼命三郎」——李建新

▲ 李建新

李建新（1955 年- ），生於蛟河。現任蛟河市攝影家協會主席。作品散見於《人民日報》《解放軍報》《解放軍畫報》《中國青年報》《吉林日報》《前進報》《城市時報》等報刊，新聞攝影作品多次獲獎。李建新自一九八四年起鑽研攝影藝術，三十年來對攝影藝術不離不棄，但李建新獲獎作品多來自新聞攝影，他被稱為用生命見證和拍攝新聞瞬間的攝影家。

一九八九年，蛟河遭遇了一場五十年未遇到的特大洪水。這年六月末，連續三天的強降雨襲擊了蛟河大地，二十七日上午九點三十分左右，蛟河縣城北河幾處河堤相繼決口，蛟河瞬間成為一個與外界隔絕的孤島。在這最關鍵的時刻，駐蛟部隊人民子弟兵衝了上來，李建新在第一時間得到信息後，立刻揣上家中僅有的六個半膠卷，在齊胸的水中冒著隨時被洪水捲走的危險，衝到了搶險救災的最前沿。他一次次按下手中的快門，當天下午三點多，指揮部傳來消息：新立屯大多數的房屋被洪水淹過屋頂，沒有跑出來的百姓在屋頂上求救。李建新趕到後堅決要求上到第一個剛紮起的木筏，跟寫下請戰書的戰士們一起到一線救人，由於木筏只能上六個人，指揮員沒有答應他的請求。木筏啟動，李建新迅速按下了快門，沒想到，這張照片，竟成為六位可愛的戰士的最後的遺照，由於水勢湍急，木筏沖到下游不久，就被水下橋墩撞擊解體，六位人民子弟兵獻出了年輕而寶貴的生命，他也因沒有登上木筏而撿回一條命。

憑著用生命抓拍的一個個瞬間，他的作品《洪水無情人有情》入選一九八

九年中國第九屆新聞攝影作
品展；一九九○年，該作品
在吉林省新聞攝影作品比賽
中又獲二等獎；一九九一
年，攝影作品《豐碑》入選
中國第十一屆新聞攝影作品
展；二○一○年，作品《孫
政才書記慰問災民》獲吉林
省第十九屆攝影比賽中紀實

▲ 李建新攝影作品《豐碑》

類銅牌獎。李建新時常用這樣一句話激勵自己：「我是洪災中幸運活下來的
人，所以只要活著，就要珍惜每一天；只要活著，就要真實地記錄每一天；只
要活著，就要抓拍那些感動生命的瞬間。」

▲ 李建新攝影作品《冬捕》

「鐵篆頭陀」——鞠稚儒

　　鞠稚儒（1972年-　　），師承劉迺中先生，又得高式熊、江成之、徐家植、王貴忱諸名家指點，精研書畫、篆刻、詩賦，現為西泠印社社員、中國書法家協會篆刻委員會委員。出版《繩齋集》《元朱文印技法解析》《繩齋篆刻閒文印選》等專著十餘部。

　　二〇〇〇年八月篆刻印屏被中國美術館收藏。二〇一〇年，榮獲《書法》雜誌「中國十大青年書法家」和《中國書畫》雜誌「中國當代最具市場潛力的十位篆刻家」稱號，二〇一二年，榮獲中國藝術研究院「二〇一二年度中國青年藝術家提名獎」。作為青年一代印人，鞠稚儒無疑是工細一路印風的突出代表，從中看到了自王福庵、陳巨來之後，元朱文印發展的希望。元朱文印，自問世以來，一直為歷代印家所推重，然陳陳相因，幾成定勢。鞠稚儒問津於此，能承襲古法而不為所囿，很有創意地將古金文結字之法融入元朱文印的創

▲ 書法家、篆刻家鞠稚儒

作，別有一番情趣。鞠稚儒擅長刻製小印，篆法精巧別致，章法平實中透出靈氣，刀法細膩精到，一絲不苟，從中顯示出一個印人十分難得的優秀素質。鞠稚儒的工細印風，得益於他深厚的鐵線篆功底，印從書出與書以印入在他身上得到了最好的體現。在寫意印風狂飆突進的年代，這種虔誠地守望古典工穩篆刻家園的印人，本身就具有很強的文化啟示意義。

　　他的小印，幅面雖小，但蘊含豐富，以小見大，並不讓觀者感到吃力和局促。他亦善製巨印，取法漢銅印式，參以浙派刀意，氣息淳厚古雅，富有金石氣。他在篆法上能將先秦金石、鼎銘、兩漢碑額、封泥瓦當信手拈來，左右逢源，各成佳構，誠為不易。

▲ 鞠稚儒篆刻作品

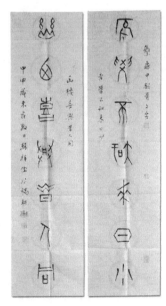

▲ 鞠稚儒書法作品

手抄小行書行家──劉惠

劉惠（1947 年- ），字魯漢，號白山居士，祖籍山東。現為中國老年書畫研究會會員、中國林業書法家協會會員、吉林省書法家協會會員、吉林市書法家協會會員、蛟河市書法家協會名譽主席、蛟河市老年書畫研究會常務副會長、蛟河政協書畫院副院長。作品曾獲中國當代文人書畫大展賽金獎，曾入選中國當代書畫藝術名人五百佳，其書法作品在日本、韓國等地均有收藏。

劉惠幼承家學，酷愛文學、書法，在慈父的教導下，楷書研習歐陽詢、柳公權；行書研習「二王」（王羲之、王獻之）。學有小成後，開始涉獵歷代名帖，先後學習了《歷代書法論文選》《現代書法論文選》《中國書法史》等有關理論書籍，後於北京長安書法院函授學習，師承鐘明善先生，受益頗豐。他

▲ 劉惠

認識到從實踐到理論，再從理論到實踐的重要性，認為一幅優秀的作品應取其精華，剔其糟粕，尤其是古代書家做人的氣節和優秀的品質更是當今學書者的楷模；他既持之以恆地堅持書法家「靜氣凝神、意在筆先」的傳統，又學古不泥古，最終形成了自己「秀美、正統、平民化」的風格。劉惠根據自己的切身體會，總結出了「筆分大中小，毫分軟硬兼，具備四德者（圓、齊、尖、鍵），方為筆中先」和「執筆五字經，切切記心中，撅壓鉤格抵，萬萬莫放鬆」等書法教學理論。

劉惠筆耕不輟，歷時十年，用小行書手抄了《紅樓夢》《三國演義》《水滸傳》《孫子兵法》等中國古代優秀文學典籍，總計三百餘萬字，被譽為中國書法界「小行書手抄第一人」。

▲ 劉惠書法作品

書法篆刻青年翹楚——謝吉昌

▲ 謝吉昌

謝吉昌（1977 年- ），齋號洗心堂、書巢。現為中國書法家協會會員、北蘭亭書友會創始會員、白山印社社員、山西晉陽印社社員、吉林市書法家協會理事、蛟河市書法家協會主席。作品入展全國第七屆篆刻展（中國書協）、首屆「雲峰獎」全國書法大展（中國書協）、西泠印社第七屆、第八屆篆刻評展、「官塘杯」中華朱方全國篆刻大賽（特等獎）、「巴山夜雨杯」全國書法篆刻大賽（優秀獎）、山西省第二屆「晉陽杯」篆刻藝術展（獲獎提名）、第五屆「觀音山杯」全國書法藝術大展（優秀獎）、第四屆中國榜書大展、吉林省第四屆臨帖展（三等獎）等，並散見於《中國書法》《西泠印社》《書法報》《篆刻》等，與人合作出版《二十四節氣印譜》。

謝吉昌師法傳統，為人踏實，為藝虔誠。多年如一日，潛心硯海，學習經典，臨池不輟，虛心請教於前輩先賢，曾得到劉廼中、金中浩、馮寶麟、鞠稚儒等名師指點。謝吉昌作品不落窠臼，精微於道，飽含古韻，感染力強，以「抗心希古」為座佑，形成了簡靜沖和、清暢溫雅的書風和飽含古韻、淳厚酣暢印風。在入古出新、質文並重的取法過程中，他不僅注重書寫技法的精致與細密，還更加注重風格取向與審美品位。他關注書法所蘊涵的深厚文化意蘊，更關注書法作為一種漢字書寫在智慧與心靈深處的對話，真誠地去感悟書道真諦。

謝吉昌作品在傳承傳統文化精髓的前提下，注重表現當代人的個性和審美

当仁不让于师（边款）

乘物以游心

万事风过耳

謝吉昌治小璽印稿

君子三思而行

从心所欲

心如水静

▲ 謝吉昌篆刻作品

趣味，這使得作品既具有傳統意韻，又有鮮明的時代氣息。書法諸體皆能，尤擅篆書篆刻。篆書師法中山玉器文字，用筆細膩而流暢，線條均勻而勁健，字勢端莊而典雅，意態俊逸而華貴，令人賞心悅目，初步形成精工秀美，恬淡靜雅的書風。篆刻作品以古璽風格見長，作品用刀暢快，敦厚精微，古意泱泱。白山印社社長、原吉林省書協副主席金中浩先生給予其篆刻作品「邊框處理見膽識，字法騰挪別具匠心，疏密得體」的高度評價。

▲ 謝吉昌書法小品《上善若水》

蛟河篆刻、草書行家——呂振東

呂振東（1969 年-　），生於蛟河。別署鴻雪堂主人，現為中國硬筆書法家協會會員，吉林省書法家協會會員，吉林省白山印社社員，吉林市書法家協會副秘書長，蛟河市書法家協會名譽主席，蛟河市政協書畫院常務副院長。作品入展全國第六屆書法篆刻作品展覽，入展「中國西泠網名茶篆刻」展覽，入展「官塘杯」中華朱方全國篆刻展覽，並多次入展吉林省書法家協會主辦的書法篆刻展覽。

呂振東少時即喜好書法，初窺堂奧，自中學時代起鑽研書法篆刻，筆耕刀刻二十餘載，後從著名書法家葉天廢先生潛心研習書藝，受益頗豐。書法初從鍾繇入手，進而轉習篆、隸、行、草，於《曹全》《乙瑛》《張遷》《石門頌》以及鄧石如、傅山、王鐸、黃庭堅諸碑帖用心至勤，作品厚重而能縱橫有序，

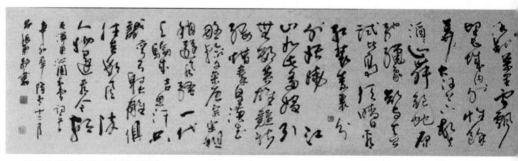

▲ 呂振東書法作品《沁園春•雪》

飄逸靈動而不浮滑，方圓兼施，沉著大方，在長期的臨池過程中，逐漸形成奇崛、蕭散、厚重、靈動、大氣之書風。

呂振東近年開始於草書用功不輟，集眾家之長，其

▲ 呂振東篆刻作品

書既有黃庭堅的浪漫，又有王鐸的恣肆，同時具有現代人的構成意識。其以自然的心境流露用於行草書的揮灑，有著一瀉千里的氣韻，縱橫瀟灑，自成變化。行草書作品，善於造勢，以側險取勢，縱橫宕蕩，屈伸變化，運筆的節奏感、韻律感很強，在線條粗細質地上，變化生動，奇正相生，而且在欹斜錯落、騰挪跌宕上更顯放縱，更具特色。章法布局上也獨具匠心，隨情跌宕，隨形而變，生機勃勃，既彌散著古典書翰的氣息，又蘊含了現代審美元素。篆刻作品風格多樣，涉獵廣泛，內涵極為豐富。其印師法漢印，得平正安詳；取法古璽，得印面的豐富與包容；肖形印，形象簡練、生動。作品或氣韻生動、或飄逸脫俗、或遒勁妍美，收縱自如，極具個性，在傳統與現代的完美結合中找到自我的追求與創新。

「山裡人」榜書——田洪順

田洪順（1950 年-　），號山裡人，書齋山裡人家。畢業於中國書法家協會培訓中心第九期高級班，現為中國書法家協會、中國林業書法家協會和吉林省書法家協會會員，吉林市書法家協會理事，蛟河市書法家協會副主席兼秘書長。多次參加全國書法大展，獲獎頗豐，是蛟河第一位進京參加文化部頒獎的書法家，其榜書「山水」、草書「飛天」、自撰楹聯「人種一株樹，天賜萬斗金」，富有個性，極具意蘊。

田洪順耕田種樹，是蛟河最早上山植樹造林的文化農民之一，他發現植樹造林不但是一個「綠色銀行」，更以綠色的環境庇佑子孫，他愛山、愛樹，瞅著荒山逐漸變綠林，瞅著一棵棵生機勃勃的迎風鬥雪的松樹，他仿佛看到了一幅「塘為硯池樹弄筆，赤橙黃綠青藍紫，日月作框雲舒卷，春夏秋冬題跋詩」的人與自然相諧相生的美妙畫卷。從此，他以樹枝為筆，以大地為紙，臨摹書

▲ 田洪順

法。春夏秋冬，風雷閃電，縱橫阡陌，虯髯松柏，滔滔江河，胸懷吐納間皆成筆勢，天長日久自成一家。

　　田洪順的「榜書」作品筆力強健，格局開張，點畫舒展豪邁，不糾纏於瑣碎的細節，而注重大的氣象，大開大合，氣勢磅礴。行書作品勁健端莊，筆力蒼勁老辣，結體嚴謹，正側相生，平正中寓姿態，點畫變化豐富，方圓兼濟，動靜相融，章法疏密恰當，逸勢酣暢，收放自適。篆書作品氣息古樸且篆法純熟，特別是其對漢篆、金文長期練習深諳於心，方至用之自如的境界。其書用筆老辣、沉著痛快、渾然樸茂，作品古樸渾厚，寓清麗於雄渾之中，藏秀美於宏壯之間，見靈氣在筆墨之外，舒卷恣肆，新意紛呈。在深悉前人書法的內蘊上，賦予了其作品豐富的藝術語言，其把傳統經典的魅力轉化為自己的藝術語言，可謂高妙！

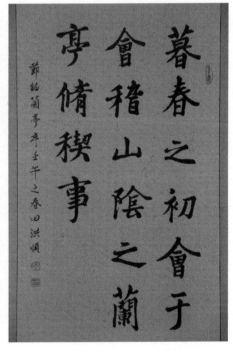

▲ 田洪順書法作品

溫文儒雅，翰墨逸飛——范永剛

▲ 范永剛

范永剛（1980 年- ），齋號
水上雲間。中國硬筆書法家協會
會員，文化部書畫等級高級考
官，吉林省書法家協會會員，吉
林省美學學會會員，吉林省硬筆
書法協會篆刻委員會副秘書長，
吉林省民盟書畫院特聘書畫家，
蛟河市政協書畫院院士。現為中
國書畫家網論壇主編，中國硬筆
書法網執行編輯。

作品獲全國青少年美術書法

▲ 范永剛書法作品

大賽優秀獎、第六屆銀河杯全國書法大賽優秀獎、吉林省「泉陽泉杯」書法繪畫大賽優秀獎、第三屆「觀音山」全國書法藝術大展優秀獎、全國首屆教師書法大賽二等獎、曾兩次入展全國硬筆冊頁手卷展，書法理論文章入選首屆高峰書法論壇，書法作品在《中國鋼筆書法》雜誌專版介紹，作品在書法報、青少年書法報刊載。

▲ 范永剛書法作品

作為年輕一代的書家，范永剛在大學任書畫協會會長時，曾得省內名家周昔非先生指點，意識到二王乃書法正脈，對此臨習數年，而後又兼及涉獵魏碑，張黑女墓誌，漢隸取法張遷碑，好太王碑，草書追摹孫過庭書譜，懷素自敘帖。遍臨諸帖，力求熟練駕馭傳統書法形式的內在規律並在創作中融會貫通，同時對當代書法審美的趨向保持敏銳的感覺，時刻把握傳統與當代的交匯結合點，加強立足自我的創變能力。

近年，師承上海中青年實力派書家張衛東先生後，對用筆、結字和墨色的把握較過去更添成熟，線條形態和字形安排上不亦步亦趨地摹仿，特別是在汲取點畫凝重堅實的基礎上，避免字形鬆散草率和行筆按提過於誇張的毛病，字形求拙不求巧，筆勢見韻致，避免流俗通病，又能在自然隨意的書寫中洋溢出較濃的「書卷氣」，情境交融，個性突出，作風嚴謹，不追時風，不求新奇，不故作姿態，紮紮實實地借筆墨抒發自己的情懷。其師稱讚其曰：「永剛天資聰穎，筆性天成，書風已初具個人風格，業之以恆，必成大器也！」

蛟河「楷」模——俄君明

▲ 俄君明

俄君明（1954 年- ），現為吉林省書法家協會會員，蛟河市書法家協會副主席。書法作品多次入展國內大賽並獲獎。一九九九年，榮獲吉林省群眾美術書法攝影精品展小楷一等獎。二〇〇二年，榮獲「大紅鷹」杯香港回歸五周年公務員書畫大賽小楷優勝獎。二〇〇三年，榮獲第二屆吳道子美術基金大展、第四屆中國書畫名家大獎賽小楷銀獎。二〇〇四年，榮獲吉林省第二屆臨帖書法展小楷三等獎。

俄君明出生在蛟河農村，從小學三四年級開始便對書法產生了濃厚的興趣，表現出了超人的摹仿能力，在那懵懂年代，又適逢「文革」的特殊時期，他開始偷偷地四處求學，八方臨摹。二十世紀八〇年代初，他選定顏體多寶塔開始臨習研究，並有幸得到吉林市名家趙玉振先生的指教，開始臨寫《勤禮碑》。他在學習大中楷書同時，對晉「二王」的小楷尤其鐘愛，先是臨摹王獻之《洛神賦》十三行，又學習行書《蘭亭序》、隸書《曹全賦》。為得到名師指點，他先後入天津神州書畫學院和中國書法培訓中心老年書畫班函授學習，相繼得到了名師安宏忠先生和著名書家劉文華、龍開勝、崔勝輝諸先生的指教，前後進行了幾年的小楷書法函授學習，系統地臨習了晉、唐、元、明小楷碑帖，逐漸形成了自己的小楷風格。

俄君明除了學習楷書外，更注重行楷、行書兼修，他以顏體為根基，博涉歐、褚、趙、蘇、米等諸家，尤對蘇東坡的祭黃幾道文卷及行書手札、東坡「二賦」等用功最勤。在臨帖同時，堅持臨創結合，逐漸形成了以顏、蘇為根

底的行楷風格。他認為書法藝術當中，草書為最高境界，在學習楷、隸、行諸體外，近年對草書又傾注了大量精力。從智永草書千字文入手，逐步深入臨習孫過庭書譜，王羲之十七帖，懷素聖母帖等經典碑帖，最終形成了自己楷、行、隸諸體皆擅，尤以小楷為精的獨特風格。

▲ 俄君明書法作品

「書『龍』畫『影』」——戴運傑

▲ 戴運傑

戴運傑（1967 年-　），生於蛟河。原籍山東即墨盤龍莊，自幼喜愛書畫、篆刻、攝影藝術。勤思苦悟，煉藝陶情，筆耕不止三十餘年。藝術作品曾多次參展參賽並獲獎，現為吉林省書法家協會會員，吉林省硬筆書法家協會會員，吉林省攝影家協會會員，吉林市詩詞協會會員。

戴運傑認為，一幅書法作品就是一首無聲的歌。每一筆畫就是一個音符，每一個字的大小長短粗細變化就是一組節拍的變化，書寫的快與慢是一幅作品的旋律。對於書者來說，心清是一種境界，淡泊是一種品位，放情於紙筆

▲ 戴運傑攝影作品《雲海山間》

▲ 戴運傑攝影作品《滿園春色》

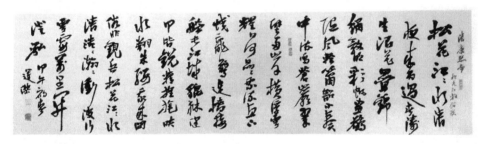

▲ 戴運傑書法作品《松花江放船歌》

之間，心靈便在自然中流淌淨化，在墨海書香裡得以不斷提升。戴運傑認為，一幅有代表性的好作品，不但要有章法、書寫技藝、鈐印之妙和裝裱之美，更要重視書法作品的思想內容，因為其是書法作品的中心思想，是書法作品創作的源泉，是書法作品的靈魂展現。

戴運傑潛心習書三十餘載，與龍結下了不解之緣，對書寫龍字產生了濃厚的興趣。他說：「龍是中華民族的象徵，是炎黃子孫崇拜的圖騰。它集日月之精華，匯天地之靈氣，具百獸之形，兼包容四海、吐納百川之胸襟……故我以龍之傳人而感到驕傲和自豪。」

的確，當感性的積聚與理性的升華，再次托起用血肉相連的情感，賦予龍

的靈魂與生命的那一刻，一種激情，一種信念，一種向上的力量，瞬時迸發在落紙雲煙之中。三分書情七分龍氣，百餘幅意象靈動的龍字脫穎而出，其「龍」字所煥發出生命的光澤，讓人領悟到。天地之間亙古長河中龍族精神的博大與深沉。書法作品的思想內容，是書法家自身修養的綜合體現。一個造詣極高的書法家，他不僅能借古吟今，書寫古代名家的詩詞絕句，創作出書法佳作。更能見景暢懷，創作出極富哲理、感人頗深、具有時代氣息的文詞精品。戴運傑強調：一個不斷追求進步的書法家，不但要加強藝術修養，更重要的是要加強文學等諸方面的修養。通過筆歌墨舞、詩精文妙、雙藝合一，為藝苑增光添彩。

▲ 戴運傑書法作品《寧靜致遠》

　　戴運傑在攝影、繪畫方面也有很深的造詣，作品以蛟河風光見長，多次在省、吉林市舉辦的各級影展、畫展上進行交流。出版個人攝影專輯《愛在蛟河山水間》。因其擅長寫「龍」又兼修攝影繪畫，被當地人稱為「書『龍』畫『影』」。

「德藝雙馨」作曲家——禹永一

禹永一，朝鮮族，一九六一年二月二十八日生。中國著名作曲家，作曲博士，中國音樂學院教授，中國音樂家協會會員，中國朝鮮族音樂研究會副會長。在全國音樂作品比賽中獲中國文化部「文華獎」（中華人民共和國政府獎）、中國音樂家協會「金鐘獎」、中國電影、電視劇音樂創作「金鷹獎」「飛天獎」、全國「新人新作獎」、中宣部「五個一工程」獎等多種獎項。在國內重要專業學術刊物發表學術論文（著）十餘篇（部）。

▲ 作曲家禹永一

禹永一從小跟隨啟蒙老師朴瑞星學習小提琴和作曲。一九七七年，中學畢業後下鄉插隊；一九七九年二月入吉林永吉師範學校；一九八五年起，先後在吉林藝術學院、瀋陽音樂學院、中國音樂學院、中央音樂學院學習作曲、指揮等專業，師從李明俊、霍存慧、黃維強、王宗鑑、施萬春、孫雲鷹等教授；一九九五年，在中國音樂學院獲文學碩士學位並留作曲系任教，在職期間，又師從樊祖蔭教授學習和聲，並在中央音樂學院著名作曲家唐建平教授的門下獲得文學博士學位。

一個不愛家人的人談何愛他人、愛事業？禹永一和權英華夫婦的愛情故事一直是中國樂壇的佳話。二〇〇一年四月十五日，禹永一和權英華在朋友的祝福中共同走進了瀋陽航空學院的一間由教室改成的「愛情小木屋」。蜜月剛剛過半，幸福的滋味還沒有來得及細細品味，不幸就降臨到他們二人的頭上：新娘突然得了一種怪病：先是下肢麻木，後來漸漸地開始不聽使喚……從此開始了漫長的治療生涯。

▲ 禹永一主持音樂會工作照

在這樣的日子裡,他也曾想讓自己輕裝上陣,也曾想讓這份責任變得不是這樣明朗,於是在一個除夕的夜晚,與妻子達成不成文的協議:暫時他一個人留在京城闖蕩,給妻兒在沈陽買一個房……清晨就要分開的夫妻二人幾乎一夜無眠,他陷入深深的自責和困惑中:我這樣做是不是太自私了?是不是太沒有責任感了?我究竟想做什麼?他們離開我會怎樣生活?

似睡似醒間一個情景浮現在他的眼前:妻子在地上爬著喊他的名字,兒子哭著叫著爸爸,他們看起來是那樣的無助,又是那樣的孤單,仿佛離他很近,又似乎很遠……猛然驚醒的他摸了一下兒臉,無意間自己已是淚流滿面,依偎在他身邊的妻子看到他的眼淚也淚如泉湧放聲地哭了起來,這哭聲嚇醒了不諳世事的兒子,也大哭起來……

在別的家庭高高興興吃著年夜餃子的時候,他們三口人卻抱成一團哭聲一片,但在這哭聲中他堅定一個信念:無論今後的日子有多麼艱難,全家人都要同甘苦共患難!

禹永一曾這樣形容自己:我是我們家裡的晴雨表,我高興了,全家都歡喜;我難過了,全家都低沉。所以這許多年來,無論他有多麼煩心的事,每當走到家門的時候,都不會忘了在門口做一下深呼吸,調整一下自己的情緒,讓微笑掛在自己的臉上。當他邁進家門,他那爽朗的笑聲就會充滿著整個空間,就會溢出窗外,讓每一個聽到的人都受到感染。

禹永一曾說:「如果我離開她,很有可能會活得更好,但如果她離開我,我擔心她會活不好。」權英華說:「其實我很軟弱,如果不是後面有一棵大樹

讓我靠，我不敢想今天我會是什麼樣子。」是啊，一個原本可能下「地獄」的女人，因為遇到「天使」般的男人，卻幸運地生活在「天堂」裡！

红 叶 颂

▲ 禹永一作品《紅葉頌》

2

满山的红叶，　百里峡谷红遍山　野。　红　叶　啊，
满山的红叶，　百里峡谷红遍山　野。　红　叶　啊，

多情的红叶，　老友新朋在此相　约。
多情的红叶，　老友新朋在此相　约。

你拥抱着松花湖，　金蟾静静望明月。　你手牵着拉法山，
你是开拓的火花，　你是金秋的使节。　喜看家乡千秋业，

千年古树层层叠。　啊，　　　红
飞来凯歌你报捷。　啊，　　　红

根植林業的報告文學作家——王天祥

▲ 王天祥

王天祥（1949 年- ），祖籍青島，高級記者，作家，成功學學者，影視劇編劇。曾長期工作在蛟河市，現居北京。曾任中國非物質文化遺產雜誌總編，全國青少年冰心文學大賽評委、吉林省賽區組委會秘書長兼評委會主任。近十年來創作完成了三十多部文學作品、理論專著和六部中篇小說、三百多集電視連續劇。現有三十部專著出版並發行全國，曾有二十多部（篇）作品榮獲國家大獎。

王天祥是個孤兒，但外祖母在家長裡短中堅持的春雨潤物般的望孤成才的理想教育和日夜絮叨的滿肚子的故事，成為王天祥奮鬥成才的心理原動力和文學基因。因此，他自幼愛看書，不放過他能得到的每一本書。在讀《林海雪原》時他一下子就被書裡所描繪的情景迷住了。終於有一天，他決定獨闖關東，到白山松水間去，到林海雪原中去。那年他十六歲。剛邁進青年門檻的王天祥，只身漂泊到松花湖邊蛟河市松江鎮愛林村落腳，開始了他獨立生活中嶄新的一頁。在這裡，無親無故的王天祥學會了開荒、種地、伐木、捕魚、打獵、趕爬犁，日後不斷出現在他的作品中的濃郁的東北風情無不得益於這一段經歷。

他熱愛這裡，關注這裡，在這裡他做過教師、記者、作家。做教師的時候他培養這裡的人成為有知識和才幹的人，做記者和作家的時候，他關注這裡的每一個變化，並記錄下這裡的風情，他用小說等文學形式，使東北再次彰顯其獨特的關東魅力。

一九九〇年，他任《中國林業報》駐蛟河記者站記者。在這裡，王天祥陸

續寫出了一些有分量有深度的報告文學，如《關東綠林》《小城商情秘錄》《松籽大戰》《拍賣森林》《發現東北虎》《蛇祭》等。

一九九五年，王天祥獲得兩個「大地之光」一等獎。「中華大地之光獎」是中宣部、中國新聞工作者協會、中國廣播電視學會、中華全國農民報協會共同主辦的全國性新聞文化綜合獎。「大地之光」初設十個全國一等獎，王天祥的報告文學《關東綠林》和長篇通訊《直掛雲帆濟滄海》分別奪得了一等獎。此後，王天祥共有二十多部（篇）作品榮獲「中華大地之光」「新世紀之聲」「中國世紀大採風」「中國時代風采」等全國新聞文化徵文活動的大獎，先後十二次進人民大會堂領獎，受到過三十多位國家領導人在釣魚台國賓館貴賓廳、人民大會堂貴賓廳、政協禮堂貴賓廳和國務院招待所貴賓廳的接見。

一九九七年，東北虎重現蛟河市的張廣才嶺，咬死了幾頭牛馬，王天祥的跟蹤報導發表後，一時全國媒體紛紛熱炒。王天祥根據保護自然生態環境與發展經濟引起的新矛盾，創作出《東北虎，你當得起被告嗎？》的深度報告文學。這篇報告文學引經據典，指出了我國動物保護方面的立法空白點，被國內數十家媒體轉載，同時，促進了討論向法制的深層次發展，使全國各界對東北虎的關注空前高漲。

▲ 王天祥部分作品

蛟河第一位走進《詩刊》的農民女詩人——
王汝梅

▲ 王汝梅

王汝梅（1962 年-　　），女，蛟河人，一九八〇年開始文學創作，以詩歌創作為主，多次在省、市的創作評比中獲獎。先後在《詩刊》《詩中國》《吉林日報》等報刊雜誌上發表詩歌二百餘首。

一九八五年八月，王汝梅參加了由《詩刊》社舉辦的第六屆中國青春詩會，在詩壇引起轟動而一舉成名，她是二十世紀八九十年代國內屈指可數的農民女詩人之一。

從她的詩裡，感覺不到當時某些青年詩人所常有的浮躁和輕狂。有位著名的詩歌評論家撰文評價王汝梅的詩說：有的人，雖然名字印滿了大大小小的各種刊物，卻很少有能印進讀者心靈的，王汝梅的作品富於生活氣息，詩風清麗而凝重。

王汝梅的詩專寫山鄉，當時寫農村生活的詩，由於不深入生活而輕飄飄的多，有的詩人把農民的日子描繪成一步登天，說什麼今天我們「驚嘆農民兄弟擁有轎車、飛機」，「到明天」我們「又習以為常」；有的則把農民特別是農村婦女的命運描寫得暗淡無光，說什麼江南水鄉的女人總是「忍受寂寞、家務和醉後的拳頭／她是一塊布／任命運的剪刀剪裁」。但王汝梅的詩沒有這種缺憾，她專注於「山裡人」的生活，她陸續發表的十二首詩，沒有一首與山裡人的生活無關。曲曲彎彎的山路、炊煙裊裊的山村、樹林、群山、溪澗、藍天、

背筐、扁擔⋯⋯賦予她的詩以清新的山野氣息與明麗的山野色彩。

「浮光掠影地採擷一些諸如此類的外界景物以編織成分行的韻文或散文，這並不難，難的是寫出山裡人的真實的境遇和心態。」王汝梅的詩的可貴之處，首先正在於真實地反映了山民們的艱辛、痛苦、歡樂、追求，正在於涅槃的風景畫與冷峻的風俗畫的統一：這裡的小路彎彎，這裡的女人出門，離不開扁擔；沉重的擔子，山一般壓著雙肩。這裡的山青，這裡的天藍。這裡的妻子，不喜歡

▲ 王汝梅作品

丈夫愁眉苦臉，說「流淚不如流汗，汗會把生活泡甜」——《這裡沒有流淚的習慣》。

王汝梅的《今天的列車沒有晚點》便勾畫了農村女人等待列車、遊覽城市的那種好奇與緊張感。「城市」與「時代」對鄉村女人而言，是可以互置的。她們的命運「被時代甩得很遠、很遠」，只有搭載她們等待許久的列車步入城市，她們的命運才可以與現代相通。

在《山裡，有這樣一個女人》中，當從未出過山村的女人「走進目光撞著目光的小城」，「看到男人跳舞抱著女人，看到女人騎摩托也那麼穩，看到一個鄉村姑娘，也能在這裡開業縫紉」時，她開始懷疑這樣的生活會不會拋棄她這樣的山裡女人，「她開始覺得：山外的一切都該走進山裡；擦亮玻璃，不如推開窗門。」

前一首是寫女人告別鄉村進入城市，後一首把城市文化引入鄉村，一進一出之間，其意旨都是鄉村女性對現代城市文明的嚮往。城市帶給女性完全不同於鄉村的現代經驗，這對於她們擺脫蒙昧的桎梏，建立現代的人格當有裨益。

用鏡頭宣傳蛟河的電視藝術顧問——陳祥鳳

陳祥鳳（1965 年- ），生於蛟河，中國電視藝術家協會會員。

陳祥鳳同志參加工作二十八年來，共有一六〇餘件新聞作品、電視專題節目在國家、省、市廣播電視優秀節目評比中獲獎。他先後七次走進北京人民大會堂接受頒獎。僅二〇一三年就有十三部電視作品獲得國家級大獎。他拍攝的《蛟河紅葉谷》《農民的老相機》等多部作品在中央電視台播出。電視紀錄片《大山裡的美麗堅守》入圍「紀錄中國」全國百部優秀電視紀錄片，並獲得全國

▲ 陳祥鳳

三等獎。電視紀錄片《海歸女豬倌》《農民攝影家》分別獲得全國電視專題片一等獎。

連續十二年導演的蛟河電視台春節晚會和春節特別節目在蛟河電視台、吉林電視台播出，深受觀眾好評。二〇一二年，他執導的蛟河市電視台春節文藝晚會《吉祥的祝福》，被全國千縣市電視聯播節目選中在全國播出。二〇一四年執導的春節特別節目《美麗蛟河幸福年》獲得第二十六屆吉林省電視文藝丹頂鶴獎二等獎，全國市縣電視台綜藝晚會評比三等獎。

陳祥鳳致力於電視旅遊風光片的拍攝製作，擔任編導和撰稿的蛟河市第一部旅遊風光片《愛在蛟河山水間》由吉林音像出版社公開出版發行，二〇一三年攝製的電視風光片《紅葉之城魅力蛟河》在第五屆中國旅遊電視周上被評為優秀城市宣傳片，並在全國百家地市級電視台展播。二〇一四年製作的電視專

电视高清纪录片

盲人豆芽

Mangren douya

一对盲人夫妻用艰辛和付出托起女儿的求学梦

小人物的平凡生活

陈祥凤 作品
ChenXiangfeng Film

大山里的美麗堅守

記錄片

蛟河电视台攝制

山上的女人

記錄片

蛟河电视台攝制

青山綠水話蛟河

專題片

蛟河电视台攝制

紅叶之城魅力蛟河

HONG YE ZHI CHENG
MEI LI JIAO HE

題片《慶嶺活魚》被評為全國優秀旅遊宣傳片，為蛟河旅遊事業的發展做出了積極貢獻。在吉林長白山紅葉旅遊節上，連續五年被蛟河市委、市政府評為先進個人。

多年來，他先後為蛟河電視台策劃並創辦《溫馨假日》《鄉間》《在我們中間》《真情面對面》《快樂到家》等多檔電視欄目，為蛟河人民廣播電台策劃並創辦了《心語夜航》《快樂掌門人》等眾多欄目，其中《在我們中間》被評為二〇一〇年度全國縣級廣播電視優秀欄目。二〇一三年被中國電視藝術家協會評為全國十大優秀電視欄目，電視欄目《鄉間》被評為二〇一四年全國十大優秀電視欄目。

在日常的工作中，他集採、編、製於一身，處處率先垂範，帶領記者深入農村、深入一線，策劃、編輯、拍攝、製作每一期《在我們中間》節目，同時每天還要負責專題部另一檔三十分鐘綜藝節目《真情面對面》的策劃、組稿工作。

他在專題部工作以來，加班幾乎成為家常便飯。節假日常常因為工作不能休息。二〇一四年為製作《紅葉之城魅力蛟河》《希望的熱土》《創業蛟河》等三部大型專題片，常常是白天正常外出採訪、製作節目，晚間加班製作專題片。一幹就是一個通宵，睏了就睡在製作間。二十八年來，他已經記不清自己多少次半夜時分從床上爬起拿著機子往外衝，也記不清自己多少次踏著泥濘在大雨中拍攝采訪，更記不清自己多少次下班回家已是萬家燈火。

蛟河第一位獲國家級大獎的詩人 —— 于寶

　　于寶（1952 年-　　），筆名秋石，生於吉林省蛟河市。中共黨員，當代散文作家、詩人。中華新國風創作研究中心研究員、中國散文家協會會員、吉林省作家協會會員、吉林省長白山文化研究會會員、蛟河市作家協會常務副主席、蛟河市政協委員。

　　自上世紀九〇年代初開始發表作品，二十多年來，先後在《人民日報》《建設報》《華夏散文》《散文家》等報刊、雜誌發表數百篇文學作品。由吉林人民出版社出版發行散文隨筆《牽手》《真情道白》《點燃歲月》。先後榮獲「中國‧北京‧新國風」詩人節大會一等獎、金獎各八次。榮獲二〇〇八年中國詩人節「世界華語詩人」創作獎、「中華新國風文學節」創作金獎。二〇〇八年十二月在中國第四屆散文精英賽上散文《醉人的紅葉谷》榮獲創作金獎。二〇一〇年十二月，在第十屆「新世紀之聲、和諧中國」徵評活動上，報告文學

▲ 于寶

《勇於挑戰自我的傳奇女傑》榮獲報告文學類金獎。

于寶的代表作《點燃歲月》告訴人們，他對《媽媽的大醬》《中年感悟》《人生如畫》《學會寬容》《珍惜人生》《正直站立》有了新的看法、新的觀察，也有了新的審視人生的觀念。在他這部作品裡，于寶從最常見的賀卡情思說起，直到詩歌《春天的味道》結束，于寶把他從《真情道白》以後的發現和感言，又來了一次品味刷新。在這期間，于寶在《國風》詩刊頒獎會上，有幸見到了中國新詩壇上兩座高峰之一的賀敬之（另一座為郭曉川），在北京的夜色下采訪了老詩人徐放，名師恰到好處的指點解除了于寶多年的寫作困惑，成為他寫作生涯中的重要資本。

除了這些之外，于寶也沒有忘記當年的「倔師傅」，可愛的「陽光男孩」，幾乎是朝夕相處的「心中的摯友」，還有那些蛟河的築路人。在于寶的這些敘事隨感中，他還忘不了對那些優秀的影視片、社會不良現象、生活中的不良習俗評論一番，那些偉人的格言、詩詞、史話，他也有自己讀後的獨到見解。

于寶的作品旁徵博引、剛柔相濟、思想火花和藝術功底結合得非常完美，他在自己熟悉的生活領域，開掘出深刻的社會意義，給人的警示、啟發是很大的，讀他的作品就是讀他的為人方式、思維方法、工作模式、創作走向、心路歷程。于寶的作品，傳達給世人的不僅僅是一個形象的于寶，理性的于寶，而且是一個寓情於理、情景交融、敢恨敢愛、直面人生的于寶。

于寶的評論，帶有新聞的特點，單刀直入、一針見血，這與他做過記者站站長有關，他所寫的新聞人物保留著新聞人物的鮮活性、生動性，讓人讀後有一種活靈活現的感覺。

于寶的詩思想內容深刻厚重，感情熱烈奔放，這與他的刻苦讀書，透視生活，具有高度概括社會現象的本領是分不開的。在《真情道白》裡，在《點燃歲月》裡，他的詩如一杯老酒，越品越有滋味；而《敢於說愛》和《為生命喝彩》則是他對人生感悟的真情道白。

農民作家伉儷──蔡豔文、張曉英

　　蔡豔文（1962 年-　）、張曉英（1966 年-　）夫婦是吉林省作家協會唯一一對農民夫妻作家，吉林地區知名農民作家。張曉英出版有詩集《那年的那趟火車》。二〇一三年，張曉英獲吉林省作家協會農民作家創作作品基金扶持。二〇一四年，夫妻二人創立省內首家農民報紙《山花》。

　　蔡豔文，在小說創作和電視劇本的創作上，一直秉承著一個農民寫作者的責任和義務，他筆下的人物鮮活質樸，故事貼近生活，在歷史與現實、人心與人性等方面，都給予了鄉村小人物生活和命運的憂慮及關注。蔡豔文出生在蛟河縣池水鄉保家村三家溝屯，由於家中人口多，母親多病，勉強讀完初中的他便開始和父親一起扛起家庭的重擔。日子的苦累他不怕，怕的是精神世界的空

▲ 農民作家蔡豔文、張曉英夫婦

▲ 蔡艷文、張曉英夫婦參加吉林省農民作家座談會

虛和貧瘠，但對於一個只有初中文化的農村孩子來說，縱然心中有多麼瑰麗的夢想，也只能是天邊的彩虹，無力實現。

農閒，為了排解心中的寂寞，他四處借書；又是為了買書，他上山採蘑菇、採山菜去二十裡外的縣城賣，換回幾本喜歡的讀物，在書中他尋到人生的寄托，書讀多了，他開始試著練筆，試著投稿，一封封退稿信絲毫沒能打消他對業餘寫作的信心和熱情。然而，固守傳統思想觀念的父親對他的寫作非但不支持，甚至極力反對，所以他每天的寫作多半是在田間地頭，別人休息抽煙的時候，他背過身掏出衣兜裡的筆和小本子寫上一小段，或者夜裡躺在被窩裡，偷偷地用手電筒照著再寫上一段……

就這樣多年過去，他的小說一篇又一篇在報刊上發表，父親陰鬱的臉上才開始有了笑容。特別是近兩年，他的電視劇本被吉林電視台拍攝播出以來，熟悉他的人都說寫到今天真不容易。用他自己的話說：「業餘寫作這條路雖然很苦，可從來沒後悔過，文學帶來的快樂是什麼都無法取代的。」

張曉英，多年來一直以鄉土詩歌創作為主。她的詩歌手法多樣，根據作品內容選擇寫作風格，多以清純、細膩、唯美的女性寫作見長。她近年的詩歌作品受到省內外文學界的關注。

張曉英出生在吉林省蛟河縣距縣城百里的一個小山村，祖輩都是農民。小學初中都是在當地的農村學校就讀，但她天性喜歡文字，初中在語文老師的影響和引導下，她對文字的熱愛和領悟超出了一個初中生的水平。她在課餘時間讀課外書，悄悄練筆，寫小說、散文。到了高中，由於大量的時間都用於寫小

說、讀小說，所以整體學習成績下降，以至於高中畢業前夕不顧老師同學和家人的反對，輟學返鄉，開始真正走上業餘文學創作這條神聖而艱辛的道路。

　　然而，在當時的農村，一個普普通通的農民搞文學創作，是很難被人理解的，於是她就背著村裡人，在農活之餘把自己關在小屋裡偷偷寫作，直到第一篇作品在《江城日報》上發表，她才一點一點地開始從「地下寫作」轉為「地上寫作」。

　　一九八七年，她與同樣喜歡文學的本縣作者蔡豔文結婚。由於男方家人口多土地少，加上婆婆長年臥病在床，婚後的生活異常清苦，然而因為文學，她對生活的領悟更深，追求美好生活的信心更足。於是，白天和丈夫在地裡揮汗如雨，夜晚，在燈光下寫作，常常到深夜。從開始接觸文學迄今三十年的時間過去，文學已經成了她生命的一部分。在物質生活和精神生活都不斷提高的今天，張曉英正以飽滿的熱情在家鄉的土地上耕耘著屬於她的文學春天。

▲ 張曉英主編的農民報《山花》

農民作家蔡豔文、張曉英夫婦，一邊耕耘著腳下這片土地，一邊堅守業餘文學創作這片心靈的沃土。文學不僅給他們兩個人的精神生活帶來豐盈，也影響了周圍村民對精神世界的嚮往。結合村民的需要，蔡豔文把家旁邊的一棟三十多平方米親屬家閒置的房子收拾一新，辦起了農家書屋，先後舉辦了「農民讀書演講」競賽、歌舞小品表演會、夏日篝火等特色主題的文化娛樂活動。二〇一四年三月十二日，作家夫妻倆主編的農民報《山花》正式創刊。雖然刊物不提供稿費，但還是吸引和調動了大批農民文學愛好者的創作激情，他們踴躍投稿。短短幾個月的時間，《山花》農民報作者的創作水平都有了很大的提高，其中宋玉文的小說還被選入《吉林省農民作家作品選》。

「中國農民現在收入提高了，但文化活動還不夠豐富。」張曉英說，「我們的報紙不光有詩歌、有散文，我們還有農民攝影圖片，還準備連載話劇劇本，我們想幫助鄉親們開展多種形式的文化活動，讓他們有更豐富的精神生活。」盡管有了搬到城裡居住的經濟條件，然而這對農民作家夫婦表示：「黑土地上火熱的農村生活是我們創作的無盡源泉和動力！我們會堅守在這塊心靈的故鄉，和鄉親們一起把關於文學的夢想一直延續下去。」

第四章
——

文化景址

在松花湖畔，蛟河如一顆熠熠閃光的明珠日益耀眼。穿越時光的隧道，在歷史的長河中，找尋到的，是她一路走來那飽含滄桑、寫滿厚重，卻從容翩躚的身影。深厚的文化底蘊、如畫的自然風光、多姿的民俗風情，無不見證著這座山城的崛起歷程，無不凝聚著這方百姓的智慧結晶。這裡的景色山幽水秀、楓紅松翠，這裡的發展步履鏗鏘、柔情曼妙，構成了一幅人與自然和諧發展的綿延畫卷……

新鄉磚廠遺址

▲ 新鄉磚廠採集舊石器時代猛獁象牙化石

▲ 新鄉磚廠遺址保護標誌

新鄉磚廠遺址位於蛟河市拉法街新鄉村。考古工作者曾在這裡距離地面十多米深處發現大量古生物化石和人類在舊石器時期打製的石器。經北京大學考古系實驗測試和中國科學院古脊椎動物與古人類研究所專家年代測定，這是一處距今六萬二千年的原始社會舊石器時代人類狩獵遺址。

從地理位置看，新鄉磚廠地處吉林地區東北部的蛟河盆地北緣、拉法河二階台地，屬於拉法山國家森林公園自然保護區。

從遺址的地質層次堆積來看，新鄉磚廠自下而上可劃分為六至十層。出土的石器和動物化石多數在第四層的紅褐色黏土層中，當時可能是沼澤地段。

二〇〇七年，新鄉磚廠遺址被吉林省人民政府批准為省級重點文物保護單位，彌補了吉林地區舊石器遺址的空白。

蘇爾哈古墓群

位於蛟河市漂河鎮蘇爾哈湖灣東山上的蘇爾哈古墓群，東西長約 500 米，南北長約 1000 米，總面積約 50 萬平方米。古墓群三面環山，南臨松花湖，山下有一條名叫蛤蟆河的河流由東向西流去。

遺址分布在東南部山頂至山腰處，山坡上有明顯的梯狀台地，略呈「人」字型。東坡為十一階，西坡為十二階。台地一般長 7 米至 20 米，寬 6 米至 25 米，台地上面不見居住址坑，但地表散布有石器和陶器殘片。

全國第三次文物普查時，在古墓群附近採集到陶器耳二件、陶器底二件、石鏃一件。陶器為素面夾砂陶，石器為板岩磨製。

從遺址的地理環境、地貌狀況和採集遺物看，應屬於西團山文化遺存。蘇爾哈古墓群被吉林省人民政府批准為省級重點文物保護單位。

▲ 蘇爾哈古墓

法河沿南山遺址

　　法河沿村南山遺址，位於蛟河市新農街境內距法河沿村 200 米處，山腳下八虎溝河由東向西流過，西 1 千米為松花湖，榆江公路從山下經過。該遺址有明顯的三級台地，東西長約 900 米，南北長約 800 米。

　　由於多年的耕種和水土流失，地表遺物豐富。在此曾採集石器和陶片十六件，搶救發掘塊石壘砌的石棺墓一座，出土石器十件、陶器一件。陶器為手製素面灰黑色夾砂陶，石器為灰褐色頁岩質地。從石棺墓的結構和採集出土的石、陶遺物特徵看，法河沿南山遺址應屬西團山文化遺存。

▲ 法河沿南山遺址

▎大砬頭石棚墓古墓群

大砬頭石棚墓古墓群位於蛟河市松江鎮沿江村高家屯江邊大砬頭山上，東距松江村約三千米。山體為南北走向，最高點海拔為 311 米，東西長約 50 米，南北長約 100 米。

▲ 大砬頭石棚墓群遠景

古墓葬 M1、M2、M4，已遭破壞。其中 M1 長七米，寬六米，南北走向。棺蓋厚〇點五米，墓葬現高於地面一米許。M2 墓葬由塊石堆砌而成，高於地表一米許，蓋石已丟失。墓南北長七米，東西寬七米。M3 東西長八米，南北寬八米，高於地表一點五米，棺蓋已被損壞。M4 蓋石長約三米，墓葬為南向北，已被破

▲ 大砬頭石棚墓

壞。據專家分析，該古墓葬為東周時期古墓葬。

大砬頭石棚墓古墓群被吉林省人民政府批准為省級重點文物保護單位。

拉法小砬子山城

▲ 小砬子山城遠景

該山城位於拉法街東部、拉法河左岸小砬子山上。其南半部屬拉法街，北半部屬新站鎮，是高句麗時期山城。

小砬子由七座山峰組成，制高點海拔 570 米，最低處海拔 359 米。西北側的三座山峰呈西北東南走向，是較高的山峰，呈降比排列。

在拉法街周圍方圓幾十里的範圍內，都可以清楚地看見這三座山峰。小砬子山城就位於這三座山峰中海拔 481 米的一個山峰的西坡，即小砬子群峰中的西北部，山腳下西北側拉法河貫通南北。

山峰往下延伸兩條呈放射狀的小山脊，這樣西坡便形成了兩側（南北）陡峭而中間（西面）低緩的地勢，為建造山城創造了得天獨厚的自然條件。

山城充分利用了地形優勢，南北兩山脊稍經加工便修整成南北城牆，東牆以山峰為壁，只有西牆為人工建造。

該古城址西牆是用燒坯壘砌，外面用山皮土覆蓋。燒坯長約二十釐米、寬約三點五釐米、厚約十釐米。壘砌五屋至十二層不等，中間低窪處層數較多，兩側較高處層數漸少，以求大體等高。

城牆有三個瞭望台，西牆頂部凹凸不平，距西北角約三十米處的一段最為低窪，低於西北角樓約五米許，為城門址。整個山城形勢東高西低，平面呈不規則梯形。

拉新戰鬥紀念遺址

一九四六年六月七日，我英雄的人民解放軍，為了粉碎國民黨反動派全面內戰的陰謀，揮戈反擊，在吉林省蛟河市境內的新站、拉法與國民黨軍激戰，取得了著名的拉法「六‧七」戰鬥的勝利，軍史上叫拉法戰鬥，也叫拉新戰鬥。

拉新戰鬥，同解放戰爭時期後來的一些戰鬥相比較，規模不算大，殲敵也不算多，但在當時取得這樣的勝利是非常難得的。這次戰鬥的勝利，使這個交通樞紐和糧、煤、木材富庶地區成為東北民主聯軍爾後進行的三下江南、東北夏季攻勢的前進基地，極大地鼓舞了廣大指戰員的鬥志，增強了戰勝國民黨軍隊的信心。

拉新戰鬥，打破了國民黨軍隊長驅直入強占東滿的企圖。拉法、新站戰鬥後，國民黨軍四個月未繼續北犯，給東北民主聯軍整訓部隊，擴充兵員提供了有利時機。拉新戰鬥的勝利，扭轉了敵進我退的戰局，形成了以老爺嶺為界的相持局面，成為解放戰爭史上集中兵力殲滅敵人的典型戰例。

▲ 拉法戰鬥紀念碑

▲ 新站談判舊址

　　曾經有多位我軍高級將領參與或直接指揮了拉新戰鬥，並給予高度的評價。軍事科學院原政治委員，原中央軍委列席常委，原中央顧問委員會委員梁必業一九九〇年回憶此次戰鬥題詞：「拉法新站殲滅戰，重挫違約敵氣焰，誘敵分散各擊破，拉濱樞紐復保全。」開國少將羅華生一九九〇年題詞：「拉法之戰，圍殲頑敵，永垂青史。」

　　拉新戰鬥紀念遺址，是解放戰爭時期在中國歷史上有著較大影響的文化遺址。紀念遺址包括拉法戰鬥紀念碑和新站談判舊址。

　　一九四六年六月十三日開始，中共、國民黨、美國三方在新站青山寮進行談判時，蔣介石說：「這是共軍破壞停戰，破壞和平。」東北民主聯軍總司令發表聲明說：「東北停戰命令下達後，拉法蔣軍繼續向蛟河進攻，我軍被迫反擊，以揭露蔣軍破壞停戰協定。」談判隨即告吹。

　　拉法戰鬥紀念碑和新站談判舊址已被吉林市人民政府批准為市級重點文物保護單位，成為愛國主義教育基地。

亞洲奇觀——長白山地下橡木桶酒窖

不識紅酒真面目，只緣未入酒窖中。凡是參觀了長白山世界大型地下橡木桶儲酒窖的人，無不為長白山中還有這樣的奇觀而驚嘆。

提起長白山柞樹，東北人自然知道就是橡子樹。但如果把柞樹與釀酒的橡木桶連繫起來，可能就沒有多少人了解了。長白山的橡木，的確是世界四大釀製葡萄酒的名貴桶材之一。

二〇〇三年，歐洲的一位葡萄酒釀酒師專程來到長白山，來到長白山酒窖。在品嚐了長白山橡木桶陳釀的山葡萄酒後，他由衷地豎起了大拇指。而他對每個橡木桶上萬歐元的估價更讓長白山的技術人員吃驚不已。

用橡木桶釀造葡萄酒是歐洲人的發明，但開中國橡木桶製作先河的卻是長白山葡萄酒廠。一九八八年版《長白山廠志》記載，新中國成立後，長白山葡

▲ 長白山酒廠地下橡木桶酒窖

萄酒廠是第一個也是國內唯一一個擁有橡木桶製作車間的葡萄酒廠。一九三六年，日本人開始建設地下酒窖，面積不足一千平方米。新中國成立後，國家從上世紀五〇年代末開始規劃建設，並在當時的長白山葡萄酒廠建立了中國第一個橡木桶生產車間。到二十世紀六〇年代末，經過十年建設。建成了今天這個地下建築面積近二萬平方米，橡木桶一千五百多個，儲原酒二萬餘噸的亞洲第一葡萄酒窖。

　　長白山橡木桶酒窖銘：古法釀酒，多以壇、缸、甕盛之。地藏多年，酒甘洌。今之好酒，仍襲之。橡木桶釀葡萄酒，歐洲人乃始作俑者。初，做酒器，及至品嘗，色、香、味俱上品。後科學驗證，才知橡木之香氣，橡木之丹寧，橡木之硬朗，與葡萄酒乃天作之合也。長白山，古稱白頭山。山生奇樹，民間稱之柞樹。花白黃，材細密，實暗紅，稱橡子，木曰橡樹，為世界四大藏酒桶名材之一。西元一千九百三十六年，有日本人飯島慶三，建老爺嶺葡萄酒廠，置酒窖，伐橡木製桶釀酒。西元一千九百四十九年，新中國立，興土木，長白山成我華夏葡萄酒搖籃之一。山多橡木，廣採之，置橡木桶車間，製酒桶。時有十六巧匠。內有張姓者，今七十有六，碩果僅存。曰：所選桶材甚嚴，樹齡逾五十載，樹圍過尺半。桶材，內外三寸棄之，獨中四寸者，無瑕疵留之。張云：橡木桶製作工藝繁雜，切材，選材，水浸，陰乾，水煮，攏合，氣蒸，熏烤方成。此後，年年有製，至今有桶一千五百餘，小者，盛酒四千斤，三人合圍之。大者，盛酒二萬斤，數人圍之不攏，世所罕見之。有地下酒窖五座，二萬餘平方米，規模宏大，考證為世界大型地下恆溫儲酒窖，觀者皆驚嘆！況，山葡萄酒抗氧化在世界葡萄酒中為最。尋常葡萄酒，僅儲數載，味即敗。而山葡萄酒可儲幾十載。且儲齡老酒，雖果香寥寥，卻酒香濃濃，酒香至極。初醅新酒，雖果香濃濃，卻酒香寥寥，果香至極。新老調合，兩極合一，聞之，果香濃郁；品之，酒香醉舌。桶為酒生香，酒為桶生色，桶酒合一，曠世絕配也。乃嘆：非此山葡萄品種，非此橡木桶，非此地下酒窖，何來驚世長白山紅酒也。

拉法山國家森林公園

　　拉法山國家森林公園於一九九五年成立，占地面積 34194 公頃，森林覆蓋率 84.8%。二〇〇六年，被國家旅遊局評為 AAAA 級風景區。二〇一二年，被評為中國最具影響力的國家森林公園之一。

　　公園包括紅葉谷、拉法山、慶嶺、老爺嶺、冰湖溝等著名景區。

　　「秋天童話」紅葉谷　「一條綿延百里的紅色山谷，一個風花雪月的浪漫空間，一頁古老神秘的塵封記憶，一段傳說中的秋天童話」，這就是吉林省秋季旅遊的代表，被譽為「秋天童話」的紅葉谷。紅葉谷景區位於蛟河市慶嶺鎮和松江鎮境內，距蛟河市區三十六千米，經三〇二國道與長琿高速相連。景區總面積四〇三三公頃。紅葉谷有四個特點：一是規模大，長達一百餘華里，寬三十餘華里，北起慶嶺鎮解放村，南鄰松花湖松江鎮境內，氣勢磅礴；二是品種多，紅葉樹種多達十餘種，各種紅葉深淡相宜，錯落有致，風姿各異，爭奇鬥豔，勾勒出一幅五彩畫卷；三是色彩迷人，受長白山和松花湖獨特氣候影響，色彩明亮鮮豔，充滿生機活力；四是觀賞時間短，每年九月二十日至十月二十日是紅葉觀賞的最佳時期，盛景期更是彌足珍貴。紅葉谷主要景點有紅葉山谷、谷中谷、谷外谷、將軍祭台、棒槌谷、情人坪等。

　　紅葉谷不僅擁有絕美的自然景致，還蘊藏著豐厚的文化底蘊和感人的歷史事蹟。這裡曾是巴拉人的聚居地，巴拉人係女真人的一個分支，明末清初努爾哈赤征討女真各部時，為避戰亂遷移到現蛟河境內老爺嶺山區和松花湖流域（紅葉谷位於其中間腹地）。他們生性狂放不羈，生活自我封閉，以狩獵、捕魚為生，被稱為「消失的輕狂部落」「最後的女真人」。巴拉人神秘、獨特的祭祀文化、漁獵文化、木幫文化、生活起居文化以及特有的象形文字、圖騰、語言、歌舞、服飾、遊戲等極具旅遊文化價值。紅葉谷優美的自然景觀每年吸引了大批國內外遊客前來觀賞，由省旅遊局、吉林市人民政府主辦的中國・吉

林蛟河長白山紅葉旅遊節，極大地提高了景區的美譽度和知名度。紅葉品牌的打造填補了我省秋季旅遊的空白，二〇〇九年至二〇一三年連續被國家地理雜誌評為中國最美十大秋景之一，上海攝影家協會將此地列為攝影創作基地，其天然巧成的自然景觀被評為全國科普教育基地。

▲ 遊客遊覽紅葉谷

▲ 紅葉谷遠景

「關東奇山」拉法山　「早知拉法山色好，何必千里下江南」。拉法山景區位於蛟河市拉法街境內，距蛟河市區十一千米，國家 AAAA 級風景區，占地

面積 15652 公頃。主峰雲罩峰海拔 886.2 米。「峰險、石秀、洞奇、林幽」的拉法山鬼斧神工，神秘莫測，被稱為「關東第一奇山」。拉法山自然景觀奇特，該山四面環視，形狀如一，有「八十一峰和七十二洞」之說。臥象峰、姊妹峰、老熊觀天惟妙惟肖；棋盤峰、雲罩峰險峻秀麗；雲光洞可容納千人，三個洞口分別可觀日出、日落和雲海；通天洞可觀一線天；氣泡洞亞洲最大，極具地理研究價值。拉法山史稱「九頂鐵叉山」，此山名最早出自《封神演義》一書，書中語：「關東有一奇山，名曰拉法。」

▲ 拉法山近景

▲ 拉法山遠景

拉法山從古至今，有很多美麗的傳說，紀曉堂除妖、楊金豹下山、塔洞傳說、太和洞傳說等等，為該山增添了更多的靈性與神秘。

「森林浴場」慶嶺　慶嶺景區位於蛟河市慶嶺鎮境內，距蛟河市區三十六千米，是國家 AAAA 級風景區。歷史上，這裡是滿族先民祭祀天地的聖地，慶嶺瀑布、臥龍潭、古樹瀑、報恩寺、蝴蝶泉、壽楊等景點帶來的美麗傳說記載著先民悠遠的歷史和文化。目前，已開發景點十八處。瀑布群由南湖、臥龍潭、古樹瀑組成，其中南湖瀑布落差三十七米，氣勢磅礴，飛流直下，是吉林省第二大瀑布。據地方志記載，這裡曾是滿族祭天的地方，在祭祀中薩滿是主持人，他既代表族人向上天祈求庇護，又從上天那裡帶回神的恩惠。慶嶺瀑布森林茂密，每臨夏日，外面烈日炎炎，這裡綠樹成蔭，水氣繚繞，百鳥爭鳴，溪流潺潺，宛如在森林中沐浴，由此得「森林浴場」這一美名。

「小長白山」老爺嶺　老爺嶺景區位於蛟河市河南街境內，距蛟河市區十

▲ 慶嶺瀑布群

三千米，是國家 AAAA 級風景區，總面積 1226 公頃。主峰海拔 1284.7 米，是吉林地區最高峰。該景區森林植被呈垂直分布，即闊葉林、針闊混交林、針葉林、岳樺林和高原草甸。從山下到山頂，可綜觀千餘里的植被生長變化，有「來到老爺嶺，就到了長白山」之說，景區內怪石林立，古樹參天，自然景觀絕美。主要景點有金石灘、石瀑谷、紅葉坡、千層崖、神龜望海、五指峰、奇石林、高山草地等。

景區內有一抗聯密營舊址，抗日戰爭時期，朝鮮人民領袖金日成曾率領一

▲ 老爺嶺景區主峰一角

▲ 老爺嶺景區冬景

支抗聯隊伍在這一帶與關東軍周旋作戰，他們在此處紮營避難一個月。該地有一位老黨員李玉芬，曾多次給抗聯隊伍送過給養。

「關東九寨」冰湖溝　冰湖溝景區位於蛟河市天崗開發區（天崗鎮）境內，距長琿高速天崗出口二十六千米，國家 AAAA 級風景區，總面積 5000 多公頃。景區內森林資源茂密，野生動植物種類繁多，有林地面積 4657.6 公頃，其中有五百公頃原始森林，有濕地、水域面積八百公頃，距吉林市僅五十千米，被稱為距都市最近的原始森林景區。景區植被、景點構造、地理環境與九寨溝景區極為相似，故名為「關東九寨」。主要景點有原始森林、神樹谷、冰湖小溪、冰湖瀑布、高山平湖等。

▲ 冰湖溝景區高山平湖

白石山國家森林公園

白石山國家森林公園位於蛟河市白石山鎮境內，隸屬省森工集團管轄，公園占地面積7473.5 公頃，森林覆蓋率達到98.6%。公園旅遊資源特色突出，功能各異，景觀地域組合完美，擁有迷人的溝谷、奇特的河石、晶瑩的池潭、古野的森林、神秘的白石。

二○○九年，被國家林業局批准為國家森林公園。主要景觀景點有平頂山林間草地、馬鹿溝、原始森林、丁香園、蒲公英園、紅葉園、相思園、山桃園、石峰群、神石山、七度泉、雙層河、巨石灘、石冰河漂流、白雲觀、林家小院、天外來石等。

▲ 白石山國家森林公園馬鹿溝景觀

▲ 白石山國家森林公園白樺林景觀

松花湖旅遊度假區

　　松花湖是豐滿水電站大壩攔截松花江水而形成的河流型湖泊，曾為國內最大的人工湖，湖區總面積為 550 平方千米，湖容量為 108 億立方米，海拔 261 米，湖岸線長達二百多千米。其中，上游三百三十多平方千米水域面積在蛟河市境內。蛟河境內主要景點有金蟾島、愛林漁港、蘇爾哈湖灣、濱湖度假區等。

　　金蟾島風景區　金蟾島是松花湖上的一顆璀璨明珠，陸路距蛟河市區五十五千米，距著名的紅葉谷景區二十千米，水路距吉林市豐滿碼頭四十千米。金蟾島長三千米，東西寬約一千米，因島上有一岩石酷似金蟾而得名。金蟾島最美的是湖光山色，山巒、石壁、林海、沙灘、湖面、港灣獨具特色，四季景色變幻奇妙。春天，群山泛綠，湖水閃銀，百鳥鳴叫，遍野芬芳，宜遊船踏青；夏日，山水縹緲，岸闊沙平，風和氣爽，林幽谷靜，宜野浴避暑；入秋，楓紅

▲ 金蟾島景區航拍

▲ 金蟾島景區一角

松翠，層林盡染，帆行湖面，魚躍水中，宜觀光垂釣；隆冬，銀冰鎖湖，雪滿山原，蔚為壯觀，宜戲雪狩獵。這裡是一處理想的旅遊休閒度假勝地。金蟾島不僅風景優美，還是蛟河的主要產魚基地，金蟾島水域面積二十三平方千米，平均水深十六點五米，現有各種魚類十一科四十多種，此處生產的松花湖特產名貴魚種「三花一島」聞名遐邇。

愛林度假漁港　愛林度假漁港坐落在蛟河市松江鎮境內，位於松花湖中部，距蛟河市區四十五千米，占地面積一五〇公頃，其中水域面積一百公頃。度假區建築面積一萬餘平方米。湖灣水質清澈見底，周圍樹木蒼翠，山巒起伏，景色秀美。度假區內有遊艇、快艇、手扳船等。遊客可遊湖、垂釣、觀看特色捕撈、體驗天然浴場等。

蘇爾哈湖灣度假區　蘇爾哈湖灣度假區位於蛟河市漂河鎮境內，距蛟河市

▲ 遙望愛林度假漁港

▲ 蘇爾哈湖灣度假區航拍景

區三十千米，是距蛟河市區最近的松花湖旅遊度假區。二〇一二年，被評為全國三星級農業休閒旅遊度假區。蘇爾哈湖灣度假區占地五十公頃，水域面積八點五萬畝，平均水深十四點五米，最深處水深為二十六點二六米。「青山碧水、漁家唱晚」是蘇爾哈湖灣的獨特之處。主要景點有漁場風情、石林壁、鷹嘴砬子、西團山文化遺址等。在這裡，可泛舟遊湖、賞兩岸美景、觀現場捕魚、品美味佳肴，盡享漁家風情。

在蘇爾哈湖灣東山，發現了距今二五〇〇年至三〇〇〇年的西團山文化遺址古墓群，在墓群不遠處的東坡還發現了人類居住遺址，該地的地貌為六階台地，每階都有人類居住的遺跡。

松花湖濱湖度假區　松花湖濱湖度假區位於蛟河市慶嶺鎮境內，距蛟河市五十三千米。東起慶嶺活魚街，西臨吉林市豐滿大壩。該度假區以綿延在松花湖岸長約五十千米的濱湖路為主軸線，依山傍湖，景色優美。目前，度假區內有文輝漁場、慶嶺碼頭、楊木溝度假村、月亮灣等二十餘家度假場所。度假區內可以開展水上娛樂、湖岸觀光、泛舟垂釣、曠野燒烤、篝火聯歡、品松花湖魚宴、體驗漁家樂生活等活動項目。該濱湖度假區與吉林市豐滿濱湖度假區遙相呼應，形成了一個完整的松花湖休閒度假旅遊體系。

▲ 蘇爾哈湖灣度假區冬季捕撈現場

▌特色旅遊景區

蛟河市以工業旅遊、漂流旅遊、鄉村旅遊、美食旅遊為主導，多維發展，有機融合，打造了特色鮮明的旅遊品牌。

長白山酒業工業遊　長白山酒業始建於一九三六年，中華老字號企業。酒業占地面積十萬平方米，年生產山葡萄酒四萬噸。擁有五個地下橡木桶儲酒窖，其規模堪稱亞洲第一。其中，距生產廠區十一千米的金斗宮葡萄生產基地已開闢為旅遊觀賞園。二〇〇六年，該酒業開發工業旅遊。該工業遊可參觀亞洲第一地下酒窖（第三儲酒窖）、葡萄酒生產工藝流程、長白山酒榮譽展廳、旅遊商品購物廳、金斗宮山葡萄觀賞園等。

▲ 長白山酒廠廠區

蛟河漂流　蛟河市地處半山區地帶，東接長白山，西臨松花湖，境內山谷眾多，有四百餘條大小河流。二〇〇三年開始，充分利用本地主河道的水資源，加之美麗的山林風光和田園風情，開發漂流景區。根據水域、地域特點分

▲ 長白山地下酒窖

為森林生態漂流和田園風光漂流兩大類。目前，主要開發的漂流景區有插樹嶺
峽谷漂流、關東第一漂、龍鳳漂流、楓葉漂流、牤牛河漂流、石冰河漂流、紅
星漂流、鹿角溝漂流等八處，其中以插樹嶺峽谷漂流、關東第一漂、龍鳳漂流
最具代表性。

　　插樹嶺峽谷漂流　位於蛟河紅葉谷中段至松江鎮插樹嶺村段，全長五點六
千米，起點建有儲水
壩一座，河段中有四
處激流區，全程落差
六十九米。該處屬於
生態漂流，美麗的兩
岸自然風光讓人融入
大自然當中，使人激
情迸發，流連忘返。

　　關東第一漂位於

▲ 插樹嶺峽谷漂流

蛟河市漂河鎮境內，交通便利，橫貫蛟河全境的兩條交通大動脈——國道榆江線和長琿高速公路途徑漂流區。整個漂流區恰好位於蛟河、敦化、樺甸三市的交界處，交通樞紐位置明顯。關東第一漂河道平均寬二十五米，平均水深〇點六五米，平均流量七點五立方米／秒，漂流河段長三十二千米，分為上、中、下三段，河水清澈見底，兩岸風光秀麗，是目前東北地區少有的一條未受任何污染的冷水河。目前，該漂流中段十千米、下段六千米已開發並正式接待遊客。

▲ 關東第一漂流

　　龍鳳漂流位於蛟河市新站鎮境內，起點在龍鳳水庫庫區下五百米處，距蛟河市區三十二千米，距榆江公路十六千米，地理位置十分優越。龍鳳漂流全長十點五千米，漂流區河寬六米至十米不等，平均水深〇點五米左右，落差適中，有緩段和急流段，緩段悠閒自在，急段有驚無險。遊人乘坐皮船安穩舒適，視野開闊，可觀山景，能賞水色，漂流而下，急徐相間，輕鬆愜意，溪流驚而不險，水繞山轉，石木相間，各具風姿。

▲ 朝鮮族民俗村敬酒禮儀

▲ 插樹嶺關東民俗風情旅遊文化節開幕式

烏林朝鮮族民俗村　烏林朝鮮族民俗村位於蛟河市烏林朝鮮族自治鄉，距蛟河市十二千米，是一個極具朝鮮族民族特色的村落，是中國民間文化藝術之鄉。走進民俗村，你可以看到民俗廣場、民俗展示廳、朝鮮族風格餐廳、朝鮮族娛樂設施等。來到這裡，你可以參觀朝鮮族民俗展示廳，與村民聯歡，訪問村民家，品嘗朝鮮族風味餐。

黃松甸食用菌農業生態園　黃松甸食用菌農業生態園位於蛟河市黃松甸鎮境內，該農業生態園是全省最大的食用菌科技示範園，是東北地區最大的食用菌生產、銷售集散地。二〇一二年，黑木耳種植技藝列入吉林市非物質文化遺產名錄。同年，被評為吉林省銀穗級農業生態休閒觀光園。

黃松甸鎮地處蛟河市東四十五千米，東鄰敦化市；西與白石山鎮相連，距長白山北坡三百千米。受長白山區氣候影響，這裡晝夜溫差大，植物生長期短，不利於農作物生長，而恰適於食用菌生長。二十世紀八〇年代，此地開始栽培黑木耳，其後又增加靈芝及各種蘑菇栽培。二〇一三年，該地年發展食用菌一千五百餘萬袋，生產食用菌一千餘噸。

▲ 窩集口果園採摘

豐富的資源，特定的歷史環境，為該地發展生態觀光旅遊創造了得天獨厚的條件，二〇〇七年，該地開始建設食用菌農業生態觀光園。園區面積十二公頃，園內建觀光通道二千米，主要經營：食用菌生產加工流程展示、食用菌生產實物觀摩、食用菌採摘、品嘗食用菌特色家宴、購買地產食用菌等體驗項目。

插樹嶺、窩集口農家樂　插樹嶺村農家樂位於蛟河市松江鎮西北三十六千米處，該村因曾在這裡拍攝過電視連續劇《插樹嶺》而名揚國內，村內是典型的關東依山而居的布局。該村主要是利用插樹嶺原拍攝景地內建築，開發農家樂觀光和生活體驗旅遊項目。目前，有三十一戶農家樂旅遊接待戶。在這裡，可以品嘗具有關東風情的農家菜，如土特山野菜、燉土雞、貼餅子、蒸茄子、苞米麵粥等農家飯菜。可住典型關東民居火炕，也可親手製作品嘗農家飯菜，晚上可舉辦篝火晚會。同時還可參觀插樹嶺村名石、神樹、關東大院、碾子房、馬百萬家、牛得水家、喜鵲家等景點。

窩集口村農家樂位於天崗鎮境內，是去冰湖溝景區的必經之路，距長琿高速天崗出口僅十五千米，面積三十三點八七平方千米，有居民一四五〇人。窩集為滿語，意為森林之地。史載康熙皇帝曾東遊到此，欣然吟詩《閱窩集》。央視熱播的電視劇《種啥得啥》在這裡拍攝，由此名聲在外。窩集口村有果園270 公頃，年產果品 4950 噸。村裡有二個煎餅加工廠，有四十餘家加工業戶，年加工煎餅七百餘噸。窩集口煎餅是省內名牌，二〇一二年，窩集口大煎餅手工技藝列入吉林市非物質文化遺產名錄。來到窩集口村，可果園觀賞、果品採摘、農村生活體驗、農家風味品嘗等，盡享豐收喜悅。

▲ 窩集口煎餅作坊

亞洲最大氣泡洞

　　關東奇山拉法山，古代又稱「九頂鐵叉山，八寶雲光洞」，素以峰險、洞奇、石秀、林幽而著稱，是國家 AAAA 級旅遊景區。亞洲最大氣泡洞在拉法山的發現，不但填補了我國洞穴學的一項空白，更給這座關東奇山平添了幾分幽遠與神秘。

▲ 拉法山氣泡洞

　　這個岩漿氣泡洞位於拉法山主峰雲罩峰峰體的後側，海拔七五四米處，長達二十二米有餘，發現於一九九五年蛟河市開展拉法山旅遊開發時期，二〇〇一年六月七日，蛟河市舉辦拉法山登山探險考察活動，邀請了中國地質學旅遊研究會委員、吉林大學地球科學學院教授程新民和吉林大學考古系教授陳全家及媒體記者，對這處洞穴進行實地科學勘察。

　　經過一天的實際考察，陳教授和程教授認為，拉法山上目前發現的三十個岩洞都是白崗岩洞，這在地質學史上是極為罕見的，而這個洞的表面形態和理化分析都符合氣泡洞特徵，更是奇中之奇。

　　兩位教授表示，在長白山腹地發現的白崗岩洞穴群和岩漿氣泡洞在我國尚屬首例，填補了我國洞穴學的空白，對洞穴學乃至地質構造學的研究具有很大的意義，同時也為人們探索旅遊提供了一處難得的資源。

　　專家介紹汽泡洞的形成：火山爆發，岩漿噴湧，因地下壓力巨大，岩漿便包裹許多氣體四處湧流，當岩漿運移到地下一定深度時，開始冷凝結晶成岩石，隨著氣泡中氣體的逐漸散失，在岩石內部形成大大小小的空間，這便是氣泡洞。當今大型氣泡洞穴的發現較少，世界上最大的氣泡洞在美國，長三百餘米，現已成為著名的旅遊景區。

▍蛟河市人民廣場

　　蛟河市人民廣場位於蛟河市的中心地帶，是對原來市中心的棚戶區進行了徹底改造後建成的，廣場布局以花園石雕為主，集觀賞、娛樂、休閒等功能為一體，為廣大市民提供了一個良好的休息場所。

　　整個廣場呈正五角星形，總占地面積 37760 平方米，其中綠地面積 21550 平方米。廣場中央的花崗岩龍柱石雕群，既顯示了蛟河的資源特色，又具有美好而深刻的意義。石雕群所有材料均來自「關東石材第一鄉」天崗鎮。石雕主龍柱高十六點六米，直徑二點一米，上面雕刻的蛟龍寓示著蛟河將以龍的姿態向更加美好的未來騰飛。廣場外圍的五個龍柱寓以生機勃勃、繁榮富強之意。

　　蛟河市人民廣場工程浩大，它的建設得到了社會各界的大力支持。有識之

▲ 蛟河市人民廣場

士慷慨解囊，駐蛟官兵鼎力相助，廣場建設者更是夜以繼日，揮汗如雨。在大家的努力下，廣場於一九九八年十一月竣工。後來，人民廣場又進行了幾次大規模改造，增加了硬覆蓋面積，更大限度地滿足了廣大群眾的休閒需求。

人民廣場不僅闡釋了現代休閒理念，更昭示了勤勞智慧的四十七萬蛟河人民團結自強、奮發向上的精神面貌。人民廣場的建成，改善了城市形象，提升了城市品位。特別是到了夜晚，華燈齊放，五顏六色的射燈和各式各樣的庭院燈交相輝映，整個廣場在夜幕下熠熠生輝，廣大市民樂在其中，流連忘返。

在蛟河建縣百年，撤縣設市二十周年之際，在人民廣場立起「百年蛟河」巨鼎，預示著百年蛟河欣欣向榮，蓬勃發展。

▲ 俯瞰蛟河市人民廣場

吉林地區唯一百年煤礦博物館

本世紀初，蛟河通過實施採煤沉陷區搬遷工程和煤炭棚戶區搬遷工程，將破產的原蛟河奶子山礦區百姓整體搬遷到蛟河市新區，成立河北街道。

蛟河煤礦作為一個時代符號雖然不復存在了，但煤礦人對煤礦有著濃厚的家鄉情結和老礦榮譽感。為了給居民創建一個精神家園，給他們提供一個回憶的介質，撫慰他們那段不滅的情懷。蛟河市籌建「百年蛟礦博物館」，以記錄百年老礦歷史。

礦區百姓全力支持博物館建設，紛紛拿出珍藏多年的老物件、老照片，全

▲ 蛟河市百年煤礦博物館一角

力支持博物館建設。在社會各界的關懷幫助下，二〇一一年十二月，百年煤礦博物館正式開放。

　　該博物館面積三〇七平方米。從組織籌劃建設開始，經過長期收集、整理，共收藏藏品三百餘件，包括《蛟河煤礦礦志一八八七年至一九八七年》（現僅存一份）、解放戰爭時期的機關報《解放日報》合訂本等珍貴文物；有百年歷史的礦工下井專用瓦斯燈、二十世紀五〇年代老礦工自製的圓規、卡尺等工具；有勞動模範獎章和證書、俱樂部入場券、大食堂糧票；還有煤礦興衰變遷的珍貴照片三百餘張，全面記錄了蛟河煤礦的興起、繁盛到衰落的整個歷程，對緬懷歷史具有重要意義。

　　蛟河百年煤礦博物館是吉林地區唯一一座百年煤礦博物館，它已經成為原礦區居民的精神家園，是教育下一代的陣地。

▲ 博物館陳列的老物件

第五章

文化產品

文化產品是一個地區自有人類生活以來存留下來的物質和精神產品，有著顯著的地域特點。被譽為長白山立體寶庫、松花湖璀璨明珠的蛟河，得大自然恩賜，誕生了譽滿塞北的東北正宗的關東菸，誕生了譽滿大江南北的長白山葡萄酒，誕生了出口暢銷產品天崗花崗岩石材，誕生了特色文化產品松花浪木根雕，這些文化產品的問世與傳播，為蛟河的文化發展塗上了清秀的一筆，使簡單的生活變得豐富多彩起來。

見證歷史十三年的《蛟河報》

《蛟河報》是中共蛟河市委機關報，於一九五六年七月十一日創刊，當時正是「大躍進」時期，很多「放衛星」稿件充斥版面，也算是對那段「畸形政治」時期的最好見證。因為經費緊張等原因，到一九五九年六月三十日停刊。

一九九五年，蛟河縣域經濟迫切需要走出去與外界聯合，蛟河群眾也迫切需要了解經濟信息認識外界。一九九六年二月十九日，《蛟河報》正式復刊。每周一報，四開版面。

二〇〇〇年一月一日，《蛟河報》改為每周三報，仍為四開版面，內設要聞部、農村部、城市生活部和社會生活部。該報紙日發行四五〇〇份，年發稿量五千餘篇，二百餘萬字。當年，《蛟河報》自籌資金成立了蛟河報社印刷廠，實現採編、排版、印刷一體化。

復刊以來，《蛟河報》大力宣傳黨的方針政策，緊緊圍繞市委、市政府中心工作進行宣傳報道，關注群眾熱點問題，引導輿論，弘揚正氣，針砭時弊，在社會主義物質文明、精神文明和民主法治建設中發揮了積極作用，受到了市委的肯定和讀者歡迎。

二〇〇三年十二月三十一日，國家新聞出版政策調整，全國縣級報紙一律取消，《蛟河報》出版復刊後第八一六期停刊，從創辦到停刊，從復刊再到停刊，前後走過了十三年。

▲ 蛟河報報頭

蛟河文學藝術創作的結晶《蛟河文藝》

一九五七年，為了擴大群眾宣傳陣地，主要是給文藝骨幹提供曲藝素材，油印本的《群眾演唱》在蛟河誕生，除了刊發本土作者創作的曲藝作品，包括快板書、數來寶、唱詞、相聲外，還摘錄一部分公開刊物上的優秀曲藝作品，限於當時條件，印刷質量一般，頁數也不定，但文藝群眾奉若至寶，直到將雜誌翻爛缺頁也不捨得扔。

▲《蛟河文藝》集錦

一九八一年，《群眾演唱》更名為《蛟河文藝》，蛟河文藝創作步入發展期，一批鄉土作者的作品嶄露頭角。《蛟河文藝》不再以曲藝作品為主，而是開始刊發本土作者創作的小說、詩歌、散文等文學作品。

由於印刷經費等問題，一九八四年，《蛟河文藝》出刊七十八期後停刊，但蛟河文藝發展由此進入繁盛期，以文學創作為例，蛟河湧現出多達四六〇人的業餘創作隊伍，《蛟河文藝》不得不出增刊，除了刊發文學、曲藝作品外，隨著印刷質量的提高，《蛟河文藝》開始刊登美術、攝影、書法等作品。蛟河

文學作品質量也取得整體提升，每年有近百篇作品刊發在國家、省、市級報刊，還有部分作品獲獎。其間，以小說創作為主的周福春、呂建光、陳曉波，以散文創作為主的孟慶華，以詩歌創作為主的王汝梅，不但在省內有影響力，王汝梅的農村題材詩歌還在全國有了影響。

二〇一〇年，順應文化建設大繁榮、大發展的時代要求，《蛟河文藝》正式復刊，由中共蛟河市委宣傳部主管，蛟河市文化新聞出版和體育局、蛟河市文學藝術界聯合會主辦。

《蛟河文藝》提出了新的辦刊要求：辦刊宗旨，貫徹正確的輿論導向，堅持「百花齊放」「百家爭鳴」文藝雙百方針，用優秀的作品鼓舞人；緊跟中心，服務大局，弘揚社會新風尚，助推蛟河經濟和社會發展的時代步伐；堅持培養文藝新人，團結廣大文藝工作者。

在運作方式上，堅持「兩條腿」走路，除職能部門給予一定的資助外，主要堅持市場化辦刊方針，社會化運作的形式。在保證質量上，每期刊物從封面設計、到彩頁插圖、文字內容、標點符號、廣告宣傳，力求精益求精。把《蛟河文藝》辦成公益文化的陣地、文化產業的舞台，更是城市的窗口。

《蛟河文藝》總計出刊九十二期，刊發文章近四千篇，文字五四〇萬字。創刊以來，先後有二十位作者成為吉林市作家協會會員，有十六位作者成為吉林省作家協會會員。

▲《蛟河文藝》內頁

《蛟河村名文化集》

二〇一二年，蛟河市委宣傳部決定挖掘蛟河文化和精神文明建設成果，編撰蛟河市《精神文明建設系列叢書》傳承後代。《蛟河村名文化集》作為系列叢書的首部作品於當年四月開始啟動。

蛟河已有四百年的歷史，轄二五六個行政村。一個村名就是一部「活」的村莊發展史，是一筆十分珍貴的文化財富。作為資源豐富、山清水秀、人傑地靈的蛟河，從古到今，每個村名中都蘊含著豐富的文化內涵，反映了蛟河悠久的歷史，獨特的自然地理和人文地理景觀，是這座城市的無形文化資產。

蛟河市把《蛟河村名文化集》定位為歷史的記錄、文化的記載，致力於把這部書打造成一部開放的有著重要學術意義的人文教科書。

▲《蛟河村名文化集》封面

編撰過程中，蛟河市組織全市各鄉鎮街（區）、文廣新局、文化館等多個部門單位參與，發動廣大鎮村幹部、農民群眾通力配合，爭取到了相關專家學者、繪畫教師的大力支持。為了保證這部書的質量，蛟河市委宣傳部把這些編撰力量科學調配，採取分組包保、定期調度、整體把關等措施，組織編撰力量走入檔案館、圖書館和村民中間，考證史料、尋訪村民、考察遺址，廣泛徵求有關專家學者的意見，邀請專業人員潤色文字，拍攝繪製插圖。經過全體編撰人員的不懈努力，《蛟河村名文化集》於二〇一二年九月編印成書。

這部書共收集整理了二百五十四個村的村名由來、政區現狀、資源特色和文化產業等資料，共計五萬餘字，圖文並茂地展示了這些村落的發展變遷過程，蘊含了蛟河政治、經濟、軍事、文化，乃至意識形態等多方面的信息，是了解蛟河自然和人文景觀的一部重要資料。

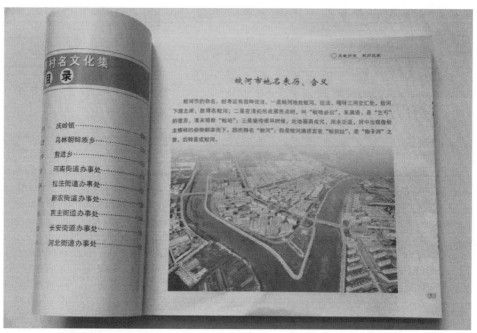

▲《蛟河村名文化集》內頁

《中國正宗關東菸文化》

「關東三大怪」之一就是大姑娘叼煙袋！可見民俗文化中菸草的影響，可見東北歷史中菸草文化的底蘊。為了讓更多的人了解蛟河菸草的歷史，了解蛟河菸草的發展，了解蛟河菸的種植技藝、吸食風俗民俗，二〇一二年，蛟河市委宣傳部決定公開出版《中國正宗關東菸文化》一書。

蛟河市種植菸草的歷史已經有四百多年了，在這個漫長的過程中，祖先給後人留下了許許多多的種植技藝、傳說故事、民俗民謠、種菸工具、抽菸用具等等。這些文化的精髓已經定格為「吉林省非物質文化遺產保護名錄」中的一部分，成為極其寶貴的東北文化遺產。

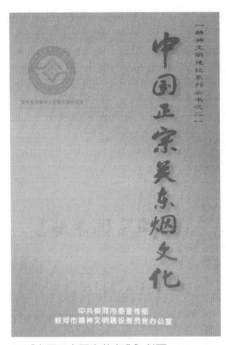

▲《中國正宗關東菸文化》封面

關東菸種植歷史的集中區域在蛟河市的漂河川沿岸，所產的菸葉又叫「漂河菸」「蛟河菸」，享譽關內外，是全國的八大菸系之一。

通過走訪收集、調查整理，撰稿者走遍了蛟河的產菸鄉鎮村屯，拜訪了上千菸民菸農，了解了吉林省菸草種植起源、發展過程、歷史名人、軼聞故事，全書十二萬字，圖片六十餘幅，包括：書籍、圖片、照片、種菸的老工具、各式旱煙袋、水煙袋、煙壺、菸斗、菸嘴、煙盆、煙盒、煙口袋、煙笸籮等等。這些文章、歷史故事、實物資料是東北地區菸草歷史的真實記載，是不可多得

的歷史文化和民俗文化的寶貴史料和實物。

　　《中國正宗關東菸文化》一書，共分為關東菸溯源、關東菸商貿、關東煙具及吸食風俗、關東菸與名人、現實發展、漂河菸民謠和諺語、媒體報導等七大部分，是對蛟河種植菸草四百多年歷史的梳理與匯總。該書詳細記錄了菸草的種植技藝、傳說故事、民俗民謠、種菸工具、吸食用具等，對研究蛟河菸的發展歷史具有重要價值。

▲《中國正宗關東菸文化》內頁

《蛟河旅遊文化》

多年來，蛟河市立足於提升旅遊產業整體實力，科學運用文化理念，增加產品人文內涵，積極做大做強地方旅遊產業，不斷提升旅遊經濟效益。

為進一步深入挖掘蛟河市旅遊景區景點背後的文化內涵和底蘊，促進旅遊與文化多元融合、深度發展，切實增強蛟河旅遊的獨特魅力和核心競爭力，二〇一三年，由蛟河市委宣傳部牽頭組織編寫的蛟河市精神文明建設系列叢書之三——《蛟河旅遊文化》一書出版，填補了蛟河市旅遊文化書籍的空白。

這本彩版印刷、大三十二開本的書

▲《蛟河旅遊文化》封面

共分為考古蛟河、傳說蛟河、生態蛟河、美麗蛟河、紅色蛟河五個部分。全書共十餘萬字，圖片一百餘張，全面涵蓋了與蛟河旅遊有關的歷史文化、名勝古跡、人文典故、民間傳說、民俗風情、名優特產、地方美食等，生動展現了蛟河市旅遊文化的發展過程。

綜觀全書，主要體現了以下特點：

一是視野廣闊。全書縱向挖掘極深，從明末清初努爾哈赤征討女真部落，部分女真遺民隱居山野，形成歷史悠久的巴拉文化為首篇，收集整理了包括第七批全國重點文物保護單位——前進古城、蘇爾哈古人類文化遺址、拉法渡口建造戰船始末等一些極為珍貴的歷史文化，挖掘全面，縱向視角深遠。

二是內容豐富。在全書的考古蛟河、傳說蛟河、生態蛟河、美麗蛟河、紅

色蛟河五部分中，全面整理搜集了有跡可尋的蛟河各類考古文化、廣為傳誦的歷史傳說、精心打造的人文景觀、豐富多彩的「非遺」文化、特色鮮明的紅色旅遊，底蘊深厚、內容豐富，從不同側面集中展示了蛟河旅遊資源的獨特之處，形成蛟河旅遊文化的全景風貌。

三是圖文並茂。該書不僅以文字形式全景記錄了蛟河市旅遊文化資源，而且在體例編排及版式設計上，力求形式新穎、圖文並茂，該書共收集整理圖片一百餘張，素材豐富、衝擊力強，視覺效果良好，極富感染力。

事實證明，缺少文化的內涵，任何一種旅遊產品都無法擁有巨大的市場感召力和強大的生命力。《蛟河旅遊文化》一書的出版，全面提升了蛟河旅遊產品的文化內涵，對於蛟河旅遊文化知識的普及有著深遠意義，會更加有力地推動蛟河市旅遊產業發展和經濟騰飛。

▲《蛟河旅遊文化》內頁

《長白山色‧美麗蛟河》攝影作品集

蛟河，長吉圖節點上的一顆璀璨明珠，東北亞最大石材基地，中國食用菌之鄉，中國優秀旅遊城市；蛟河，是正在奮力崛起的「長白山色‧美麗蛟河」。

近年來，蛟河市依托特色資源，在旅遊業開發、城市建設、產業富民上大步向前，二〇一四年，蛟河市為全面展示秀美山川和發展成果，進一步

▲《長白山色‧美麗蛟河》攝影作品集封面

提升蛟河的知名度和美譽度，高標準完成了《長白山色‧美麗蛟河》攝影作品集。

從五月份開始，由市委宣傳部牽頭統籌安排，文廣新局、林業局、建設局、農業局、商務局、經合局等十七個單位部門各負其責，協調配合，組織攝影愛好者對全市旅遊景區、產業、城市發展進行圖片拍攝，徵集域外攝影家作品，對作品進行初評、複評，組織專業人員開展文字創作、圖文設計、圖文校對，歷時四個月反覆推敲，《長白山色‧美麗蛟河》攝影作品集在第十三屆中國吉林蛟河長白山紅葉旅遊節開幕前夕如期出版。

該攝影集是展示蛟河、推介宣傳蛟河的重要載體，是饋贈來賓的藝術佳品。它以圖文並茂、圖片為主的製作方式，重點體現蛟河市優美的自然風光、靚麗的城市美景、蓬勃的產業發展，用藝術化的處理手法體現蛟河市風光美、城市美、產業美，全書共收納圖片一五〇張。

山水之美圖片涵蓋秋天童話紅葉谷、關東奇山拉法山、山水畫廊松花湖、小長白山老爺嶺、關東九寨冰湖溝、森林浴場慶嶺瀑布，盡顯山的雄奇，水的清幽，呈現出一幅色彩斑斕的美麗畫卷。

城市之美圖片展現了蛟河的俊秀靚麗，超凡脫俗。城區高樓大廈林立，高標準住宅區鱗次櫛比，三條水域穿城而過，蛟河一座新城拔地而起。

產業之美圖片特色鮮明，異彩紛呈。旅遊、食用菌、花崗岩、曬煙、山野菜等富民產業讓城鄉居民收入成倍增長，盡現蛟河百姓邁向小康生活的美好情景。

畫冊的三大類圖片，除了在視覺上給人們留下深刻的藝術震撼，更是在蛟河文化長河中留下了濃重的一筆。

它是旅遊與藝術的完美結晶，它妙在真中求美，寫實與寫意相結合，融美景與藝術為一體，寓蛟河這座小城全方位的發展於審美之中，讓人們在美的感受中了解這一方百姓，這一域風情，親近這一片熱土，尤其是為蛟河的旅遊文化增添一抹靚麗，為中國優秀旅遊城市——蛟河再添新名片，是蛟河文化旅遊產業中的一款佳品，一本好書，為有識之士來蛟河旅遊、投資、興業做了鮮明而有特色的宣傳。

▲《長白山色·美麗蛟河》攝影作品集內頁

漂河曬黃菸

　　漂河菸曾是皇室貢品，有著久遠的歷史淵源，現建有完整的傳承譜系和演習所。漂河菸的種植技藝和吸食風俗已被錄入吉林省非物質文化遺產名錄。

　　蛟河市氣候溫和，光照適中，雨熱同季，特別是松花湖沿岸的小氣候區，種植曬菸的自然條件十分優越，是吉林省曬菸的主要產區。早在清朝順治年間這裡的農民就開始種植曬菸，至清朝咸豐年間，已聞名遐邇，並初具生產規模，主要銷往東北、華北、東南沿海，被吸者稱為「關東菸」。因蛟河市漂河鎮是關東菸的主要產區，菸地主要分布在漂河沿岸，所以很多人又把享譽大江南北的關東菸，稱作「漂河菸」。

　　據清道光七年（西元 1827 年）的《吉林外記》中記載：「菸，東三省俱產，唯吉林產者極佳。名色不一，吉林城南一帶為南山菸，味豔而香；江東一

▲ 溥佐題「正宗關東菸」石碑

帶名為東山菸，味香艷而醇，城北邊台菸為次；寧古塔菸名為台片；獨湯頭溝有地四五坰，所生菸葉只有一掌，與別處所產不同，味濃而厚，清香入鼻，人多爭買。此南山、東山、台片、湯頭溝所攸分也……」書中所說的湯頭溝，就在蛟河市漂河鎮寒蔥溝村，現名為塔頭溝屯。所述「菸葉只有一掌」，就指的是蛟河曬菸傳統種植品種紅花鐵銼子、白花鐵銼子。

據史書《吉林土特產》記載，清朝順治年間（西元 1653 年），朝廷頒布遼東召墾令，當時山東、直隸（河北）、遼寧等地不少農民遷移來到吉林蛟河，他們扶老攜幼背井離鄉，舉家「闖關東」，並攜帶菸籽，種植在松花湖上游及各支流，即漂河、拉法河、雙岔河流域，這就是菸草傳入蛟河的最早渠道和年代。二十世紀初，塔頭溝一帶已有農民五百多戶，他們除種糧食外，家家戶戶都種菸。這是在商品經濟不發達年代，唯一能夠換錢購買油、鹽、布的經濟作物。由於當時交通不便，菸葉捆包好後多在冬季運輸，結凍封河後，漂河

▲ 清時煙草中轉站

▲ 正宗關東菸生產場景

川兩岸的菸農們把大菸包裝上雪爬犁，成群結伙運往吉林，賣給關內來的黃菸老客或市內各菸麻店。

當時吉林市又叫船廠，專門為皇宮組織納貢品的打牲烏拉衙門就設在這裡，經營菸麻品的商號有六七家。在收菸季節，各地喜歡蛟河菸的客商便紛紛前來定購、囤積，源源不斷運往關內。當時紅極一時的蛟河菸，每年銷往關內的菸葉達一千噸左右。

漂河川群山環抱，物產豐富，土地肥沃，氣候適宜，靠近松花湖丘陵地帶，菸葉上架後，白天日照充足，夜間湖水散發熱量，回潮好，氣味醇，這種得天獨厚的自然環境，適合種植曬菸，逐漸形成了種植集中、品味獨特的重點宜菸產區。蛟河菸採收曬製方法獨特，其方法是成熟葉片採摘後，先捂黃，分為裝池子捂黃和上架捂黃兩種，晾曬結合自然吃露後，使菸葉達到色澤紅黃，香味醇厚，油份充足，菸勁平穩，在老百姓的評價中有「青筋暴綹虎皮色，錦皮細紋豹花點，灰白火亮串味足，小把玲瓏算珠拐」的美譽。又由於蛟河土質肥沃，菸葉成熟度好，油份足，所以在空氣濕度較大的情況下，燃燒性強，不易潮，不截火，在東南沿海、台灣等地也久負盛名。不光普通老百姓喜歡，也深受清朝皇室的厚愛。清朝一八六一年咸豐皇帝以「秋狩」為名來到承德避暑山莊，這位清朝第九位皇帝雖面臨英法聯軍的入侵，仍沒有泯滅光復舊制的決心和重振清廷的設想——「祖先發跡於關東，我要在關東開礦、漁虞、畜牧、養參、種菸麻，以助富國利民」。據清代人張集馨所撰寫《道咸宦海見聞錄》中記載，在皇帝要開發振興關東的設想中，就包括要發展關東菸，而吉林關東

菸之最，要數額穆索羅站（即
蛟河）漂河菸了。從此，漂河
菸就一直成為朝貢的佳品，源
源不斷進入紫禁城⋯⋯

解放後，黨和政府重視菸
葉生產，蛟河市的菸草生產被
列入國家計劃。一九六二年，
漂河菸曾代表蛟河市參加全國
社會主義勞動競賽表彰大會。

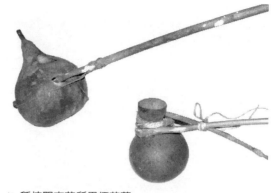

▲ 種植關東菸所用煙葫蘆

一九九二年，被批准為國家名曬菸。同年，由皇室後裔溥佐先生題字的「正宗
關東菸」石碑立了漂河鎮。一九九三年，在蛟河市召開了全國菸草及蛟河菸
起源研討會。一九九四年，出版了《正宗關東菸》書籍。一九九九年，「漂河
牌」曬紅菸被批准為吉林市、吉林省名牌產品。

伴隨著漂河菸的種植，民間出現了種菸、收菸工具，具有代表性的有牛皮
靰鞡播種點葫蘆、割菸刀子、草繩、草苫、打繩車子、木頭菸勾子等，還有明
朝以來的各種旱菸袋、鼻菸壺、菸斗，裝菸葉的菸盆、菸罐、菸笸籮，各種布
製菸口袋、皮製菸口袋、菸口袋疙瘩等。

新中國成立後，人民政府很重視曬菸生產的恢復和發展，十幾年來曬菸生
產都被列為農業生產計劃指定種植經濟作物，由各級供銷社經營收購和銷售。

過去蛟河曬紅菸曾為十幾家菸廠的主要原料，省內有延吉捲菸廠生產的
「漂牌」，長春捲菸廠生產的「人參」「迎春」「吉星」，四平捲菸廠生產的「齊
飛」。省外有烏蘭浩特、天津、張家口、海林、江陵、郴州等多家捲菸廠使用
蛟河曬紅菸。

縱觀蛟河曬菸近四百年的滄桑歷史，它經歷了興衰起伏的演變過程，有過
興盛、有過衰落，也經歷過曲折徘徊，改革開放以來，借此強勁東風，蛟河曬
菸產業進一步發展，祖先們留下的歷史光輝，一定會得到光大升華！

國優名酒長白山葡萄酒和長白山五味子酒

在世界眾多釀造葡萄酒的葡萄品種中，長白山山葡萄作為世界古老而稀有的野生葡萄品種和中國獨有的釀酒葡萄品種，備受葡萄酒界專家關注。尤其因其酸高、營養物質高和出汁率低、含糖量低、產量低等特點，被釀酒專家譽為世界優質甜型酒的專利品種。其酸酸甜甜的口感，非常適合東方人飲用。

野生長白山山葡萄酒誕生於二十世紀三〇年代，六〇年代，又在長白山中發現了世界上迄今第一株雌雄同株山葡萄，這使得山葡萄大面積栽培成為可能。從此，酸甜適口、價格低廉的長白山甜型優質山葡萄酒很快享譽大江南北，成為中國甜型葡萄酒的代表，所以從新中國第一屆評酒會開始，長白山牌葡萄酒多次獲得國家優質酒和銀質獎章榮譽。

不僅山葡萄酒，五味子酒也曾經是長白山酒業的拳頭產品。

一九六〇年，長白山葡萄酒廠通過「原酒冷熱處理」和「原酒陳釀」等新工藝，五味子酒質量得到了很大改善，當年就獲得了吉林省名酒稱號。

▲ 吉林省長白山酒業集團正門

▲ 部分榮譽證書

▲ 輕工部頒發優秀品質管制企業銅牌

經過近二十年的不斷完善，一九七九年，五味子酒終於獲得全國第二屆評酒會優質酒；一九八四年，長白山葡萄酒廠從五味子果皮中發現並培養出優質的酵母，並採用了捲簾壓榨，自流汁與發酵汁混合調釀等新工藝，一舉獲得全國酒類大賽銀杯獎。

二〇〇四年，獲得中國名牌產品稱號的長白山牌葡萄酒再傳捷報：在青島舉辦的中國國際葡萄酒、烈酒品評賽上，長白山牌冰葡萄酒獲甜型類葡萄酒唯一大獎。

「用高度濃縮的葡萄在自然冷凍的條件下釀酒」是中國冰酒釀造的核心工藝。正是在這一思想的引導下，長白山葡萄酒廠的釀酒專家們借鑑歐洲冰酒釀造技術，學習而不照搬，崇洋而不媚外，發明並應用了還原發酵、介入發酵、多元降酸等多項填補國內和國際冰酒釀造空白的技術，終於推出了這支讓中國冰酒揚眉吐氣的「開山力作」。

香醇甘美松花湖酒

　　蛟河現存唯一一家百年老字號。《清朝至新中國成立前的吉林省行政機關》記載：宣統元年（西元 1909 年）九月，吉林行省民政司以「寓教於養，化莠為良，擴展實業之範圍，裕游民之生機」為宗旨，請准開辦吉林貧民習藝所，宣統二年（西元 1910 年）改為吉林工藝教養所，內設機織、縫紉、印刷、釀造等十科，工匠十六名，藝徒二百人。《額穆縣志》記載：有山東人張泰安，在釀造科學成後，一九一一年回額穆赫索羅開辦裕泉永。

　　民國十八年（西元 1929 年）東北政務委員會成立後，廢除道制，縣歸省直轄，額穆直隸吉林省為三等縣。西元一九三四年，縣公署由額穆索移至蛟河鎮，西元一九三九年，改名蛟河縣，為吉林省所轄。

▲ 松花湖酒業廠區

一九九一年六月，長春出版社出版的蛟河縣志編纂委員會編的《蛟河縣志》第六章食品工業第二節飲料酒記載：一九三五年十月，張瑞山等人合資二點二萬元，在蛟河街興辦裕泉湧燒鍋，次年投產，年產白酒十萬斤，有工人二十七人。

據張瑞山後人介紹，蛟河的裕泉湧與額穆赫索羅裕泉永為一家所開，張瑞山為張泰安侄子。一九三九年，八家子裕通遠燒鍋遷入蛟河街，以釀酒為主，工人增加到一百二十餘人，年產白酒二十噸。一九四四年，工人又增加了五十八人，年產白酒八十噸。一九四五年解放後，蛟河縣民主政府接收釀酒業廠家，以裕泉湧為主成立蛟河縣造酒廠，生產仍為手工操作。一九五一年國家投資新建二四〇〇平方米廠房，設立製酒、製麴、製酵母車間，年產白酒七百噸。

《黑龍江富裕釀酒有限責任公司廠志（1915 年-2000 年）》記載：……一九六五年，富裕老窖酒代表黑龍江省參加了全國白酒唐山會議，經濟指標對比結果；河北省唐山白酒成本第一名，黑龍江省富裕縣製酒廠白酒成本第二名，吉林省蛟河白酒廠白酒成本第三名。

一九七五年，時任廠長的宋方、李毓麒和書記邊福全，想創立一個更加長足發展的商業品牌，經研究後發現蛟河有七個人民公社、三十多個村屯坐落在松花湖畔，遂決定把傳統的裕泉湧配方燒酒定名為松花湖白酒，並於一九七九年在國家工商部門注冊了「松花湖」牌商標。

松花湖酒業擁有中國單體最大的木製酒海——一四〇噸。松花湖酒，之所以傳承百年而不衰，就在於每一代傳承

▲ 松花湖酒業釀造車間

▲ 松花湖酒業貯酒罈

▲ 中國單體最大的木質酒海

人，都秉承傳統釀造技藝和釀酒設備，並汲取現代精華，因而雖歷經百年，但卻使這酒更香、更醇、更有味了。

松花湖酒取材講究。得益於東北黑土地的沃土，松花湖酒以蛟河及榆樹、五常、松原等周邊地區的有機高粱、玉米、水稻為原料，採用無污染的地下水源，在原料和取材上為佳釀提供了保證。

不僅如此，松花湖酒在原料的加工上更是頗為講究。單是釀酒的稻殼，便是很多同行酒業所做不到的。首先要選用純粹的東北水稻，先脫殼，然後將稻殼泡洗，去除浮灰，再將稻殼置於特定容器內清蒸六十分鐘，再加以高粱粉、澱粉進行發酵使用。雖然清蒸稻殼的過程費時又費力，很多酒業已經將其簡化了，但松花湖酒業卻始終嚴把這道程序，為的就是能通過清蒸的過程，去除雜質、淡化雜味，尤其是能減少農藥的殘存量，而至於其主料的加工就更是精益求精了。

傳統的器具決定了釀造技藝的傳統。松花湖酒業擁有四十八個酒海，製作於一九三五年，其中一個單體貯酒量一四〇噸，是中國現存最大的木質酒海。

在貯藏工藝上，製作酒海的紅松為北方所獨有，香味獨特。酒海的製作工藝複雜，酒海內壁由多層宣紙裱成，每五層為一裱，共三十五裱，也就是一百七十五層，裱紙的黏合劑為鮮豬血和上等生石灰所混合，配製比例同樣是秘而不宣，用此容器貯存白酒三年以上，酒色微黃，芳香怡人。

據了解，國外的優質葡萄酒都是用橡木桶來儲藏的。不同的是松花湖酒業的盛酒器具是方形的，而國外優質蒸餾酒的盛酒器具是桶形的。一方一圓，文化的差異立現，同是浸提工藝，松花湖酒的呈香就複雜得多，既有松香又有酯香還有醇香，而世界優質烈性酒的浸提則取法自然，單純的醇香加淡淡的陳香。很多專家在品嘗松花湖酒時，總有一種無法描述的愉悅味道。這是因為，松花湖酒經過了酒海「穩箱」這一獨特的貯藏工藝。

「江城四絕」之一——松花湖浪木根藝

白山黑土做前身，碧水黃沙砥浪根。

造化神奇逢妙手，匠心獨運得奇珍。

這首詩是對松花湖浪木的形象描述。松花湖浪木根雕與吉林隕石、吉林霧淞、松花江奇石並稱為「江城四絕」，是一種藝術品的原材料，這類藝術品以化腐朽為神奇的特點令人津津樂道。

在距吉林市區不遠處，有一片廣闊的水域，是修建豐滿大壩後形成的人工湖，因松花江而得名——松花湖。時光追溯到二十世紀三四十年代，豐滿大壩建成後，水位上升淹沒了山川和森林。歷經多年，在水壓和水流的作用下，大樹的樹皮和疏鬆的木質部分被水沖蝕，樹脂在堅實的木質部分積聚，經年不朽。大大小小的木頭被波浪沖上岸，又卷下水，這樣循環往復，在水和岸邊沙礫的作用下，汰蕪存菁，剩下的多是樹木的根部和虬結的樹幹，堅硬如鐵千姿百態。木頭上天然形成的紋理逐步顯露，日漸清晰，色調愈發沉穩。這就是松花湖浪木。

一些獨具慧眼的人撿拾了浪木，去掉其中腐朽變軟的部分，發現剩下的部分質地堅實，形態獨特而別具魅力。他們細細地打量著每塊木頭的形狀，紋理去向，稍稍加工，便創作出令人驚嘆的浪木藝術作品。它既有匠心獨運的雕飾，又具備自然造化的鬼斧神工。

這就是松花湖浪木根雕藝術。

作為一種年輕的藝術門類，它逐漸走進我們的視野，許多優秀的作品裝點了我們的生活，成為投資收藏、饋贈親友的佳品。

林木資源豐富的蛟河市占據了多達三分之二的松花湖水域面積，有著得天獨厚的松花湖浪木資源，為根藝愛好者提供了極佳的創作材料。

高洪鵬、黃敬國等是最先湧現的根雕藝術家，也是蛟河最早開始浪木根藝

創作的藝術家。多年來他們醉心於根藝創作，成就了成百上千件精美的根藝作品，也包括大量的浪木根藝作品。

二〇〇三年，蛟河市浪木根藝協會成立，為蛟河市的根藝愛好者搭建了一個互相切磋技藝的平台，營造了一處心靈休憩的家園。協會成立後，蛟河市的根藝創作有了空前的發展動力，隊伍逐漸壯大，精品層出不窮。協會抓住這一有利契機，適時組織種種社會活動。協會的影響力不斷擴大，知名度日益提升。

志同道合，蛟河市根藝協會將根友們團結在一起，為文化事業的發展做出了突出貢獻：在兩屆國際博覽會和第三屆、第四屆吉林藝術博覽會中，共獲金牌五枚、銀牌十三枚、銅牌二十一枚、優秀組織獎杯二座，在吉林所轄縣（市）中隊伍最大、實力最強、作品最多。

在蛟河經濟開發區有一家名為「藝根軒」的松花湖浪木根雕工作室，是蛟

▲ 蛟河浪木根藝作品

河市根藝協會會長劉金波開設的，這位外表憨厚卻才氣四溢的中年男人，與根藝結緣已整整十年。

十年前，劉金波替親戚到吉林市一家浪木廠送根雕原料，第一次接觸浪木。「看到埋在地下的樹根，經水浸泡沖刷後能做出形態各異、惟妙惟肖的根雕作品，我來了興趣，也想試試。」

就這樣，一股發自內心不可阻擋的力量讓他開始鑽研浪木根雕。他多處找資料，求教根雕老師，尋找浪木原料，開始設計製作。特別是在得到吉林市一根藝名師的悉心指點後，他的根雕技藝快速提高，作品也逐步得到業內人士的認可。

有人問劉金波最開心的是什麼，他說是找到好的根雕木料，做出好作品；問他最奢侈的是什麼，他說是傾其所有買喜歡的根雕原木；問他最遺憾的是什麼，他說是有好的浪木，卻沒創作出滿意的作品。

劉金波說，從事根雕這行必須吃得了辛苦。為了找崖柏這類上等浪木原料，他多次用繩子拴住身體到陡崖邊一鎬一鎬地刨樹根，在崖邊一吊兩三個小時是常有的事兒。

一次，在拉法街保安村附近一處陡崖上，他相中了一塊紋理特別好的樹根。由於樹根比較大，他在烈日下曬了將近一天才把這個寶貝弄到手，身上起了大片痱子。他用這塊材料，精心設計，一錘一鑿，終於雕琢成了名為「向天歌」的根雕藝術作品，被收入《中國藝術品投資》一書。很快，他獲得了吉林市浪木藝術家稱號，並在二〇一三年被評為吉林省首屆民間工藝美術大師。

如今，劉金波和他的工作室一年加工根雕作品近五百件，大多被長春、延吉、琿春等地的客戶選購。談到未來的發展，劉金波說：「根雕產業很有發展潛力，明年我打算建一個面積稍大些的根雕浪木產業園，吸收其他會員加入，共同把工藝做精，把產業鏈做長。」

此外，協會中李正勉、張維筠、安柏青等人也多次參加國內各類比賽。到二〇一四年，協會中獲吉林市浪木藝術家稱號的已有五人。

蛟河天崗花崗岩石雕

一九九〇年，蛟河市天崗鎮政府與蛟河三中聯合辦學，成立了石雕培訓班，邁出了天崗石雕產業最初的步伐。第一批報名的學員有二十多人，堅持到最後的只有十六人，就是這十六個人，帶頭闖出了天崗花崗岩石雕的一片新天地。

天崗花崗岩石雕依托蛟河當地豐富的優質花崗岩，以二十世紀九〇年代的蛟河三中石雕工藝班為起點，現在又以北華大學美術分院和南方能工巧匠為技術支撐，秉承傳統文化，致力於展現現代石雕精彩的藝術韻律，運用圓雕、透雕、線雕、浮雕等多種工藝，精雕細刻，大膽創新，形成了中西建築石雕、中外古今人物石雕、動物石雕、現代城市景觀石雕、石雕板材等十五大系列上千個品種，為城市機關、廣場、企業、學校、旅遊景點等提供藝術珍品。產品暢銷全國，遠銷韓國、日本、東南亞，最遠到達歐洲德國等地。

「優質的原材料是天崗石雕產業發展的保障。」在蛟河，天崗花崗岩不僅儲量豐富，更是一種無味、無毒、無放射、高品質、超精細的綠色環保產品，適宜做各種室內外裝飾及大型廣場鋪設。

「文化發展了，產業自然就起來了；文化不提升，產業就完了。」這是天崗石雕界的共識。由於注入了文化的元素，原來冰冷的石頭煥發出勃勃生機，產品附加值得以大幅提升。

近年來，天崗花崗岩石雕鎖定「東北花崗岩石雕基地」的目標，著手啟動雕藝文化產業轉型提升工作。一方面依靠科技提高生產效率，另一方面在保持原有傳統技藝、產業規模的基礎上，推動雕藝產業由粗放向集約、由低端向高端、由粗製濫造向精益求精的轉變，實現由產品向作品的轉型。

說到天崗石雕，就不能不提一個人，他就是劉金祥，也是當時首屆石雕班的「老大哥」。二〇〇〇年，劉金祥把打工攢的三萬元錢全部拿了出來，又東

▲ 天崗石雕

拼西湊湊了八萬元的創業資金，成立了金祥石雕工藝廠。二〇〇三年借助天崗石材產業園區搭建的銷售平台，他的石雕工藝品迅速走俏，石獅被蛟河市各單位採購。此後，他又籌措資金二十餘萬元，引進新設備，改建切磨車間，擴大生產規模。二〇〇九年，他投資近四百五十萬元，建立了祥睿石雕廠，聘請能工巧匠，開展石雕、泥塑、玉雕、根雕等多種雕刻項目，推動企業走上多元化發展道路。目前，劉金祥固定資產達到一千餘萬元，年產值二百萬元，成為蛟河石材雕刻行業的領軍人物。

劉金祥不僅自己創業致富，還帶動高山、賈海鵬等人分別獨立建廠，在技術、資金上能幫必幫，毫無保留。其中，高山石雕廠的規模和劉金祥的規模相差無幾。此外，他雇工以當地村民為主，工廠常年用工三十多人，既緩解了剩余勞動力帶來的就業壓力，又增加了當地農民的收入。

劉金祥、高山和賈海鵬三個天崗石雕代表性人物，開辦了四家石雕廠，其中劉金祥的金祥石雕廠、祥睿石雕廠規模最大，資產總值已達上千萬。這些石雕企業已經不滿足於原來的粗放型生產，開始轉變思路，向精深方向發展，二〇一三年，劉金祥又投資一百多萬元，從福建購進了目前國內石雕界先進的仿型機，推動產品升級換代。原材料也不再局限於當地的花崗岩，大量引進了河南的「晚霞紅」、福建的「654」和「山西黑」等國內知名雕刻石材，產品從單一向多元發展。

轟鳴的機器聲中，雕刻師傅們正描繪著一幅美好畫卷，相信不久的將來，蛟河的天崗石雕產業必將走向輝煌！

第六章 ——

文化風俗

蛟河，南有摩天嶺、西有老爺嶺、東有威虎嶺、北有張廣才嶺雄踞四周，中有拉法山、海青嶺、慶嶺、啞巴嶺縱橫交錯，境內高山林立，丘陵起伏，山險林密、虎嘯狼奔。松花江上游水深流急、舟蕩魚躍，巴拉文化、捕魚文化、狩獵文化、棒槌文化等，交融在山與水、神與鬼、人與物中，形成了吉林省東部山區與半山區獨特的富有自然傳奇的文化風俗。

祭江文化

松花江祭江的傳統，可以追溯到一千年前契丹人建遼時期。古人在泛舟捕魚之前，都要舉行祭江儀式，以求得河神的護佑。

祭祀形式，又有官祭和民祭兩種。

官祭，是朝廷舉行的松花江祭江活動。祭壇四周豎五面五色旗幟，分別代表南、北、東、西、中五個方位和火、水、木、金、土五行，象徵五方護法神到位。主旗俗稱杏黃旗、寨旗，寓意中位戊巳土。紅、黑、綠、白四面旗幟，還有左青龍、右白虎、前朱雀、後玄武之說。

在獲得松花江神的恩准後，「贊引官」宣布，松花江祭江活動開始。按照傳統，祭江儀式分為獻牲、燃香、歌舞、祈福、取聖水、灑祭品等項。大薩滿帶領助手登上祭台，首先將宰殺好的肥豬上供以饗神，然後又敬獻各種酒肴祭神。在獻牲的同時，大薩滿和他的助手敲擊皮鼓，搖動銅鈴，低聲吟誦祈禱詞，感謝松花江神的恩賜。獻牲過後，燃香敬神。同時，大薩滿和助手再次敲響皮鼓。在特有的鼓點聲中，率領參加祭江儀式的官員及執事官等步入供桌前，對松花江神祭拜。

民祭，是松花江流域的漁民、擺渡、走威乎（滿語——船）、放大船、木幫水場子放排等做水上活的，每年必須要搞的祭祀活動，放木排的叫作祭排。祭江的時間是在開江以後，一般春季是在三月初三，秋季在九月初九。平時是下江前祭奠。

江邊的人之所以把龜稱為河神，是因為它生活在江邊的泥沙之中，對江水的漲落反應極其靈敏，發現它漂上水面時，江

上的人叫作「河神爺修府」，預示著江水要上漲了，河龜要重新修窩，行船和放排的人們都得做好準備。

祭神要殺黑豬，供豬頭，把豬尾巴叼在豬嘴裡，供素酒、素菜、白麵饅頭。蛟河江邊還有供大魚或大魚頭的習俗。主祭人由把頭或德高望眾的長輩擔任。祭祀完畢，把上供的豬頭、豬肉、魚燉上，所有放排、行船的人大吃大喝一頓，要吃光，說是吃了上供的豬頭，一年順利。然後燃放鞭炮，慶賀木排、船隻下水。

第四屆、第五屆吉林市松花湖開江美食節分別在蛟河市蘇爾哈湖灣度假區和愛林度假漁港舉辦。開幕式上，舉行了祭江儀式，通過圖騰柱、圖騰旗、魚招子、圖騰面具及生動的滿族秧歌和儺舞表演等再現古代松花江祭江的隆重場面。

別具特色的是，二〇一〇年五月五日十時第五屆松花湖開江魚美食節開幕祭江儀式。六十餘名來自烏拉街薩滿表演團的薩滿民間藝人，按照滿族傳統方式舉行了官祭松花江的儀式，向傳說中的松花湖神祈求安定祥和，保佑一方平

安。數名身穿灰色長袍、頭戴禮帽的「栽力」手持神器登台，供桌上，早已擺好了祭品，年祈香煙霧繚繞。此次表演隊伍共由三部分組成，包括吉林市滿族文化研究協會會員、滿族秧歌隊和薩滿民族的錫克特里家族成員。

在獲得松花江神的恩准後，「贊引官」宣布，松花江祭江活動開始。在一段滿族秧歌特有的鼓點聲中，穿著滿族傳統漁獵服裝的表演隊伍舞起了滿族秧歌。秧歌表現了日常捕魚、打獵等生產活動。隨後，在乾隆皇帝第七世孫愛新覺羅恆紹的率領下，身穿滿族服裝的執事官步入場中心，對松花江神祭拜。

「嘉馨，神其鑑焉尚食。」乾隆皇帝第七世孫恆紹宣讀由乾隆皇帝親自撰寫的祭文後，全場人員對松花江神進行三拜禮，祈求吉林烏拉風調雨順，五穀豐登，開江魚年年都有，樣樣都齊。隨即，數名穿著滿族傳統服飾的神職人員有節奏地打起了滿族特有的手抓鼓，身穿彩衣、頭戴鷹頭面具的薩滿也晃動腰間的牛角形銅鈴，跳起儺舞，在江中心取得聖水。聖水取回來後，薩滿將祭品撒入江中，以此來祭奠江中的神靈。

據本次官祭活動總策劃、吉林市滿族文化博物館副館長何新生介紹，此次官祭共有九十一人參與表演。關於官祭的記載，最早始於後金時期。根據文獻資料記載，上一次在吉林舉辦的大規模的官祭活動，是在乾隆四十四年（西元1779年），至今已經時隔二三一年。

十時五十分，在渾厚的號角聲中，漁民們懷揣著春天的希望，登上漁船，撒下漁網。為了充分展現開江魚的豐富內涵，在本屆開江魚美食節上，除了有新鮮肥美的開江魚外，在向湖中送祭品、分享聖水的環節裡，更是加入了與現場觀眾的互動，讓現場觀眾與原汁原味的薩滿文化「零距離」接觸。在主持薩滿宣讀完祭文後，參加祭江儀式的滿族民間藝人手捧松花江兩岸的特產——小米、蕎麥等走到松花湖邊，將它們一一撒入松花湖中。一路上，現場觀眾紛紛搶上前去，抓一把小米，拿一個饅頭，準備把這份吉祥如意仔細收藏。一位老大娘不顧腳下的泥濘，一路追著獻祭隊伍，抓到了一小把蕎麥，她說：「我要給我孫子縫個荷包，把這把蕎麥包進去，希望保佑我孫子一生平安。」參與祭

▲ 祭江人把供品投入江中

江活動的薩滿從湖中心打回「聖水」，以一次性紙杯盛裝分發給圍觀眾人，與眾人分享。取到「聖水」的人們非常興奮，將「聖水」互相潑灑，現場氣氛一下子熱烈起來，頗有些「潑水節」的味道。

二〇〇四年四月二十四日（農曆三月初六），蛟河市文輝漁場度假村設祭壇，杏黃、紅、黑、綠、白五色旗幟迎風飄揚，祭祀人員身著古典祭祀服裝。隆重地在這裡舉行「文輝漁場度假村甲申年祭江儀式」。祭文如下：

中華炎黃，禮儀之邦，文化燦爛，藝術輝煌；

巍巍長白，縱橫關東，滋潤沃土，滔滔松江；

白山黑水，地美人靈，文輝寶地，感謝上蒼；

仁者依山，智者臨水，虛幻神奇，有別蘇杭；

魂牽夢繞，人天合一，人間多情，真愛共享；

千里有緣，聚集此地，看山談水，蘭亭文章；

百舸爭流，大地回春，四海賓朋，甲申祭江；

艱苦創業，與時俱進，以誠會友，用信經商；

同心協力，肝膽相照，文輝未來，前途可望；

天地蒼蒼，江浪茫茫，仰祭神靈，為我護航；

春秋平安，冬夏吉祥，宏圖大展，天下安康。

蘇爾哈捕魚文化

據考證，「蘇爾哈」是清朝打牲烏拉衙門在松花江上游設立的「貢魚」點，新中國成立後，在此成立松花湖第一個國營捕魚場。

一九六〇年，吉林市所轄五縣，農林牧副漁、飲食、服務業大合併，都歸吉林二輕局統一領導。松花湖上所有漁民隊大合併，都歸松花湖領導。總場設在豐滿，下設旺起、兩家子、樺樹林子、蘇爾哈四個漁場和四個捕撈場。蘇爾哈漁場是現在蘇爾哈屯的舊址，蘇爾哈，音承滿語，曬網場。這就是蘇爾哈漁場的來歷。

六十年以前，捕魚工具原始，常見的工具有：崩子，用竹子做成，兩頭尖，一吋半至兩吋長，分大崩子和小崩子兩種型號。中間拴上六寸長的細繩，

▲ 撒網蘇爾哈

兩頭圈在一起，中間加塊白面的誘餌，用葦節套牢，魚把葦草管咬開，崩子在魚嘴裡伸直，魚就跑不掉了。用一根粗繩每隔一米拴上一個崩子，每一千個叫一盤。晚上下到湖裡，早晨把它起回來，稱為起崩子。

地籠子，用八號鐵絲線做成二尺見方的框架，留四個門，南北兩門是倒鬚，許進不許出，東西兩門有半尺

▲ 蘇爾哈傳統漁民入湖捕魚

粗，一米長的袖子，一個接著一個排列，互相連通，數量不限，放進誘餌，下到江中，什麼魚都拿，它的布局是一字長蛇陣，因此叫地籠子。

花籃子，用竹條編成，長一米，粗一尺，兩頭有假鬚，內放魚餌，是淺水作業的一種小型漁具。魚罩底粗二尺，上口粗一尺，五月節過後，魚產卵時奔淺水來，用魚罩是最好的辦法。

扒網子，形狀像個扣在地上的大簸箕，綁在長長的木竹竿上，在溝窪坑泡之中，捕捉小魚的工具。

抬網，是在江河湖泊淺灘拿小魚、小蝦的一種漁具。兩個人把網伸開，在淺水向前推著走。是很古老的一種小型漁具。

搬網，又叫搬罾，一種用木竿或竹竿做支架的方形漁具，在近岸捕小魚的一種工具。

捂子，在小壇、小罐、小盆中放進誘餌，用一個帶倒鬚的蓋子蓋好，放在淺水之中，也是拿小魚小蝦的一種工具。

囤，用柳條編個筐，中間放一根棍，把筐蓋用繩子吊起來，別在筐裡的橫

棍上，用一個小木棍拴上魚餌，別牢固定，魚進囤後，吃魚餌時，筐蓋就落下了，就像打老鼠的壓拍子，也是拿小魚的一種工具。

袖網，也叫呆河網，口大尾小，慢水和穩水有倒鬚，用兩根繩子，橫拴在江河的兩岸，把網固定在河的中間。有個張口竿，拴至底網上，用竿向下一按，網口就自動張開了。網身長短、寬窄都是根據水深設計的。

旋網，也叫撒網，口大尾小，下面網口裝著一個接一個的鉛墜，撒開後形成一個圓圈，落至水面上迅速下沉，收網後提上岸來就會有很多大小不等的魚。旋網的製作方法也不同，有小眼、大眼、中眼。網眼的大小決定魚的體積，如，小溝、小河、小池塘，就需要小眼旋網；大江、湖泊就需要大眼旋網，織裝都是一個規律。比如，五眼二生，就是織五眼長，生兩個眼，也就是多織兩個網眼，這是定律。旋網還有個極富詩意的一謎：口似城門大，牙有八九斤，渾身都是眼，尾巴帶動人。

純鉤，為什麼叫純鉤？因為純鉤沒有尖，用琵琶扣拴塊李子大的豆餅食料，用鐵絲做了沒尖的小鉤，拴在豆餅的下端，魚吃豆餅時把鉤當作餅料，誤吞口中。魚也有牙齒，一咬才知道不是餅料，就從鰓甩出去，想走時卻被鉤掛

松花湖捕魚

▲ 漁民拉網起魚

在鰓板上。

毛鉤，用鵝毛綁在鉤上，做誘餌。把鉤下在水裡，每隔十米遠拴一個漂子，把鉤浮在水面上。在風吹浪湧的推動下，成千上百的鵝毛鉤上下左右擺動，好像很多很多的白蝴蝶被風吹落在水面上。引來成群結隊的魚，爭先恐後覓食。還有一種作業方法，風平浪靜時架一隻小船，把毛鉤從船尾下到水中，用船拖著走。毛鉤搖擺著像蝴蝶飛舞，魚兒不停地跳躍，在後面追趕著咬毛鉤，這種作業叫拉毛鉤，也叫托毛鉤。

滾鉤，這種鉤不用魚餌，把鉤彎彎曲曲地下在水草的草層之中，魚在草層覓食，撞上一只鉤，感覺疼痛，就想逃跑。轉眼之間就會在身上掛滿魚鉤。魚越大掛的鉤越多，甚至十只幾十只的鉤掛在魚的身上。魚越動掛得越多，一直到不會動為止。

甩鉤，就是在鉤上掛滿魚餌，再拴個鉛墜，十至二十米長的一條釣魚弦，用力向江中一拋，岸上用竹梢插牢靠後，把釣魚弦拴在上面，竹梢的頂端，拴個小鈴鐺。小鈴鐺一響，說明魚上鉤了。每隔三五米遠甩一個鉤，一個人能繫二十上下個鉤。

卡子，和崩子相似，用筷子頭粗細的小圓棍，可以弄成一寸半長，中間拴六寸長細繩。把繩和小木棍順著並在一起，用葦子葉纏好下在水裡，魚把葦葉咬開後，小木棍自動就橫在魚的嘴裡。把魚嘴撐開，魚就跑不掉了。這種漁具專拿吃草的魚，如青根魚、草根魚、鰱魚等。

蛟河棒槌（人參）文化

蛟河市位於長白山北麓張廣才嶺山脈，濱水臨山，氣候獨特，是長白山北麓野生人參的主要產區。據傳，北京人民大會堂吉林廳陳列的第一棵野生山參之王，就出自蛟河市琵河村附近的山上。

放山的規矩　過去放山有很多規矩，有些直到如今放山人仍然遵守。

人數規定：一般進山的人要單數，如，三、五、七、九等，忌雙數，叫作去單回雙。說是挖了棒槌回來，就算雙數。

領班的叫參把頭，有豐富的放山經驗，會圓夢，能把帶去的人平平安安地帶回來，去的人由把頭選。

選日子，要選黃道吉日，一般選初三、初六、初九、初八、十八、二十八日入山。

先修老爺府，拜山神爺老把頭，修完老爺廟後，順著山坡搭餓子，滿族人叫撮羅子。

在山上不能隨便亂說話，碰上東西不能喊，只要喊一聲，讓把頭聽見了，就叫：「拿著！」只有遇上棒槌時才能喊：「棒槌！」那邊問：「幾品葉？」再回答幾品葉。

吃飯叫拿飯，吃飽了叫拿起來，休息叫拿火，抽菸叫拿菸，睡覺叫拿覺，往回走叫拿房子，總之要記住一個「拿」字。

拿著大貨，要把附近的大樹扒下一塊樹皮，在樹上露出白茬的地方刻上記號叫「兆」或「眼」，還有叫「臉」的，左邊代表人參，右邊代表去放山的人；挖著幾品葉就在左邊刻幾刀，挖幾枚刻幾個記號。幾個人去挖的，在右邊就刻幾刀。有的刻上時間，也有不刻的。後來的人，看見「臉」了，要用火把「臉」熏黑，叫洗臉，給再來的人提個醒。

不准坐樹墩，那是山神爺的飯桌、凳子。石砬子是老把頭的房簷，樹洞是

老把頭歇腳的屋子，都不能隨便碰、隨便進。

滿人崇拜火、祭祀火神，女真人留下的規矩至今進山人還在遵循。放山、狩獵、木幫晚上都打火堆，必須由把頭親自點，只有上山的人回來晚了，端過的（做飯的）才可以點。火燒得越旺越好，叫紅火，火旺運氣旺，山牲口不敢靠近，驅趕蚊蠅，大家圍著火堆取暖烤衣服。火堆還有一個作用就是有利於聯絡。

打火堆也有規矩：燒剩的柴禾頭不能亂扔，都得順著放好，不准對著火堆說不吉利的話，不准在火堆裡燒東西，更不准往火堆裡撒尿。誰違犯了山規就得受罰，輕者向山神爺請罪，嚴重者趕下山去。

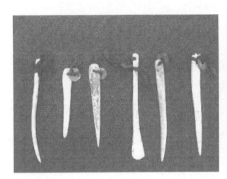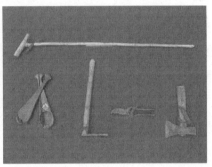

▲ 挖參工具

挖參用的工具

兜裡：滿族人用鹿皮做的兜子，漢人多用布做的（也有皮的），用來裝人參和工具的，背筐是裝菜、米、油、鹽的。

快當斧子、快當鏟子：挖參用的斧子和鏟子。快當，是滿語，就是順當的意思，為圖吉利。

快當剪子：剪斷棒槌四周樹根、草根用的。

快當扦子：用鏟子挖完後，清理貼近人參根的土時用扦子。滿族人的快當扦子是用鹿骨做的。一大一小，大扦子長一尺半左右，大頭半尺多寬，小頭七

八分寬。小扦子長七八寸，大頭寬三寸，小頭寬三分左右。無論大小扦子寬頭上都鑽個眼兒，拴上紅布條或紅線繩。

棒槌針：用鹿骨磨的扒拉人參鬚根用的，像筷子那麼長，一頭粗一頭細，粗頭比筷子粗些，有一個眼，拴紅線繩。

棒槌鎖：一條二尺半長的紅線繩，一頭拴一枚吉利年號的大錢。發現棒槌時先用紅線繩拴上，意思就是用棒槌鎖鎖上，棒槌就跑不了。另外，拴上紅線繩顯眼，老遠就能看見。

打棒槌包：把棒槌抬出來，根須都捋好了，扒一張樹皮，把外面的老皮去掉，根據人參的大小，切成張，鋪在地上，把青苔毛子放在樹皮上，把棒槌放在上面，用青苔包上，再撒上一層挖人參的土，用楸子皮捆好即可。

索撥棍：也叫索撥羅棍，一人來高，鋤槓粗細，不剝皮，多採用巴砬子樹和色木，一頭粗一頭細，在頂端釘上三五個大錢，最好是開元年代的，說是能早開眼拿大貨。用索撥棍扒拉草找人參時，大錢嘩啦嘩啦響，互相之間能聽見，省著掉隊。索撥棍還有一個重要用途，那就是山上的聯絡信號，稱作叫棍。用棍敲空樹筒或站桿，這是山裡人的特殊語言，因為樹筒站桿敲起來聲音特別清脆傳得遠，走遠的人容易聽見。

叫棍的規矩　在山上歇完氣起身時，把頭敲兩下，大家就跟著走。如果人走散了，找人時叫棍是慢節奏兩大點，「梆！梆！——梆！梆！——」接二連三地敲。被找的人聽見後，搭棍是連二點，「梆！梆！——梆！梆！——」找的人聽見後，回棍是，「梆梆！梆！」這樣，雙方對敲，直到雙方聽清楚或見面為止。

平時沒事時，隔一段時間頭棍就敲一下兒，二棍接敲一下兒，三棍四棍往下傳，互相報告所在的位置，把頭查接棍的點數就知道人丟沒丟。這叫平安棍。

▲ 參苗

如果有人麻達（找不著方向的意思）山了，就敲麻達山棍：「梆梆！——梆梆！——梆梆！——」不停地敲。麻達山的人敲救命棍是拼命敲大一點兒，叫絕棍：「梆！——梆！——梆！——」聽不見回棍，就很危險了。

叫棍是放山、木幫、狩獵等進山人的通用語言，叫棍的方式都是一樣的。

人參的生長　據放山的人說，人參籽被人參鳥吃了以後，在哪裡便出來，哪裡才能長出人參來，其實這種說法並不完全正確。人參籽是不容易發芽的，有的幾年都不發芽，多數乾死或腐爛了。人參籽發芽必須遇到良好的條件，那就是，經過浸泡又遇高溫，脹裂開口，還得有土蓋上，保持濕潤，溫度適宜，季節相當，才有可能發芽。或是被動物吞到腹內，整顆籽粒經消化後隨糞便到一個適應生長的環境裡，如果氣候適宜，才有發芽的可能。因此，才使得人參稀少珍貴。

根據人參鳥便人參籽的道理，有人在培育園參時，把人參籽喂小雞，便出

▲ 人工種植人參參棚內景

來的參籽發芽也很快。人參生長的地方，一般是半陰半陽的地方，而且還要土質肥沃，黑土不能太深，喬木和蒿草較稀少。當然，這也不是絕對的，比如，樹椏上、朽倒木上、石砬子上都可能長出人參來。

人參的顏色隨著土質而變化，長在黃沙土裡的顏色好，發黃，鬚子短，個頭小。生在澇窪地、爛倒木上的顏色發白。另外，棒槌秧棵隨著周圍的草勢長，草長得高，秧子就長得高，但參不一定大。

雖然如此，人參的生命力還是很強的，只要生了根、發了芽就不會輕易死掉，不管遇到什麼災害，都能慢慢生長起來，比如，莛（主幹）讓牲畜踩折了，經過幾年、十幾年或更多的時間，總會憋出新杈來的。

沒憋出杈時，參把頭管它叫作「睡覺參」，憋出杈後，說是睡醒了。重新憋出杈來，叫轉胎參，有的長成兩棵秧，叫雙胎參。有人把兩棵秧的杈子加在一起，稱為七品葉、八品葉的，這種叫法不科學。雙胎參不能光看幾品葉，要看身形，年頭越多越珍貴。

人參剛長出土，長出三片葉，叫三花；長出五片葉像手掌，叫巴掌子；過幾年，莛上長出二個杈，叫二甲子；再過幾年，上邊生出三個杈，一個杈上生五片輪生葉，叫燈台子；又過些年，長出四個杈，中間頂著紅榔頭，就是四品葉；五個杈就是五品葉；六個杈就是六品葉，六品葉就很少見。故事中的七品葉、八品葉是百年不遇的，只是傳說。

形狀最好的參，叫菱角參，長得像人形，腦袋、脖子、身體、四肢位置適當端正，根鬚長，是一等參。

二等參是過梁參，身子不長，分開兩條長腿，根須也長。

牛尾巴參形最不好，不分杈，彎彎勾勾的細長不好看。

棒槌轉胎：長到四五品葉以後，年頭多了，原生莛就乾癟了，又重新往外憋杈。有幾百年的大棒槌多次轉胎，從外表看只是一苗四品葉，可挖出來一看，就大不相同了，芽蘆上的包特別多，下邊的線蘆特別長，紋理又深又多，顏色黑裡透紅，鬚子又多又長，鬚根上長著珍珠疙瘩，五形齊全，呈現鮮活的

姿態，看上去很有靈性，這種參就值錢了，由此出現許多人參精的傳說故事。

因為人參珍貴又稀少，人們便研究出移植山參和人工栽培技術。蛟河的新站、黃松甸、白石山、漂河等地都有參園子。

人參的鑒別　移山參，是放山的人發現小人參，不值得挖，又怕別人挖去，把小參移到別人找不到的地方。人參經過移栽有些鬚根死掉了，重新發出來，和原來不一樣了。

林下參，把參籽種到山上長出來的參，年頭多了和山參長得差不多，也叫「充山參」。

仿山參，在園子裡營造出野山參生長的環境，生長出來的人參，形狀也像山參。

山移參，山參籽讓小雞吃到肚裡便出來之後，種到山上出來的參。

爬貨，把山參的籽種到山上，長出來的苗，再移栽。

山參講究緊皮細紋，皮長得緊，紋理細、密、深，不像家參那麼光滑，線蘆長。鬚根上長著許多像珍珠一樣的小疙瘩，有的移山參也有，但很稀。

放山行話　放山有許多行話，下面幾條都是常用的：

干山利落——放山，挖藥材。

排棍——放山時，把頭給安排位置，把頭在前邊，是頭棍；往下排，二棍、三棍、四棍……，排在中間的也叫腰棍，排在最後的叫邊棍，邊棍是有經驗的人，負責中間人的安全，防止走散。

單棍撮——一個人幹，耍單幫的。

兩個棍——拉了兩個來回。

初把——也叫雛把，第一次放山，沒有經驗的人。

插棍——下山不幹了。

開眼——挖出的第一枚人參。

抬參——挖人參不叫挖，叫往外抬。

蘆頭——人參的頭部，長芽的部分叫芽蘆，下部脖子為線蘆。

紅榔頭——人參籽由綠變成紅色。

放黃羅傘——人參葉枯黃，放山人要下山了。

樓子貨——一般人參在一根莛上只長一層輪生葉，每層輪生葉有三、四、五、六枚葉不等，超過兩層輪生葉的叫樓子貨。

五層樓——最底下一層是六品葉，第二層是五品葉，第三層是四品葉，第四層是燈台子，第五層是二甲子，上頭頂著大紅榔頭，是稀世之寶。

片子貨——連成片的人參。

領包子貨——山貨莊在一年中，選出最好的山參。

錢串子——蛇

米裝子——米袋子

媳婦——耗子

觀景——做夢

快當蘑——黃蘑

蛟河祭山文化

　　放山、木幫進山的人都要祭山。拜山神爺老把頭，蛟河有的地方和土地爺一塊祭拜。

　　每年農曆三月十六，是山神爺老把頭的生日，山裡人叫作老把頭節，或叫開山日。上山的人在老爺府上掛一塊紅布，送上香燭紙馬，插上三炷香，沒有香插三根棍也行，把準備好的黑豬頭、酒菜擺上。

　　放山的把頭帶領大伙，磕頭禱告：「山神爺老把頭，保佑我們這伙人太太平平，讓我們拿大貨、發大財，下山時再供奉您老人家。」

　　供完山神爺就可以上山了。也有的地方是上山那天祭拜，做法大致相同。

▲ 敬參仙

有的每天上山前還要拜山神爺。如果拿著棒槌了，回來再拜，挖著小的叫開山鑰匙。放著五品葉以上棒槌，給山神爺掛紅，升碼子（用紙疊的牌位）：山神、土地、河神、樹神、老把頭每位神一個牌位，包紅糖餃子上供。挖著大貨了，還要殺豬上大供，請全屯的人來吃，直到吃光為止。

蛟河的木幫大部分是在上山時拜山神爺老把頭，開山時，要殺黑豬，或買黑豬頭，把豬血或雞血灑在廟的旁邊。木幫把頭拜山神爺時念叨：「山神爺老把頭保佑我們這一季放樹都是順山倒，木頭下山順順當當，人畜平安，歇斧時再供奉您老人家。」磕大幫頭，放鞭炮。之後，大吃大喝放假一天。

有的地方農民開犁之前，也拜山神土地。

還有的地方蓋老爺府。老爺府，就是山神廟，以前山上有人修過的山神廟，大部分是板廟，裡面供著山神爺的牌位。沒修廟的地方，在窩棚西南方向，找一個朝陽的地方，用三塊石頭蓋起來，就是一邊一塊，上面搭上一塊當蓋，把山神爺的牌位放在裡面，就算是山神廟了。

蛟河還有在大樹上刻廟的傳統，在敞亮朝陽的地方，選一棵「富態樹」（生長端正的老樹，多數選松樹），在樹幹正南面刻一個廟門，把中間的樹皮扒下來，露出白茬，在白茬上面畫上山神爺老把頭的牌位。在樹上掛上紅布，廟就算蓋成了。

雖然廟的蓋法不同，和其他大廟一樣，廟門都是正南的，這種廟裡供的都是山神爺老把頭。

巴拉文化

　　據中國滿族文化研究學者關雲蛟考證：巴拉人是女真人的一個分支，巴拉為女真語，意為「行為輕狂之人」，明末清初努爾哈赤征討女真各部時，為了躲避戰亂遷移到深山裡。

　　巴拉人生性狂放不羈，不受任何約束，生活自我封閉，以狩獵、捕魚為生。在長期的密林生活中，他們逐漸形成了自己獨特的生活方式和文化習俗，稱之為巴拉文化。

　　蛟河為巴拉文化重要發源地之一，它位於長白山西麓、松花湖畔，唐渤海國時，為滿族先民居住地，屬都城敖東所轄範圍，金代為女真人主要居住地，隸都城上京，明代為女真烏拉國所轄漁獵之地，清代為朝廷採貢中心打牲烏拉的貢山、貢河之地。

　　蛟河境內遺留下很多巴拉人的足跡，有些地名都是巴拉人留下來的。像窩集口（密林、溝河邊居住）、半拉撮羅（巴拉人窩棚）、額勒赫（平安屯）、烏林溝河（富有的河）、少拉哈子（山梨）、青背（淺河）、拉法山（拉法，音東方，意為熊）、威虎嶺（尖山）、義氣崗（黃荳松）等，不勝枚舉。

　　這些巴拉人遺留下來的山名、河名、地名，承載著巴拉人生活的信息，是巴拉人歷史的見證，人們把它稱為「寫在大地上的歷史」。

　　蛟河前進鄉接近深山老林，是當年巴拉人居住密集的地方，前進是驛站名，又叫搏（tuln）團，土語又叫倭瓜，滿語為路引的意思。那裡現存的老式苞米樓子、過年節時樹燈籠桿掛紅燈、冬儲、漁獵、狩獵等習俗，都是後人延續巴拉人的習俗而來。

　　晚清時期，長白山解除封禁。當時，山東、河北等地鬧災荒，大批的漢族人逃難闖關東來到東北的長白山區。巴拉人與漢族的文化相互交流，相互學習，取長補短，共謀生存與發展，而不是一種文化取代另一種文化。

巴拉人與漢族共同生活，使巴拉人吸收了漢族的先進農耕文明，促進了巴拉人的社會發展。而漢族則汲取了巴拉人的山林文化，學會了怎樣就地取材建造房屋，怎樣漁獵、挖參，怎樣避險自救，使從華北平原謀生而來的漢族人，掌握了在莽莽林海中生存的本領與法則。

蛟河的漁獵文化也傳承了巴拉人的特色，巴拉人依山臨水而居，狩獵是他們的主要生產方式，漁業則是重要的經濟補充。清代，蛟河是打牲烏拉所屬的貢山、貢河範圍，也是採捕東珠、鰉鰉、細鱗等水產貢品的地方。現在松花湖的「三花一島」還有少量尚存，細鱗在冷水河裡也偶能見到，像東珠、鰉鰉這樣的珍貴水產，已近乎絕跡。現在所延續的捕魚方式，也會用旋網、魚鉤、皮筏、扒網等原始工具，冬天湖上捕魚所用的挦鉤和攬羅子就是巴拉人常用的冬捕工具。

祭江是巴拉人延續下來的，也是世代捕魚人古老的習俗，他們把江視為神，把捕來的魚視為神賜給他們的禮物，所以，對江的敬奉到了痴迷的程度。「文革」時期這一習俗曾因那個特殊年代的原因被放棄，但是，也有漁民偷偷地祭江。

清太祖努爾哈赤在統一女真各部落時，對各部落進行征討、強搶、殺戮，常常是「獲人畜兩千而回」，或是「獲人畜一萬而歸」等，所到之處被搶掠一空。

但是，那時女真人過漁獵生活，居住分散，努爾哈赤的兵馬一到，有的就聞訊逃到深山密林裡。松花江、牡丹江上游、張廣才嶺、老爺嶺等地深山都是他們的生活區域，因為一直躲在林子

裡，所以沒有被編入八旗之中。

滿族入主中原後，對這些不在旗的女真人異常排斥。在旗的人家，不和他們結親，黑龍江省的尚志縣和吉林省的舒蘭、蛟河、樺甸等地，都有他們的足跡。

巴拉人居住偏僻，山高林密，社會封閉，又疏與外界社會交流，因此，他們不同於入旗的滿族人，很少受到漢文化的影響，使巴拉人能夠長時間地延續女真人的古俗。至今在敦化、蛟河、寧安等地區還有叫巴拉窩集、巴拉頂、半拉撮羅（巴拉人又稱為半拉人）、半拉山等舊時名稱，當地的民風仍可找尋到巴拉人生活遺留下的風俗。

這些巴拉人大部分是在清代後期陸續下山耕田的，個別的到民國年間才走出山林，從此結束了與世隔絕的生活。這些巴拉人的後裔，也被稱為當地的土著民族。

清末，由於長白山區封禁的廢除與開發，關內漢族人的大量湧入，使巴拉人密切地接觸漢文化，並逐步走出了大山，從事亦農亦獵的生活，只有很少部分巴拉人仍留居深山，從事漁獵生活。

日本侵略東北後，為割斷抗日軍民連繫，強制實行「歸屯並戶」，這部分巴拉人也被強制並入日本侵略者所建的「集團部落」。現在蛟河蘇爾哈的一部落、二部落屯就是那時候日本人並屯、並戶留下的。

新中國成立後，在進行民族普查登記時，巴拉人的後裔，絕大多數申報為滿族，現在吉林省東部的敦化、蛟河、舒蘭、樺甸等地的滿族中，有很大一部分就是巴拉人的後裔。

巴拉人的居住所，多數建在有水源的山腳下，半地穴的「地窨子」較多，稱為「烏克墩」。

在「烏克墩」周圍圍上一圈「嘎防」，即護牆。其外為套院牆，院裡建有離地較高的倉庫、豬圈、馬圈等，院門旁和環圍牆設有多處狗窩。

「烏克墩」門東開，室內北、西、南為炕。西炕不住人，是供奉祖先的地

方，室內還供著窩烈媽，灶旁供奉火神托恩都力。

巴拉人居地，條件好的或距入旗滿族近的噶柵，則建有劃房，稱為「口袋房」。在深山打獵的獵戶，也有用「木刻楞」或聯木為柵再覆以樺樹皮的房屋。有的較簡單，類似鄂倫春人的「仙人柱」。巴拉人的民居雖然很簡陋，但保暖性能較好，較為實用。夏天，天氣炎熱時，有的人家就在室外臨時搭建撮倫（窩棚），這種撮倫以老人為中心，兒女的分別建在四周。他們居住的地窨子、馬架子、祭祀的寺廟都是以草、木、土為原料建造的，這些土屋經不起風霜雨雪的摧殘，所以現在難覓其蹤影。

巴拉人冬季以穿動物皮毛為主，最具特色的是反毛皮大衣（他們稱襖）、皮帽子、鹿皮烏拉、皮衩褲、皮套袖。夏季為自家染的麻花布、蘭布、青布，均是用山貨和山外交換購置的。巴拉人的防雨衣服為草編的蓑衣和草編帽子，不但防雨，而且還防風。鞋是用莆草編的，冬暖夏涼。巴拉人的被褥多數是皮的，主要有羊皮、鹿皮、狍子皮、豬皮等皮被褥。其中狍子皮為最常用，凡出門狩獵都要帶張隔涼隔熱的狍子皮，可在山地上隨時鋪上歇息。

巴拉人種植的主要農作物為穀糜子、蕎麥、豆類等，由於他們採用漫撒籽和大壟耕作，產量較低，口糧仍不足，需以獵物和採集的山野菜為其補充。巴拉人喜愛燒烤和燉菜，調味兒不使用花椒大料，而是使用漫山遍野隨處可取的野生產香植物作為調料。主要有芭蒿、山花椒、五味子藤、山蔥、野蒜。使用的調味醬油、醋、酒也是自己釀製的，醬油是用炒糊的黃豆加芭蒿、山花椒、茴香、鹽用水熬製成的，醋和酒是用黃米加工釀製的。

巴拉人繼承女真人古老的傳統婚俗，如引歌求婚、搶婚、室外茅屋坐帳、

薩門撒盞、拜祖等。育兒風俗由於生活環境特點，也頗具特色，如滿族用悠車育兒，巴拉人則較具原始而用皮袋繫於樹上或室內。

巴拉人在山林裡世代的漁獵生活中，約定俗成形成各種山規，並人人恪守，世代相傳。為了保證狩獵資源，巴拉人都自覺地恪守春不打母、秋不打公、夏不打崽，任何時候都不打吉祥鳥的風俗。為了保證狩獵者自身的安全，巴拉打獵者人人牢記打狼不打群狼，不打狼崽，打獵不打孤豬的古俗，否則將惹殺身之禍。他們狩獵時，相互間不管認識不認識，有困難就要相互幫助。有人遇險，路遇者就得挺身而出，奮力相救。獵人都恪守不捅別人的「趟子」（狩獵場所），不追殺別人打傷的獵物，不拿別人打的獵物。獵人打獵餓了，食物又吃沒了，可到就近的巴拉人家吃飯，主人會以好吃好喝相待，絕不拒絕。

巴拉人主要信奉的是「薩滿教」。薩滿教是一種原始宗教，相信萬物有靈和靈魂不滅，流行於亞洲和歐洲北部等地區。現在已被列為非物質文化遺產保護範疇。

巴拉人的娛樂、體育活動豐富多彩，他們有粗獷豪放的「野人舞」（巴拉莽式）「拉客齊」「馬虎戲（戴假面具）「阿巴舞」、還有男女纏綿的「放歌」。體育活動有射柳、布庫、民楚赫、扣砟、竄箭桿、打嘎拉哈等。巴拉人受漢文化影響也過春節、端午節、中秋節，他們本民族的節日有「桿子節」（祭天）「阿巴節」「蟲王節」「縱偷日」「鬼節」「乞巧節」等。

巴拉人冬天圍獵，天寒地凍，常常飲酒禦寒，為了助酒興，他們還創造了帶有濃厚漁獵色彩的行酒會。這種酒會，簡學易行，情調健康，不僅有娛樂作用，而且形象地再現了獵人的實際生活。

巴拉人的交通方式分為陸行和水行兩種。陸行主要有馬、牛、花軲轆車、爬犁、滑雪板；水中交通主要是船、皮筏、快傳子、木排等。

巴拉文化是關東文化的重要組成部分和寶貴遺產，也是蛟河旅遊文化的源頭，它獨特的文化、神秘的傳說，作為一種旅遊資源，具有極高的開發價值。

蛟河民俗——東北「臭糜子」的由來

「臭糜子」這個對東北人的稱謂，五十歲以下的人，知道的很少了，這是過去闖關東的關裡人對正宗的東北（在旗的滿族）人的貶稱，時間一長，滿族人也不以為然了，互相交談時也常常說，我家是坐地戶——臭糜子。

「臭糜子」這個詞是怎麼來的呢？就像南方人笑話東北人說的那樣：「好好的米，非泡臭了吃；好好的菜，非積酸了再吃。」這裡就是指東北人泡的黏米和冬天積的酸菜。

這些習慣是滿族人的祖先傳下來的。滿族人的祖先是女真人，打獵、打漁往往走得很遠，帶吃東西要抗餓，還方便，他們就選擇了黏食，為了不黏到一起，就用葉子包上。後來，清軍曾經把黏食作為主要軍糧。

清軍入關後，東北人煙稀少，因為東北是滿清發源地，稱為「龍興之地」，怕外來人破壞風水，將東北封禁二百年。直至咸豐十年（西元 1860年），因沙俄入侵，東北方解禁，清政府宣布「移民實邊」政策。朝廷允許旗人回東北開荒種地，他們回東北後跑馬占荒，就是隨意占有荒山土地，自己想占多大就占多大，所以那時東北的滿族人都是大戶。至光緒二十一年（西元1895 年），大量關內逃荒的流民湧入東北，滿族的大戶有荒沒人開，有地沒人種，便雇用流民開荒種地。每戶都雇幾十號人，有的雇上百人，吃飯就成了個大問題。旗人還是依照老習慣做黏食給他們吃，吃黏食抗餓，挺的時間長，幹再累的活也不覺得餓。

做黏食用的糧食有：用糜子磨出來的大黃米；黏穀磨出來的小黃米；黏苞米磨出來的黏苞米子，黏麵子；還有黏高粱等。

把磨出來的大黃米，或小黃米、黏子用大缸泡它十幾二十天的（時間視溫度而定）。看看發酵了，水面起白醭冒泡了，翻開底下的米有一股酸臭味了，把米撈出來，淘個七八遍，再用清水泡兩天，聞著沒味了（原來故意稍稍留點

味，說是沒味不好吃），然後上磨拉，類似磨豆漿那樣，但水沫子必須要乾，越乾越好。磨出來的水沫子（漿）裝進麵袋子裡，架起來把水控乾，如果水麵子還稀，把袋子裡的水麵子攤開，外面用草木灰把麵子沁乾，水麵子乾稀要適中。

用這樣的水麵子就可以做成各種各樣的黏食，黃麵餅子（黏火燒）、黏耗子（包括蘇子葉餅、菠蘿葉餅）、驢打滾（豆麵捲子）、黃麵團（黏豆包），還有黏糕、油炸糕等。吃這些東西也分季節。

春天開荒種地，大多吃黃麵餅子，中間夾小豆餡，拍成餅，放到鍋裡，烙到兩面焦黃，出鍋時，餅上滋滋的直冒油，很有食欲。

夏天鏟地時，吃黏耗子時候多（用蘇子葉包的叫蘇子葉餅、用菠蘿葉包的叫菠蘿葉餅，統稱黏耗子）。葉子裡包上黏麵子，裡面夾豆餡，也有不包豆餡的，還有包菜葉的，放進大鍋裡蒸熟。黏耗子吃到嘴裡有葉子的清香味，格外清新。另外，有葉子隔著，不黏鍋，送飯和吃的時候都方便。

秋天，到收割季節，大多吃驢打滾。做法是把黏麵子蒸熟，摔成薄薄的大餅，撒上熟豆麵，捲起來，切成二寸左右長的捲子，即可食用。黃豆麵，是炒熟的黃豆，磨成粉末，吃起豆麵卷來，既香甜又筋道。

冬天，吃的是黃麵團子，做法是把煮熟的小豆搗碎，攢成乒乓球大小的餡團，再將黃麵拍成餅，包上豆餡，團一團就行了。上凍以後，家家都包黏豆包，放外邊凍透了擱在缸裡，隨時吃隨時蒸，吃著方便省事。

此外，除了以上幾種黏食，還有把泡好的笨苞米子磨成水麵子，壓出來的麵條也非常好吃。原來是用椴木做的碴床板，中間鑽上筷子粗的眼，放在燒開的鍋上面壓，隨吃隨煮，再打上各種各樣的鹵子，吃著筋道可口，食欲大增。直到現在東北還有各式各樣的玉米麵條館。

酸湯子，也是笨玉米子水麵，和玉米麵條做法不同的是，不用碴床板，而是用手攢。先把酸菜心切成細細的絲，燴湯燒得滾開，把笨玉米水麵子，攢在手裡，從手指縫中擠出薄薄的片，下到鍋裡，隨下隨吃，吃到嘴裡酸溜溜的又

筋道又爽口。

　　原先，滿族人做的這些食物，往往在淘米時故意留一點兒發酵味，吃到嘴裡越嚼越香，認為只有帶一點兒味道才算好吃，就像吃臭豆腐一樣，聞著臭，吃到嘴裡香。外來人吃不好這種味，說是臭糜子味，才把東北人叫成「臭糜子」。

蛟河民俗——黏豆包

　　黏豆包是用黏米磨成的麵子包裹著豆餡的一種食物，是蛟河人歷來喜愛的一味冬季美食。

　　過去人們多是把它放到盤子裡蒸著吃，現在人們也把它放進油鍋裡炸著吃；過去人們把它當作細糧，現在人們把它當作小吃；過去主要是農村多見，現在城裡人也能在市場上買到。

　　據說，黏豆包在滿清八旗，是一種特殊的軍糧。八旗軍隊每次打仗，每人都要隨身帶上一些蒸熟的黏豆包。用黏豆包做隨軍口糧，有四個好處：一是黏豆包抗餓；二是黏豆包不易變質；三是黏豆包便於食用，不管天有多冷，已蒸

▲ 冬季美食黏豆包

熟的黏豆包，只要在火上一烤，就可以吃了；四是黏豆包裡面有豆餡，主副食同源，易於下嚥。

黏豆包吃起來容易，製作起來並不簡單。

解放前，用來加工黏麵子的一般都是小黃米；解放後，用來加工黏麵子的多是黏苞米；現在的黏麵子通常是黏苞米和黏大米按一定的比例摻在一起加工而成。

加工黏麵子前，要先把黏米用溫水泡脹。黏苞米則需要加工成子以後再泡。黏大米一般泡七天到十天就可以了，黏苞米子則需要泡大約三十天。米泡好以後，要做的事情是淘米。每次淘兩遍，第一次淘完之後，要用涼水浸上一夜，第二天再淘一遍。這樣淘四回，淘米這關才能過。

接下來，要用磨把淘乾淨的米磨成水麵子。磨好的水麵子，一般都先裝在水桶裡。然後，拿來一個編好的大筐，在筐底鋪上紗布，把水麵子倒在筐裡，上面用紗布包好，再壓上幾塊石頭或其他重物。這樣，水麵子裡面的水分，在

▲ 歡聲笑語包黏豆包

重物重壓下就會從筐底下流出來，當筐底不再有水滴落下來的時候，黏麵子就弄好了。還有一種方法，就是把水麵子在筐裡用紗布包好後，上面不加重物，而是厚厚地倒上一層乾燥的草木灰。水麵子裡的水分會一邊從筐底滲出來，一邊被上面的草木灰吸收。等草木灰飽和後，再換一遍草木灰。這種方法有好處，也有壞處：好處是，可以讓水麵子乾得快一些；壞處是比較費事兒，稍微不注意，還會使水麵子沾上草木灰，不衛生。

在水麵子控水的時候，可以著手煮豆餡。豆餡的原料通常有兩種：一種是小豆；一種是芸豆。無論用哪種豆，都要把豆子挑選乾淨，用溫水泡上一天以後，用大鍋煮。等豆子煮得伸腰了，要把豆子撈出來，控乾水，然後放回鍋裡繼續煮，待到豆子煮爛後，用飯勺子把煮爛的豆子搗碎，壓成豆餡。

為了改善口感，一般還要往豆餡裡兌一些帶甜味的東西。最早的時候，人們是把甜菜切成塊，放在大鍋裡煮，等把水煮到黏糊的程度，水也就變成甜的了。把這些水舀出來，倒進豆泥裡，攪拌均勻即可。解放後，有了糖精這種高甜度化合物，人們開始用糖精水替代甜菜水。後來，由於生活水平和健康意識的不斷提高，人們開始棄用糖精水，轉而使用白糖水來給豆泥調味。

黏麵子弄好以後，就可以包黏豆包了。過去，人們一般都是晚上包，包的時候會把左鄰右舍請來幫忙。一來包一次挺費事兒，每家每回包黏豆包，都會準備很多黏麵子和豆餡，人多包得快；二來大家一邊包，一邊說笑，包起來感覺不到累。

包黏豆包時，要先抓起適量的豆餡，用手攥成乒乓球大小的圓團。然後，揪起適量的黏麵子拍成麵皮，用麵皮把攥成圓團的豆餡裹起來。最後，雙手輕輕地將包裹著豆餡的麵團搓成光滑的小圓球，擺放到蓋簾上。由於人們都是冬天才包黏豆包，所以，蓋簾上擺滿了黏豆包，就可以直接端到外面凍起來。第二天早上，再把凍硬的黏豆包收起來，拿到倉房，放到大缸裡，什麼時候想吃，就什麼時候撿回來一些蒸熟即可。

包完以後，主人都要蒸上一鍋，讓大家品嘗好壞。現在，人們的生活方式

已經發生了很大改變，請人幫忙包黏豆包的很少了。

　　快到過年的時候，大多數人家，都要給親戚朋友送一些黏豆包：一來是吃個新鮮；二來是到「年」了，走親戚朋友，不好空手；三來也有共同分享勞動果實的意思。

蛟河民俗——「殺年豬」

　　早些年的時候，流傳著一首童謠：「小小子，你別哭，過了臘月就殺豬；小小子，你別饞，過了臘八就過年。」這首短小的童謠，透露出兩個信息：一是殺年豬的時間；二是過了臘八，就能聞到「年味」了。

　　改革開放初期，蛟河市所有農村，家家戶戶每年都要養一口肥豬，「過年」時殺了自食自用。那時候，農村人普遍比較貧窮，平時很難吃到豬肉，就指望過年殺豬吃肉，給肚子添點油水，解解饞。

　　大家約定俗成選定在臘月殺年豬，原因有三個。一是出於保存豬肉的考慮。那時沒有冷凍設備，一口豬都在二三百斤，一時半會兒是吃不完的，其他季節，時間長了豬肉就會腐爛變質。而進了臘月，天氣變冷，豬肉放到外面用

▲ 殺年豬場景

雪埋上就可以放得住了。二是出於經濟的考慮。到了臘月，天氣進入嚴冬時期，原來喂肥的豬，不但不再長肉，反而會掉膘，再喂下去，不划算。三是出於「過年」的考慮。進入臘月，過二十多天就是「小年」，再過六七天就是「大年三十兒」，接著就是「元宵節」「二月二」。臘月殺豬，能讓「過年」前後這段時間總有豬肉吃，讓「年」過得有滋有味，像個「年」樣。總之，選擇臘月殺豬，是人們生活經驗和追求美好生活的體現。

殺豬這一天，天剛一放亮，頭一天找好的幾個年輕力壯的小伙子，就會跳進豬圈。一個人伸手拽住豬的一條後腿，用力把豬拽倒；第二個人迅速衝上去，用力抓住豬的耳朵，用膝蓋壓住豬的脖子，這時候，豬會拼命地嘶叫，聲音淒厲難聽；這時，第三個人跟著衝上去，用筷子粗細的繩子把豬嘴緊緊勒住，這樣，豬就叫不出聲了，只能「吭哧吭哧」地喘粗氣；然後，幾個人用拇指粗細的繩子把豬的左前腿、左後腿綁在一起，再把豬的右前腿、右後退綁在

▲ 蒸年豬肉

一起，綁好後，用一根粗木棒子穿在綁豬腿的兩根繩子中間，把豬抬出豬圈。

把豬抬出來以後，要先用大秤把豬的重量稱一稱，好讓主人心裡有個數；然後把豬撂到事先放到地上的炕桌上或搭得平整的木板架子上；有人掄起一根大木棒子，照準豬的耳根子使勁兒打下去，只聽豬「哼」的一聲，就再也沒有動靜了。這時，殺豬的主角——殺豬師傅出現了。一般一個屯子裡只有一兩個殺豬師傅。在大家的注視下，腰裡紮著一塊油布的殺豬師傅，手裡拿著一把鋒利的殺豬刀，來到豬跟前，先打量一下豬的大小、肥瘦；然後挽起袖子，把刀叼在嘴上，接過旁邊的人遞過來的一瓢開水，看準豬脖子上一個地方，把開水澆上去；再用殺豬刀把那個地方的豬毛刮一刮；然後握緊殺豬刀用力捅進去，感覺捅到地方了，手腕一用力，將殺豬刀猛一轉個，隨即把殺豬刀快速抽出來。炕桌或木板架子旁邊，事先要放好一個大一點兒的盆子，裡面放著一把秫秸或筷子。在殺豬師傅把殺豬刀拔出來的一剎那，要趕緊把盆子拽過來，接住噴湧而出的豬血，並不停地用秫秸或筷子攪拌盆子裡的豬血，防止豬血凝固。這時，殺豬師傅來到豬的後邊，搬起一條腿來，在靠近豬蹄的地方，用殺豬刀割一個口子。旁邊有人拿起一根很長的鐵條，插進殺豬師傅割開的口子，然後沿著豬皮往裡邊捅進去。這個人邊往裡捅，殺豬師傅邊往裡吹氣，後來有了打氣筒，殺豬師傅就改用打氣筒往裡打氣。另有一個人，不停地用一根木棒子敲打著豬的身體。就這樣，三個人默契地配合著，很快豬的身體就脹得圓溜溜的了。接下來，有人就開始往豬的身體上一瓢瓢地澆著滾燙的開水，殺豬師傅就用一塊很厚的鐵皮，在豬身體上澆過開水的地方往下刮豬毛。

等豬毛大體上刮淨了，大家就把豬抬進屋子裡，放在燒著開水的大鍋上，殺豬師傅會用殺豬刀把豬從頭到尾再仔細刮一遍，把先前沒有刮淨的豬毛全都刮下來。隨後，大家把豬抬回已經沖洗乾淨的炕桌或木板架子上，幾個人拽著四個豬蹄，往兩下裡使勁按。殺豬師傅先用殺豬刀把豬肚子破開；接著從豬肚子裡掏出肚子、腸子、腰子等「豬下水」；再從豬胸腔裡掏出心、肝、肺等「燈籠掛」；之後把四個豬蹄和豬頭卸下來；再用手斧子和殺豬刀把整豬一劈兩

半，使其成為「豬肉半子」；最後用手斧子和殺豬刀把兩個「豬肉半子」從中間分開，使「豬肉半子」變成「四角子肉」。

這期間，大家會對豬做一番評價。如果豬的肥肉膘子厚，大家就會直誇好，膘越厚，越說好；反之，就會直搖頭，說這頭豬沒養好。豬的肥肉膘子厚，主人也高興；反之，主人的心情會一落千丈。現在，隨著生活水平的大幅度提高和科學知識的普及，豬肉越瘦越受歡迎；市場上，瘦豬肉要比帶肥肉的豬肉貴許多。而那時候，農村人特別缺油水，平時買豬肉也都是挑肥的買，因為肥肉多，不僅能吃到肉，還能出葷油，燉菜的時候放點兒葷油也可以沾點兒葷腥。那時候，肥肉越多的豬肉越貴、越好賣。

至此，殺豬的過程基本上就結束了。不管豬有「幾指膘」，主人都要客氣地把殺豬師傅請進屋裡，安排一個親屬陪著殺豬師傅邊喝茶水邊閒聊，等著吃飯。另一邊，早在剛開始殺豬的時候，女主人和請來幫忙的婦女，就開始準備飯菜了。先是要切出一大盆酸菜，下到大鍋裡燉上。等豬殺完了，要切出幾「方」子肥肉來，放在鍋裡和酸菜一起燉。這期間負責灌血腸的人，要把攪拌好的豬血，挑出血筋，倒進溫水和佐料。殺豬師傅把「豬下水」掏出來以後，負責收拾豬腸子的那些人要立即把豬小腸取過去，先把水油摘下來，再把小腸翻過來，倒出裡面的糞便，然後用酸菜水和雪反覆搓洗豬小腸內壁，最後用清水把豬小腸洗乾淨。這時，負責灌血腸的那些人就開始灌血腸了。他們先把漏斗插進豬小腸裡，再用碗一碗一碗地往裡灌調好的豬血，每灌一尺多長，就用細繩打一個結。血腸灌好以後，要放進燉酸菜的鍋裡煮上一段時間，煮的時候，要不斷地用針紮血腸，以免煮冒爆了或煮過火了。血腸煮好以後，要先撈出來，用快刀切成半釐米厚的片，一片一片地裝在盤子裡，隨後把煮好的肥肉切成大片，和血腸裝在同一個盤子裡端上來，吃飯時蘸著蒜醬吃。也有人家，把血腸和肥肉片一起放回酸菜鍋裡，稍微燉一燉，連同酸菜一起盛到盆子裡，這就是白肉血腸那道菜，也就是現在說的殺豬菜。除了血腸、肥肉片和酸菜，主人還要配上其他一些菜餚，比如花生、豆腐、雞蛋、青菜等等。其中青菜在

炒的時候，一定要多放上一些豬肉，不然大家會議論的，說這家主人「摳門兒」，這會讓這戶人家從此在屯子裡抬不起頭來。

吃飯的人，除了幫忙的人，還有村屯幹部和親屬朋友。東西屋，南北炕，都要放上桌子。大家坐好後，主人會先給大家都倒滿酒，然後說幾句客氣話，接著開始張羅大家喝酒、吃菜了。吃飯過程中，主人會不斷勸大家喝酒、吃肉、吃血腸。哪桌的菜吃沒了，女主人會及時給添上。哪桌酒喝好以後，女主人會及時把主食端上來。因為那時大米、白麵少，大多數人家的主食都是大黃米燜的黏飯。

等到大家都吃飽喝足了，主人就會把自家留剩下的豬肉，按照略低於市場的價格，賣給想買的人。殺豬師傅一般都是最後一個走的，因為他走的時候，主人會給他挑塊好肉帶上。過去，殺年豬的這一天，是熱鬧的一天，勞累的一天，更是體現親情、鄰裡共享勞動快樂和勞動成果的一天，是東北勞動人民獨特的風俗文化。

蛟河民俗——慶嶺活魚

　　到紅葉谷來旅遊的人，都要到活魚一條街吃上一頓風味獨特的慶嶺活魚，享受一下人間美味。凡品嘗過此道佳餚的遊客，沒有不伸出大拇指稱贊的：「慶嶺活魚可與北京烤鴨、金華火腿、天津狗不理包子相媲美，真不愧為天下一絕，到慶嶺來如果不吃慶嶺活魚，那可是一大憾事。」

　　說起來慶嶺活魚的歷史，並不算長，也就二十幾年。

　　慶嶺，原名磬嶺，位於吉林省蛟河市慶嶺鎮（原天南鄉）境內，是長白山余脈老爺嶺山脈中的一道大嶺。過去，嶺上有座廟，據說，廟中有一大磬，晨鐘暮鼓時分，和尚敲起大磬，聲震山林，餘音縈繞，磬嶺故此得名。後人嫌「磬」字麻煩，何況新中國成立後廟也拆了，和尚走了，磬也可能在一九五八年大煉鋼鐵時化作了鐵水，有名無實，於是，「磬嶺」就寫成了「慶嶺」。

　　一九七八年以前，通往延吉的國防公路從慶嶺通過。此段公路盡是些陡坡急轉彎，經過長時間拐彎抹角上嶺下坡的折騰，汽車司機精神高度集中，下了嶺，已是筋疲力盡，想找個歇腳的地方。從東邊來的汽車司機，看到慶嶺山高路險，都有點兒眼暈，想在山下養養精神，加點兒水，歇歇腳的。那時，嶺下連一戶人家都沒有，讓司機師傅們很失望。

　　這時候有個叫王選的年輕人抓住商機，在嶺下過橋拐彎的地方開了一個小吃鋪，為司機們準備了茶飯，院裡安了兩口大缸，裝滿了水，預備給汽車加水用。由於菜飯做得可口，對過往來客服務周到熱情，很受司機師傅們的歡迎，到他這兒來的人越來越多，鋪面慢慢就不夠用了。王選就蓋了間門面大的房子，由於客人多了，口味也不一樣了，原來的幾樣家常菜滿足不了要求了。

　　有一次，客人提出要吃魚，他們從河溝裡撈出來的青鱗、細鱗那些小魚，王選的母親就用他家的傳統做法給燉了，客人吃了很滿意，都覺得挺好吃的。

　　後來，就有人說，這兒離江這麼近，咋不弄點兒江魚來，那多鮮美呀！王

選聽了覺得很有道理，就騎自行車到江邊買來些松花湖裡的魚，有鯉子、白鰱、島子、鯿花、鰲花、鯰魚、嘎牙子，什麼魚都有，那時買回來的魚，到家後大部分都是死魚。王選抱著試試看的心理，用江邊上的做法燉魚，不敢多要錢，燉一大鍋嘎牙子魚，才要七元錢。因為是純江魚，又用傳統做法，口感就很不一般，十分受歡迎。從此，燉魚成了一道主要菜肴，漸漸的江邊就有人拎著筐來賣魚了。

王選是個很有心的年輕人，常常徵求大家的意見。他想，還應該不斷改進烹調方法，我們有這麼獨特的地理條件，應該有獨特的風味才對，給人家留個念想兒，吃了這回想著下回，讓他們到哪兒也吃不到像咱做出這魚的味道來。

這地方的魚之所以好吃，其一就是松花湖的鯉魚本身肉質就鮮嫩，不下佐料做出來也好吃，再加上用慶嶺的水燉，自然就比城裡飯店的鮮美得多。可是，光鮮美還不夠，必須有點兒特殊風味才行。為此，王選確實動了一番腦筋。後來，他發現在江邊現打出來的活魚，在船上燉出來既鮮又嫩，把活魚帶回飯店燉又能怎樣呢？他嘗試用慶嶺石虎河的水燉松花湖的活鯉魚，結果，不亞於江邊燉魚的味道。

他又想起，小時候奶奶做魚醬時，時常放些貓把蒿葉（因為把蒿葉子像貓耳朵），魚醬就特別好吃，有一種說不出的香味。家裡燉魚時媽媽也常放上點兒把蒿，自己嘗著是挺香的，可不知別人能不能吃好，不管行不行，先試試看。開始，他讓媳婦先做了一條活魚，掐了些把

▲ 慶嶺活魚烹飪大賽

蒿葉放進去,味道確實變得不一樣了。看到客人們吃得津津有味的樣子,把王選樂壞了,終於做出了具有自己獨特風味的清燉魚來。慶嶺活魚就這樣誕生了。

自從王選成功開發出慶嶺活魚這道菜餚後,一傳十,十傳百,從這裡經過的人都想品嘗品嘗,那時燉一鍋魚才幾元錢。後來又增加了紅燒、油炸等多種做法,小店的生意分外紅火起來。一九八四年王選蓋起新房,正式取名「會賓魚餐館」。為了客人能天天吃上活魚,王選在房後砌了一個大水池子,慶嶺山泉的活水從中流過,買來的活魚放在池裡養著。客人們來了,看中哪條就撈哪條,叫人感到別有一番情趣。

王選的慶嶺活魚吸引了八方來客,來用餐的人絡繹不絕。一些有心的人,看到王選的魚餐館這麼興隆,也都到這兒來開魚餐館。王選這個人不保守,把自己烹製活魚的手藝毫不保留地教給同行。接著曹興文開了第二家,孫洪傑開了第三家,潘國清等陸陸續續地就開起來好多家魚餐館。一九九○年,蛟河市

▲ 吉琿高速公路蛟河服務區慶嶺活魚餐館

政府決定開發慶嶺旅遊區，規劃了「慶嶺活魚一條街」，給予優惠政策，招商引資，有不少外地商家到這裡投資，逐漸形成規模，一九九四年就達到三十多家。因此，引起了原天南鄉政府（現為慶嶺鎮）的重視，在這兒搞了規劃，取名「慶嶺活魚一條街」。又有不少有識之士紛紛前來建店，最多時達到八十多家。

二〇一〇年，吉林到琿春的高速公路開通後，蛟河服務區特意建起了一個慶嶺活魚美食區，到長白山旅遊的中外遊客，過境蛟河必在此饕餮一番。於是，粉絲們自發為慶嶺活魚製作了一條在網絡一直躥紅的廣告：遊長白名山，品慶嶺活魚，不白活一回！

但要吃到正宗的活魚，還要從高速口下來，到慶嶺活魚一條街上來。每年從五一到十一，每天從早到晚，吃慶嶺活魚者仍是絡繹不絕，這其中，多是百吃不厭的回頭客。慶嶺活魚究竟怎麼好？說不清！反正吃過的總想吃，沒吃的惦記著要去吃。

▲ 吉琿高速公路蛟河服務區慶嶺活魚村

蛟河民俗——貼春聯

　　春聯是中國楹聯中的一種，是應時而寫，春節專用的，源於古代桃符。貼春聯也是蛟河人民主要風俗之一，每年農曆最後一天，人們都會早早起來，一邊開始準備年夜飯，一邊把舊春聯揭下來，換上新春聯。

　　提起桃符，還有一段神話傳說。據《山海經》記載，上古時代的東海度朔山上，有一棵巨大的桃樹。大桃樹上有一條枝丫垂落到地面，與樹幹恰好形成了一道彎彎的拱門。山上的惡鬼想要下山禍害人，必須通過這道拱門。大桃樹下，住著神荼、郁壘二神，每有惡鬼想要下山禍害人，二神就用葦索把惡鬼綁起來去餵老虎。到了兩千多年前的戰國時期，中原地區的百姓過年時，為了鎮邪袪惡，平安過年，就在門的兩邊掛上桃木板，上面畫上神荼和鬱壘，或是寫上他們的名字。這就是早期的桃符。

▲ 春節前夕的春聯市場

到了五代十國時期，出現了最早的春聯。據《宋史・蜀世家》記載，蜀國主孟昶十分喜歡桃符，每當除夕到來時，命辛寅遜題桃木板，後覺得辛寅遜寫得不好，就自己動手寫起來，一塊上書「新年納餘慶」，另一塊上書「嘉節號長春」。第一句的大意是「新年享受著先代的遺澤」，第二句的大意是「佳節預示著春意常在」。由此開始，桃符的內容由駢體聯語來替代神荼和鬱壘，內涵不只限於避邪驅災，還增加了祈福和祝願。這便是最早的春聯。由於這副春聯仍然是寫在桃木板上，所以被稱為「桃符對句」。到了宋代，在桃木板上寫對聯，已經相當普遍了。王安石《元日》中的詩句「千門萬戶曈曈日，總把新桃換舊符」就反映了每到除夕之日，家家戶戶掛桃符的盛況。

「春聯」一詞始於明代初期。據明代陳雲瞻《簪雲樓雜話》中記載：「春聯之設，自明太祖始。帝都金陵，除夕前忽傳旨：公卿士庶家門口須加春聯一副，帝微行時出現。」朱元璋當上皇帝之後，非常喜歡排場熱鬧。一年的除夕前，他頒布御旨，要求金陵的家家戶戶都要用紅紙寫成的春聯貼在門框上。大年初一的早晨，朱元璋微服巡視，挨家挨戶查看春聯。由此可見，「春聯」的得名和推廣，和朱元璋的行政命令不無關係。相傳，巡視過程中，朱元璋發現有一戶人家沒有貼春聯，很生氣，就詢問什麼原因，侍從告之，這戶人家做的是殺豬和劁豬的營生，過年特別忙，還沒有來得及請人書寫。朱元璋就命人拿來筆墨紙硯，為這戶人家書寫了一副春聯：「雙手劈開生死路，一刀割斷是非根」，寫完繼續到別處巡視。過了一段時間，朱元璋巡視完畢，將要返回宮廷時，又路過這裡，見到這個屠戶家還沒有貼上他寫的春聯，就問是怎麼回事，這家主人恭敬地回答，這副春聯是皇上親自書寫的，他已將這副春聯高懸在中堂，準備天天焚香供奉。朱元璋聽了非常高興，就命令侍從賞給這家三十兩銀子。

至於為什麼用紅紙來寫春聯，有一個傳說。相傳，「年」是一頭怪獸，經常為害人間，但這頭怪獸害怕紅色。最初「年」一來的時候，人們都是趕緊燒起火來，用紅色的火焰把怪獸嚇退。後來，貼春聯成為習俗，再到「年」來的

▲ 過年喜貼春聯

時候，人們便開始用紅紙來寫春聯，用紅色的春聯代替火焰，去嚇退怪獸，以此保證家宅平安。

春聯一般由上聯、下聯和橫批組成。寫春聯也是有講究的：一是上下聯字數要相等，這是寫春聯的最基本要求；二是精美的春聯上下聯對應的詞詞性應該一致；三是精美的春聯上下聯還要注意平仄相調；四是要選好橫批。橫批又叫橫額、橫聯，與春聯內容有著密不可分的關係。好的橫批，可起到錦上添花的作用。常見的橫批有三種形式：一是題名式。如「爆竹聲聲辭舊歲，梅花點點迎新春」的橫批是「歡度春節」，揭示出貼春聯的目的。二是點睛式。如「新春富貴年年好，佳歲平安步步高」的橫批是「吉星高照」，揭示出實現「年年好」「步步高」的關鍵在於「吉星高照」。三是升華式。如「歡天喜地度佳節，張燈結彩迎新春」的橫批是「闔家幸福」，揭示出「度佳節」「迎新春」寄托的是「闔家幸福」的美好願望。貼春聯也有講究：面對門，右手方向為上首，左手方向為下首。上聯貼上首，下聯貼下首。區分春聯的上下聯，一般有四種方法：一是按音調平仄區分。最後一個字為仄音的是上聯，最後一個字為平聲的是下聯。如「春回大地千山笑」，「笑」是仄音，這句是上聯；「福滿人間萬民歡」，「歡」是平聲，這句是下聯。二是按因果關係區分。「因」為上聯，「果」為下聯。如「方向正確城鄉富，政策英明衣食豐」，「方向正確」「城鄉富」是因，前一句是上聯；「政策英明」「衣食豐」是果，後一句是下聯。三是按時間先後區分。時間在前為上聯，時間在後為下聯。如「風送鶯歌辭舊歲，雪伴梅香迎新

春」,「辭舊歲」時間在前,前一句是上聯;「迎新春」時間在後,後一句是下聯。四是按空間範圍區分。空間範圍小的為上聯,空間範圍大的為下聯。如「勤儉持家家道昌,團結建國國事興」,「家」的空間範圍比「國」的空間範圍小,前一句是上聯,後一句是下聯。

伴隨著改革開放,春聯從來源、內容、材質到字體顏色也在發生著變化。改革開放前和改革開放初期,蛟河城區居民貼的春聯基本都是買的,那時商店裡賣春聯,也有擺攤賣春聯的。不過那時擺攤賣春聯和現在不一樣:現在擺攤賣的春聯都是套版印刷品;那時擺攤賣春聯的都是書法行家,按照買春聯的人提供的內容現寫現賣,也有買春聯的人提供不出內容的,就由擺攤的人幫著確定內容。農村人貼的春聯有求人寫的,也有自己寫的。那時每個村都有幾個毛筆字寫得比一般人好的中老年人,一近春節,一些人家就會找到他們,求他們給自家寫春聯。和城裡擺攤賣春聯的人不同,他們替人寫春聯不要錢,但紙和

▲ 春聯現寫現賣

▲ 當地書法家送春聯下鄉

墨需要求寫春聯的人家自備。求寫春聯的人家也都不會讓他們白寫，會送兩瓶酒、兩包糕點以示答謝。那些排不上號的人家和心疼東西的人家，則是自己寫春聯。由於那時大多數農村人識字不多，那些自己寫春聯的人家的春聯，大多數字跡歪歪扭扭，有的還有錯別字。那時的春聯，無論城鄉，都是紅紙黑字，所用紙張都是最普通的大紅紙；內容都圍繞在福祿財順上。

改革開放中後期，人民生活水平極大提高。蛟河城鄉，家家戶戶開始買春聯貼。每年剛進臘月，超市裡、市場上便陸續開始銷售春聯。各種各樣的春聯琳琅滿目，有黑字的，也有金字的，還有金邊字的；有印在紅亮光紙上的，也有印在紅絨紙上的，還有印在紅緞布上的；有在天地兩頭上印著圖案的，也有在四邊印著圖案的，還有在每個字周圍印著圖案的；有祈福求財的，也有祈求事業騰達的，還有祈求國泰民安的。近年來，為促進文化繁榮、密切黨群幹群關係，蛟河市委宣傳部和市文廣新局，每年春節前夕，都組織本市書法家協會會員深入社區和村屯現場書寫、贈送春聯。一些大型超市也把贈送春聯作為歲末促銷手段，只要購物達到一定金額，即送春聯一副。

蛟河民俗——放河燈

　　放河燈的習俗在我國源遠流長，據《山西省地志》記載，黃河邊的河曲縣，每年夏秋兩季都在「西口」搭台唱戲、放河燈，為當年在黃河上走船遇難的船工超度亡靈。

　　傳說，松花江放河燈的歷史可追溯到明朝。明朝永樂七年，明政府在吉林建船廠。官兵和工匠每天都需要從江中把上游放排漂流下來的木材打撈出來，抬運歸楞，常有人落水淹死。

　　據說，有一次，又有一個人淹死，恰巧被一個過路的僧人碰上。僧人撿了一塊小板頭摳了個窩兒，要了一點兒油倒在裡邊，在油裡插了根草稈。天黑後，僧人把草稈點燃，把板頭放在江裡，隨後念了一陣兒經，為死者超度了。

　　清朝順治十八年（1661 年），吉林水師營創立，造船廠的規模越來越大，落水出事的人也就越來越多。每年農曆七月十五，即俗稱鬼節的這一天，一些僧人便會用蕎麵和糠皮子做成河燈，裡面倒上油，用麥秸或燈芯草做成燈芯，天黑後點著放在江裡。這些僧人是造船廠請來為落水者超度亡魂的，放河燈是一項重要法事。後來，放河燈發展為吉林將軍府的一項祭奠活動，成為松花江兩岸居民的一項風俗習慣。

　　新中國成立後，吉林市保留了放河燈這一習俗，但剔除了迷信色彩。一九八七年三月，為慶祝全國第六屆冬運會在吉林舉辦，放河燈近兩萬盞，出現了萬人空巷的盛況。

　　二〇一二年吉林市第二屆松花江河燈文化節之夜，從臨江門游園至江灣大橋江段，長約六千米、寬約五百米、總面積達三百萬平方米的水域中，十分鐘內成功施放河燈一〇一二一盞，創造了同時施放河燈數量最多的吉尼斯世界紀錄。

　　提起放河燈，有兩個人不得不說。

一個是吉林市河燈協會會長侯俊英。侯俊英是滿族人，祖籍遼寧海城。祖父侯慶山是清朝的燈官，負責朝廷祭祀燈火，後來家族搬遷到吉林市。侯俊英從小和祖母學習河燈製作手藝，得侯家嫡傳，且青出於藍而勝於藍。她製作的「龍頭鳳尾燈」「蓮花燈」「佳節月圓燈」被譽為河燈之首，她本人被國家命名為「吉林省民間文化傑出傳承人」。

另一個是王秀梅。位於松花湖東岸的蛟河市漂河鎮富江村西扇子溝屯年年都有放燈的習俗。發起人是紮根農村的知青王秀梅。二〇〇七年農曆七月十五日，王秀梅曾經組織村民一次放了五百多盞河燈。那些河燈小的巴掌大，

▲ 河燈節放河燈場景

大的比臉盆還要大，荷花、龍、飛禽、走獸、車船、樓堂殿閣等各種造型，應有盡有。一次放五百多盞河燈，在河燈燃放史上並不足為奇，但對於一個不足百戶的屯子來說，規模也是不小了。

吉林河燈還有一個特別之處，那就是，寒冬臘月也可以放。豐滿大壩建成以後，由於水流湍急，松花江從大壩到烏拉街的江面，不管氣溫有多低，冬季也不封江。於是，每年「霧淞節」，松花江就有了皎潔的月光下，兩岸白雪皚皚、岸邊樹掛晶瑩剔透、江上河燈五彩繽紛的美麗景象。

張廣才嶺放山人

張廣才嶺下的崔延之老漢，今年七十四歲，從小練就一身放山打獵的好把式，當地人把他叫作放山發財的人。下邊是他敘述的親身經歷：

一九四七年，我跟著舅舅、姨夫一伙人上張廣才嶺去放山。我歲數小，第一次放山，根本就不認識人參，更不懂上山的規矩。臨上山，大人們一個勁兒囑咐我到山上不能隨便說話。

上了山，二姨夫先發現一棵，是枚四品葉，我湊上去一看，說：「哦，就是那玩意兒呀，四個卡巴，有個紅榔頭，不有的是嗎？」

二姨夫一聽，把眼一翻愣：「有的是！你去叫個看看！」我一蹶跶，拎著索撥棍就走了。沒走出十五步遠，嘿，真看見了，頂個紅榔頭，跟剛才那棵一模一樣，我這心就怦怦跳，緊張得不得了，想喊吧，又怕喊錯了。二姨夫見我站在那兒，就過來了，我看看二姨夫，看看榔頭，臉憋得通紅。他問：「你咋還不招呼？」我心裡話了，要喊炸廟了，我也有說的，和你們看的那棵是一樣的。

我當時扯著嗓子放了一炮：「棒——槌！」我這一喊，大伙就七嘴八舌地喊上了：「什麼棒槌？」我喊：「四品葉！」大伙就過來了，果然不錯，和那棵是一樣的。

我穿的布鞋絮壞了，用麻袋片纏上，又磨壞了，我就光著腳丫子回來了。沒鞋穿，把頭讓我看窩棚。有個龐大哥，眼神不好，大姨夫讓龐大哥把他的水襪子給我穿。

有了鞋，來了精神，我一下子跑出老遠，離開大幫了。看見一棵大倒木，兩邊長了兩溜棒槌有好幾十棵。大伙揀大的挖，挖出來二十多苗。這一棍我們放了半斤來貨，最大的六錢重。每人分了三十五萬圓（東北幣），就覺得不少了。

第二棍，發了大財，我們上那個山沒有眼（沒有兆頭）。大舅說：「這是生山，沒出過棒槌，要能招呼起來，就不能少了，招呼不出來，就白來了。」人家有經驗，拿棍往地上戳戳，說土太囊了，不能長棒槌，就是有也不值錢，轉了幾圈都走了。

我心裡話，你們光捅軟地方，還有溝溝塄塄的地方，可硬著呢。他在上邊轉了轉，叫我和他走，我沒走，我自個兒在上面轉。那邊叫棍讓我過去，一個勁兒地叫，我聽見有人嫌我不聽他們的，沒辦法我只得去找他們。

一棵松樹大倒木挺長的，那時我小，挺頑皮的，就上去了，心想，在上邊走還好走，走到樹頭那邊，淨樹杈子下不來了，抹回身往回走，一回頭就覺得扇面那兒有紅玩意兒，一晃就沒了，哎？真怪呀，我就盯准那地方瞅哇瞅，心裡尋思，是不是老把頭顯聖了？呼一下，來一股微風吹到臉上，涼瓦的，樹枝晃了一下兒，一個大紅榔頭露出來了，我連蹦帶跳地跑過去，也不管規矩不規矩了，我一看，好傢伙，莊有一米來高。我把棍往地下一杵，可勁兒地蹦著高地喊：「五品葉！」他們也聽不準我喊的啥，呼呼啦啦地就過來了。

把頭樂著說：「我這外甥真不善，到底把生山給招呼起來了。」把頭看見紅榔頭底下還長出小疙瘩，就高興了，說：「那叫管向，也叫管針，它長在哪邊，哪邊就有棒槌，你們上那邊招呼去！」大家呼呼啦啦就下去了，哎喲，好大一片哪，大伙七嘴八舌就喊上了：「棒槌！棒槌！」一氣挖了四五十棵，一直幹到黑，也沒挖完。第二天又去，刨了一苗菱角參，是這回挖的最大的參。

接著發現了一棵四品葉和五品葉連在一起的雙胎參，這可抖起來了，大包小包的沒少包，沒挖完，天就黑了。走半道把頭找個地方把參藏起來，怕胡子搶了。第三天，又去就找不著了。把頭說：「回邊吧（回家）。」

放山人把人參多挖不完的地方叫「抓鱉鉤子」，意思是人參多把老客勾住了。

把貨拿到供銷社圓盤子（講價），老客一看，好傢伙，二十二兩啊，光講價就講了大半天，他們用袖裡吞金，比劃來比劃去，最後講定一千萬，供銷社

哪有那麼多錢，要給開支票，把頭不幹，他們到蛟河取的錢。每人分了一六〇萬，上蛟河街裡橫著膀子逛，真是財大氣粗，看啥都不貴了，買啥都買得起，咱也當一回大爺。

　　放了大貨，大伙發了財，得還願，買了一頭三四百斤的大黑豬，上老爺府上供，拜完山神爺老把頭，請全屯的人吃喝，一直吃完拉倒。

「葛欽差」的故事

電視劇《插樹嶺》中有這樣一段情節，說插樹嶺的神樹是老牛家祖宗插上的一根木棍生根發芽長成的。這個說法並不是沒有道理的。

在插樹嶺不遠的金蟾島下邊有座墳叫「葛欽差墓」，這座墳在松花湖大壩沒合龍前，在大富太河屯後山坡上，就是現在的金蟾島北，當時的墳堆很大，一看就知道是當大官的祖墳。當水被憋上來後，墳就給淹到湖裡了，趕上旱年水消下去墳還能露出水面來。在十多年前這座墳曾經被人盜過，挖出夜明珠、金元寶等物，盜墓者受到了法律制裁。

這座墓裡面葬著清朝乾隆年間一名姓葛的欽差大臣。據說，這位大臣本是當地人，曾在被松花湖水淹沒到水下的大富太河屯喬家大院做過長工。

葛欽差是老喬家的遠方親戚，他從小跟著爹爹學拳腳，可惜爹娘離世早，老喬家念其大人老實忠厚就收留了他。因為他從小膽子就大，都叫他猛子，猛子七八歲就給老喬家放豬。別看他年齡小，人可是百精百靈的，大人說啥，他瞪著眼睛聽，一點兒就透，沒有不明白的事。而且還特別會來事，從東家到長工沒有一個不得意他的。

一天，有一高一矮兩個南方人從喬家大院經過，走到屯西的小盤道上邊，在那左看右看，倆人嘀嘀咕咕的不知道說些什麼。這時猛子正在小盤道下邊草地上放豬，看見那兩個人站在那比劃，就偷偷溜了過去，趴在壩塄子後面偷聽。只見倆人又轉了半天，站在盤道上邊的一個窪兜裡就停下了，那個高個子說：「沒錯，就是這兒。師父說『三年尋龍，十年點穴』此話確實不假，咱倆江南江北關裡關外轉了十年，到底找到了這個龍行氣脈聚集的穴位。」矮個的說：「是呀，你看，這扶手、朝案和山水護欄多有靈氣啊！咱們先試一試，什麼時候能發科。」說著，順手掰了一根乾巴樹棒子插在地上，說：「明天咱們過來看看，如果這根乾木棒子發芽了，說明這塊寶地發科就快。誰家祖墳要能

埋在這兒，他家下一代就能出武官。」高個子說：「不能讓當地這些人知道。」

「就是知道了他們也不懂這裡面的玄機，出現什麼兆頭他們也看不出來。」說完，二人就走了。

猛子等他們走遠，到插棍子的地方看了看，那根木棍乾得用腳一蹦就得折好幾截，還能發什麼芽？淨瞎扯！不管咋說，既然他們說了，我明早就來看看。

第二天起早，猛子沒吃飯就跑到插木棍的地方，看那根乾木棍子果然發出芽來。猛子很吃驚：這老南蠻子看得真準，趕上神仙了！別看猛子人小，心眼可夠鬼道的，眼珠一轉，把發芽的棍子拔出來，折了一根和這根棍子長短粗細一樣的棍子，照原眼插上了，把發芽的棍子撇到大江裡，裝作沒事似的就回去了。

吃完早飯，猛子大模大樣地把豬趕到小盤道下邊的草地上，自己趴在土子後邊等著。過了一個多時辰，那兩個南方人才慢慢悠悠走過來，照直就奔插的那根木棍去了。到了跟前，看那根棍子原封沒動，倆人都愣了，大個子說：「再沒有比這個穴位好的了，絕對不會錯的，為什麼沒發芽呢？」小個子說：「不行咱們再試一把。」說著，把棍子拔出來，從兜裡掏出來一個紅皮雞蛋，在插棍子的地方摳了個坑，把雞蛋立在裡面埋上一層浮土，說：「三天以後再來看看怎麼樣。」

等二人走沒影了，猛子來到埋雞蛋的地方，扒開浮土把雞蛋拿出來用手掂了掂，翻過來掉過去看了半天，和普通的雞蛋沒什麼兩樣，就照原樣埋上了。回到家，在東家的雞窩裡偷了一個和那個雞蛋一模一樣的紅皮雞蛋。

第三天天剛蒙蒙亮，猛子就悄悄來到埋雞蛋的地方，剛伸出手扒拉浮土，就聽見「唧、唧」的叫聲，猛子高興得跳起來，忙把土扒開，看見蛋殼裡的小雞，小嘴已經伸出殼來，心想，這兩個老妖精，眼睛可真毒！急忙把孵出的小雞連蛋殼拿出來包好了揣在懷裡，換上偷來的雞蛋立在裡面，蓋上浮土。樂顛顛地跑回去了。他把快出殼的小雞塞進正在抱窩的母雞翅膀底下，一看大伙還

沒起來，又鑽進被窩睡著了。

　　吃飯了，打頭的叫醒猛子，他揉了揉眼睛，一骨碌爬起來，跟著大伙扒拉了兩口飯，趕著豬群往那塊草地一放，就趴到土塄子後面等著那兩個南方人。一直等到晌午，那兩個人才晃晃蕩蕩往這邊來。來到埋雞蛋的地方，大個子伸手就要扒土，小個子說：「先別動，聽聽有沒有動靜。」他趴那兒聽了半天，啥也沒聽見，有點兒洩氣了，一賭氣把雞蛋摳出來，拿在手裡，看和前些天埋的時候有沒什麼變化，翻來覆去看了半天，雞蛋還是新鮮的，拿到耳邊聽聽，裡邊也沒有動靜。

　　「看來，這個穴位還沒到時候，地氣還沒拱上來，再等十年吧。」

　　「據我看，這個穴位不是沒成，是不是讓誰給破了？」小個子總覺得不對勁兒。

　　「關東根本沒有明白人，再說也沒人知道咱們到這兒來呀。」

　　「那就過十年再來吧。」他倆看這個穴位真不行了，像洩了氣的皮球，沒精打采地走了。

　　猛子得到這個好消息，和誰也沒說，自己琢磨道道。

　　有一天，他和喬東家說：「爺爺，這兩天我阿瑪額娘總給我托夢，說他們現在沒有落腳地方，當了孤魂野鬼，讓我給他們找個地方埋葬起來。」東家說：「行，咱們不是外人，你爹娘在世時為我家也沒少出力，等我找陰陽先生選個地方。」猛子連忙說：「不用麻煩您找陰陽先生，我隨便找個地方就行了。」

　　「你懂個啥，那可不是隨便埋的，墳塋地關係可大了。」

　　「我們家就我一個放豬的，沒那麼多講究。」

　　「那你就在我家這塊地選個地方吧。」

　　過了些日子，猛子告訴東家：「爺爺，我天天到屯西那片大草甸子放豬，我看山坡那就挺好的，我想把我阿瑪和額娘的屍骨埋在那兒，我天天放豬還能看見。不知行不行？」

　　「你領著我去看看吧。」

猛子領著老東家來到後山坡，東家在那兒轉了一圈，看這個地方並不起眼兒，就答應了。猛子在喬家老長工的幫助下，在江邊挖出了猛子爹娘的屍骨，埋到那個穴位上。猛子到那兒放牛，天天填土，漸漸築起一座高高的墳墓。

　　猛子到了十五歲，長得五大三粗的，能幹莊稼活了，就不再放豬了。可他不甘心給人家吃一輩子勞金，總想到外面闖闖。他找到老東家：「爺爺，我長大了，不能總讓您老人家操心，想出去自己掙口飯吃。」東家看透他的心思：「孩子，我知道你是個有志氣的人，不過你不知道在外面的難處。你爹和你娘是從盛京要飯過來找你爺爺的，始終沒找著，你知道他們吃了多少苦嗎？我看他們餓得面黃肌瘦怪可憐的，才把他們收留了。你小小年紀，連個撲奔都沒有，萬一有個好歹我怎麼能對得起你死去的二老哇。再說，現在世上不太平，沙俄羅剎鬼子進了東北，見了中國人就禍害，你不能走。」東家是可憐他，更主要的還是看他已經長大，頂個整勞力使喚了，所以不願意讓他走。

　　「我這麼大了，也不能老讓您養活著，出去見見世面，您不用惦記我。我一個人無牽無掛的，不會有什麼事。」

　　「出去闖蕩闖蕩也好，混不了再回來。」老東家看他鐵心要走，就不再強留，給了他二兩銀子，讓他做盤纏。

　　臨走，猛子把爹娘的墳塋托付給一個遠方叔叔照看，給了五十吊錢，請他過年過節給燒點兒紙。

　　猛子坐船到了船廠。先是在碼頭上賣零工，後來在一家飯館學徒，幹了二年，學了不少灶上的手藝，他一個人頂兩個人，前台後廚忙個不停。有一天，來了兩個軍官模樣的人，一邊喝酒一邊嘮嗑，說沙俄羅剎侵略東北，正在到處招兵買馬。猛子聽了，就湊到近前，臉憋得通紅，問了一句：「你們招兵嗎？」一個軍官抬頭打量了一下眼前這個濃眉大眼的小伙子，一眼就看中了，問：「你想當兵嗎？家裡有什麼人？」「我沒有家，只要你們要，我就去。」他二人樂了，心裡話，正愁招不上人來呢。二位官爺領著猛子來到督撫衙門登記。一位參將大人，見了猛子身材魁梧，兩眼有神，心中很是喜歡，就把他留在身

邊，由於猛子會上灶，所以，讓他當伙頭軍。猛子雖然當著伙頭軍，可是他一心想立功，平時天天跟著舞槍弄棒，學得很認真。千總看他是塊料，派了個武藝高強的偏將教他，猛子心靈一點就通，幾年工夫就練得一身好武藝。

乾隆皇帝東巡到吉林，欲去法特觀看捕捉鰉魚，猛子的大隊打前站，太陽要落山了，皇上傳旨紮寨駐蹕。在營帳前二十多裡處有一片森林，前隊人馬在森林外就紮下營寨埋鍋造飯。猛子從馬背上取下飯鍋，點火做飯，飯剛做好，就見前邊的哨兵飛馬來報：「前邊發現草寇！」營千總下令：「馬上追擊！」猛子把飯鍋往馬背上一扣，飛身上馬舉刀就衝了出去。馬蹽著蹶子掙命地往前躥，跑在隊伍的最前邊，眨眼間，超出大隊二里多地。那伙草寇看見只來了一個人一匹馬，沒當回事。可是這匹馬來得太凶猛，把攔路的嚇得慌忙閃開，猛子徑直闖進敵營。一個滿臉鬍鬚的大漢勒轉馬頭準備攔擋，還沒來得及舉刀，馬已闖到跟前，猛子飛起一刀就將大漢砍成兩段，其餘的草寇抱頭鼠竄，大隊人馬趕到把這伙草寇全部殲滅。

原來是飯鍋底下正被火燒得通紅，猛子把滾燙的熱鍋扣在馬背上，馬屁股上就像放了一把燒紅的烙鐵，把馬燙得四蹄不著地地向前躥。也該著猛子立功，他砍死的那個大漢正是匪首。群賊無首自然是樹倒猢猻散了。

乾隆聽說前邊攔路的草寇被清除，當時下旨嘉獎，參將上奏為猛子請功，皇上聽說有這等猛將，招到御駕前。猛子跪在皇上駕前，皇上一看這小伙子身材魁梧，兩眼炯炯有神，龍顏大悅，問：「小將軍姓甚名誰，家住何處？」

「啟稟皇上，小人姓葛爾佳氏，小名猛子，家住松花江邊。」

「好哇，旗人之後，你今護駕有功，朕想留你在宮中做護衛如何？」

「謝主隆恩！」猛子反應太快，不假思索地叩頭謝恩。

從此，猛子跟隨乾隆皇上進了京，當上御前護衛。因為他對皇上忠心耿耿，破了許多案子，得到皇上的信任，在京城當了大官，皇上常常派他出去當欽差大臣。據葛家的後代講，他家後人還出了統領、佐領那樣的官。

痴心收藏研究東北煙具文化的蛟河人——李懷珠

　　在東北，與貂皮、人參、鹿茸「三寶」並稱的，還有充滿著深厚東北文化底蘊的「三怪」，那就是「窗戶紙糊在外，大姑娘叼煙袋，養個孩子吊起來」。既然「大姑娘叼煙袋」，足見當時東北菸風之盛。煙具，作為一種歷史文化，一直沒有人研究，直到一九九九年九月九日，蛟河人李懷珠收藏的煙具首次亮相於吉林省首屆民間藝術大展，才終於彌補了東北人的遺憾。

　　一九九三年，四十歲的李懷珠調到菸葉公司當副經理。出於工作的原因，他開始與菸農打上了交道。到菸葉公司前，他收藏著兩件煙具，一件是爺爺的，一件是大姨的。從這兩件煙具中，他相信「大姑娘叼煙袋」是真的，也使

▲ 吉林省關東菸種植技藝傳承人李懷珠

他對菸具產生了一種說不清楚的興趣。

菸文化的載體何在？李懷珠想到家中收藏的煙具，想到了很多老菸把式戀戀不捨的長煙袋。

一九九四年冬，李懷珠陪吉林省電視台《松花江日記》攝製組到漂河鎮採訪時，來到了寒蔥溝。聽說六十五歲的老菸把式張喜庚家中有支祖傳的旱煙袋，便和記者踏著沒膝的積雪找到了張家。

▲ 大姑娘叼煙袋

張喜庚邊吧嗒著那支大煙袋，邊打開話匣子。他祖輩是清朝發《遼東召墾令》時從山東移民來的，一到塔頭溝就開地種菸。那時日本人還沒侵略東北三省，更沒修「長圖」鐵路，大多數運輸夏天靠水路，冬季靠冰路。種下的菸，秋後曬完了，只能用馬爬犁從冰上送到吉林。那時吉林最大的商號當屬恆升慶。有一年他爺爺運送菸時，大掌櫃牛子厚見他家祖輩種菸挺辛苦，就送了一個銅煙鍋和一個玉石菸嘴。在當時，這可不是尋常百姓家能用的。回家後，精心製作了一支煙桿。這支煙袋，便一輩輩傳了下來。

▲ 農製煙品袋

聽李懷珠說要買他的煙袋，張喜庚說什麼也不答應。李懷珠軟磨硬泡，老人最後聽說是為了宣傳「漂河菸」，才戀戀不捨地把祖傳的煙袋送給了李懷珠。但有一個條件，想留個照片作紀念。

從此後，李懷珠便利用下鄉指導煙農種菸的機會，向老菸把式求教，了解關東種菸歷史和吸菸習俗，同時尋訪煙袋，或要或買，收藏日豐。

蛟河市地處吉林省東部，松遼平原向長白山過渡地帶，這裡不僅種植曬煙歷史久遠，同時又是抗日戰爭和解放戰爭對敵鬥爭的前沿，楊靖宇將軍曾帶領東北抗日聯軍在張廣才嶺後和橫道子一帶打游擊，抗日寇。走訪中，他了解到現在漂河鎮有一名閆姓老人是東北抗聯老戰士，他三次去漂河，終於在非常偏僻的冰湖溝屯見到老人。

悠悠往事，歷盡滄桑。閆大爺拿出一個銅鍋小煙袋，深情回憶：過去打日寇，鑽密林，住山洞，每次路過漂河川，楊司令都要帶上幾把漂河葉子菸，戰鬥閒暇抽上一袋，又解乏又過癮，很多作戰想法在吞雲吐霧之間琢磨出來了。那時苦啊，物資極度貧乏，戰友們輪流抽一袋菸是種享受，也是戰友間感情的交流，這支煙袋楊將軍用過多次……

隨著收藏到的煙袋增多，他也逐漸意識到自己收藏的缺憾。吸菸的工具不

▲ 楊靖宇用過的菸袋

僅是旱菸袋，曬菸的種植，不獨蛟河，全
國皆有。他開始拓展自己的收藏種類，更
拓寬了收藏的範圍。

於是，吉林市南馬路舊貨市場，哈爾
濱民貿街，瀋陽南湖古玩街，天津瀋陽
道，北京潘家園，都印下了李懷珠尋覓的
足跡。

家中的菸具快擺滿了菸櫃，隨著菸具
知識的不斷豐富，李懷珠開始意識到收藏
的意義。「夕陽產業」不正是在孕育著一
個「朝陽收藏」嗎？但沒有文化作底蘊的
收藏就沒有意義，也沒有價值。而這種文
化，就是菸具文化，就是東北黑土地文化
的一部分，使命感，讓李懷珠選擇了對菸
具文化的挖掘和研究。

研究比收藏更費心血。特別是菸具文
化，幾乎是無史可查。一天的工作下來，
幾乎筋疲力盡，但李懷珠還要面對一件件
菸具，細細揣摩。一本稿紙，常常是寫了
撕，撕了寫；一個放大鏡就是一方天地。
就這樣新的發現令其欣喜若狂，苦思無獲
又使其悵然若失，種種滋味伴隨李懷珠度
過了一個個夜晚。為了一個名稱，他鑽深
山溝請教過老菸農；為了一個數字，他到
北京求教過教授。寫菸具的歷史，就是寫
關東人自己的歷史。菸具收藏沒有現成的

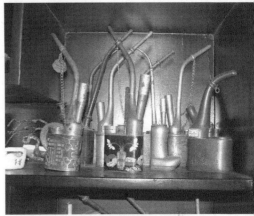

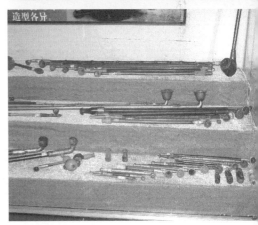

▲ 各式的藏品用具

分類標準，李懷珠按自己的收藏實踐對煙具進行了分類。

菸斗類：菸斗在東北老百姓中又稱其為木絲斗克，是外來語的音譯，大意是木頭雕刻的抽菸工具。菸斗是繼鼻菸壺後最早使用的吸菸用具，中國人吸菸不知始於何年何代，但它是隨菸草傳入中國，而且吸食工具而由歐美傳入我國。早期菸斗一般都是木質，木料多樣，有花犁木、黃楊木、棗木、色木包等，這些原料木質細膩、組織緊密，不怕菸燒，且表面越磨越光滑，使用起來舒適、稱手。

煙袋鍋類：又稱為旱煙袋，它是東北早期最普遍、最常見的吸菸工具。旱煙袋的長短、粗細、大小、用料搭配差異很大。最長的有一米多，最小的只有十幾釐米，一般都是由菸嘴、煙桿、煙鍋三部分組成。精品煙袋在嘴、鍋上都有雕刻工藝，做工精細考究，把玩賞心悅目。李懷珠的藏品中，有一件細桿煙袋與清皇室有緊密連繫，這是一件婦女吸菸用的細桿煙袋，煙桿上刻有十二道竹節木紋，象徵月月平安；煙鍋上刻有「牌九」圖案；細長的菸嘴雕刻著精美的花卉，顯示出吉祥富貴。原來這支煙袋是咸豐皇帝御賜給臧媽媽的。歷史浮沉，此煙袋幾經輾轉，被李懷珠收集到手，成為關東文化歷史的見證。

水煙壺類：由於底部裝水，抽起來發出「咕嚕、咕嚕」的響聲，煙氣經過濾後吸入口中，老百姓又稱之為水煙袋。想來，祖先們在吸食菸草刺激神經，獲得暫時愜意的同時，是否也認識到菸草的副作用，通過水過濾來減少吸菸帶來的危害？

近五年中，李懷珠研究菸具的文字已達十萬字，一部分已陸續發表在《民間故事》《中國菸草報》等報刊雜誌上。

對三百多年煙具文化的挖掘和研究，讓這位東北漢子更熱愛關東這塊黑土地的文化。

十幾年的收藏，李懷珠的煙具已達一千餘件。經過他的認真整理，已細分為旱煙袋、水煙袋、菸斗、菸嘴、鼻煙壺和其他菸具六大類。

美麗的民間傳說

「蛟河」的傳說

　　話說離現今蛟河縣城東北三十里處，有一座山，叫拉法山，當地人們都管它叫大砬子。山南，有一條河，河水白亮亮的，好像一條銀鏈；山北，也有一條河，河水黑黝黝的，好像一條鐵鏈。

　　兩條河一南一北，從縣城流過，在縣城西南角交匯成一條河，故名為「交河」。後來，這條河怎麼就叫成了「蛟河」，說起來，還有一個優美的傳說。

　　很久以前，拉法山下住著一戶人家，主人是一個七十來歲的老漢，一身病，常年臥床不起。老漢膝下有一個二十多歲的兒子，叫紀曉堂，尚未成家。

　　有一年春天，父親去世了。紀曉堂非常傷心，在拉法山下，找了一個背風向陽，前有水、後依山的地方，把父親埋葬了。然後，在墳旁蓋了一間小房子，自己住進去，為父親守孝。

　　第三年的清明節，紀曉堂給父親掃墓上供時，回想起和父親在一起的日子，想想父親臨終都沒能穿上一件像樣的衣服，不覺悲從中來。就在他低聲啜泣之際，來了一個穿白戴素的小伙子。

　　紀曉堂看了看這個人，不認識，就問：「這位大哥，你貴姓？我怎麼不認識你呢？」

　　「我姓白，就住在山後。」小伙子說，「你不認識我，我可認識你，還知道你是個有名的大孝子。我很敬重你的為人，今天來找你，是想和你交個朋友。」

　　自從父親死後，紀曉堂無親無故，孤身一人，現在有人要和他交朋友，心裡十分高興，就說：「你要不嫌我年幼無知，家裡窮困，我就認你當大哥吧。」說完，兩個人就磕頭結拜，成了把兄弟。

有一天，白大哥又來看望紀曉堂。紀曉堂問：「白大哥，這麼長時間了，我還不知道你家在哪兒住呢，要是有事兒，我上哪兒找你去呀？」

白大哥聽完，笑著說：「上我們家的路很不好走。你要是有事兒找我，不論在什麼地方，只要拿一塊石頭，往大青石上連敲三下，連喊三聲『白大哥』，我就能趕到你身邊。」

紀曉堂一聽，感到有點兒奇怪，不解地問：「那你能聽到嗎？」

「能，到時候你那麼辦就行了。」

轉眼間，秋去冬來。一天，紀曉堂到拉法山上去打柴，挑著柴禾往家走的時候，腳下一滑摔倒了。他爬著往起一站，卻怎麼也站不起來了。一看，原來腳脖子崴了，已經腫得挺老粗，一步也不能走了。這時候正是三九天，眼看太陽就要下山了，要是回不去家，晚上非凍死在山上不可。

就在著急的時候，紀曉堂忽然想起了白大哥，就從身邊拿起一塊石頭，爬到旁邊的一塊大青石跟前，用力地連敲了三下，又高喊了三聲「白大哥」。說

▲ 蛟河城市掠影

也奇怪，他的話音剛落，白大哥就來到了身邊。紀曉堂一見，那個高興勁兒就不用提了。

白大哥蹲下身，看了看他的腳脖子，骨頭已經折了。可是，白大哥卻說：「不怕，你不用著急。把眼睛閉上，我不說話不許睜開，我這就送你回家。」

紀曉堂把眼睛剛一閉上，只聽耳邊「呼呼」一陣兒風聲，覺得自己飄飄悠悠的，好像在天上飛。還沒等他回過神來，就聽白大哥說：「到家了，睜開眼睛吧。」紀曉堂睜眼一看，果然已經躺在自家的炕上了。白大哥又忙著點火燒水。

不一會兒，水開了，屋子也暖和了。白大哥端來一碗水，從懷裡拿出一丸藥，讓紀曉堂吃下去。從此一連好幾天，白大哥天天來看望紀曉堂。

轉過年到了開春。這天，紀曉堂正在地裡幹活，白大哥來了，臉上掛著一絲憂慮。剛一進屋，紀曉堂就問：「白大哥，你怎麼好長時間沒來了？」

白大哥聽完，長嘆了一聲，說：「紀賢弟，這些天大哥攤上了點兒不順心

的事兒，有些難辦。我這次來，就是想找你幫個忙，不知你能不能答應。」

紀曉堂忙說：「白大哥，咱倆相處這麼長時間了，我是個什麼樣的人，你還不知道嗎！只要你開口，就是上刀山、下火海，我也決不皺一下兒眉頭。」

白大哥聽完，臉上露出了笑容，可是很快笑容就消失了，眼神裡既流露著顧慮，又充滿期望，說：「賢弟，大哥倒是很想開口。只是有三件事，你答應了，我才能講。」他見紀曉堂連點了三次頭，說了三聲「行」，才又接著說下去，「賢弟，實話告訴你，我不是人，我是一條白蛇。」

「什麼？你是白蛇！」紀曉堂一下子驚呆了，眼睛瞪得大大的，半天沒合上嘴。白大哥認真地點點頭，兩眼盯盯地看著紀曉堂，說：「對，我是一條修煉了千年的得道白蛇。」

這一回紀曉堂相信了。可是，他不再害怕了，反而拉住白大哥的手，誠懇地說：「白大哥，你就是蛇，也是蛇仙，絕不是禍害人的蛇精。你放心好了，不管你是人是蛇，你都是我的白大哥！」

白大哥聽了，心裡十分感動，高興地說：「你真是我的好兄弟，我沒看錯人！」然後，他就從頭至尾地對紀曉堂講起來：

「我和你嫂子原來住在峨嵋山，你嫂子也是一條白蛇。當時和我們倆一起修煉的還有一條黑蛇，他是我的把兄弟。幾百年前，聽說這裡有一座砬子山，峰奇洞秀，偏僻清靜，是個適於修煉的地方，我們三個就一起到了這兒。

一直以來，大家相處得倒也很好，各自的道行長進得也很快。可沒想到，從前些日子起，黑蛇看你嫂子長得好看，又覺得自己的道行不在我之下，忽然起了壞心，常趁我不在的時候，調戲你嫂子。

我說了他幾次，他不但不服，反倒提出要和我比試功力，論道行，現在我們倆不相上下，可要論力氣，時間長了，他多少能占點兒便宜。所以，我想請你助我一臂之力。」

紀曉堂問：「白大哥，我怎麼幫助你呀？」

白大哥說：「等我走後，你找一個小罐，走一百戶人家，要一百份菸袋油

子，裝在小罐裡。我們比力氣的時候，你就從藏著的地方出來，把菸袋油子扔到黑蛇的嘴裡。你只要這麼辦，就是幫我大忙了。」

紀曉堂聽完，說：「白大哥，這事兒我能辦到，只是，咱們這兒地廣人稀，三天時間，怕是來不及啊！」白大哥說：「賢弟，我這兒有兩片蛇鱗，貼在你的腳心上，你就能行走如飛了。」

紀曉堂收拾好工具，往家走去，剛一邁步，就覺得腳底下輕飄飄的，只是一眨眼的工夫，就回到了家裡。他顧不得休息，找了一個小罐，出門就走。不到三天時間，他走完了一百戶人家，要夠了一百份菸袋油子。

三天以後，紀曉堂拎起裝菸袋油子的小罐，就向拉法山北坡跑去。

不一會兒，砬子山上風聲四起，樹倒石飛。緊接著，就看山頂上煙氣罩罩，雲翻霧滾，飛砂走石，一陣陣滾雷般的巨響，震得紀曉堂頭昏耳聾。折騰快到東南晌了，忽然風停聲靜，就像什麼都沒有發生過一樣。紀曉堂知道，這是白大哥和黑蛇打累了，停下來休息了。

他趕忙拎起小罐，悄悄地摸出石洞，貼著山根向前走去。拐過山腳朝前一看，紀曉堂不由得倒吸一口涼氣，冷汗順著脊梁骨流下來。

原來，在前邊的山坡上，正趴著一條臉盆粗的大黑蛇，身上的蛇皮，又黑又亮，被太陽一照，閃閃發光，刺人眼目。這會兒，那黑蛇正大張著嘴喘著粗氣呢。

紀曉堂一見，幾步竄到跟前，等黑蛇聽到動靜，睜大眼睛注意看時，紀曉堂已經「嗖」的一下，把裝滿菸袋油子的小罐，扔進了黑蛇的嘴裡。黑蛇冷不防嘴裡被扔進了東西，不由得一激靈，一吸氣，小罐就被吸進了肚子裡。黑蛇只覺得肚子裡仿佛有個炭火盆，火燒火燎的，疼得又是翻跟頭，又是打把式，粗大的尾巴一掄一掃，打得山崩石裂、碎石亂飛。紀曉堂連忙往山下跑去，忽然，一陣氣浪從背後撲來，他感覺好像被誰用力推了一把，腳下一閃，摔倒在地，然後就什麼都不知道了。

不知過了多久，紀曉堂才蘇醒過來，他睜眼一看，自己此時正躺在自家的

炕上，白大哥站在跟前，高興地說：「紀賢弟，說實在話，今天要是沒有你幫忙，我還真難戰勝那黑蛇。現在好了，那家伙已經死了！」

稍頓，白大哥面露傷感和不捨，接著說道：「紀賢弟，我和你嫂子商量過了，等你一醒過來，我們就回峨嵋山去。剛才，我把那家伙的兩只眼睛取下來了，也沒有什麼可留給你做紀念的，這兩只眼睛就留給你吧。」說完，他和白大嫂兩人一扭身，只見兩道白光平地而起，兩人已不見蹤影。

紀曉堂看著空蕩蕩的屋子，不由得回想起結識白大哥以後的一幕一幕。忽然，他發現自己居然正駕著雲朵在向拉法山山頂飛去，飛到長仙洞上邊的通天洞裡才慢慢落下來。從此，紀曉堂就住在了這裡，潛心修煉。因為紀曉堂在這個洞住過，後來當地人又管通天洞叫「紀仙洞」。

當年，兩條白蛇和黑蛇在拉法山修煉的時候，白蛇走山南，黑蛇走山北。時間久了，他們走的道，形成了兩條大溝，這就是蛟河市現今的南河和北河兩條河道。由於白蛇走山南，所以南河的水白淨，黑蛇走山北，北河的水深黑，直到現在，也還是這樣。南河和北河，過了蛟河縣城以後，交匯到一起，形成了「交河」，白水混合著黑水流入了松花江。

因為傳說中「交河」的形成和三條蛇有關，後來人們就把這條河叫「蛟河」了。

蛟河釀酒歷史與傳說

中國的白酒猶如中國的京劇，門道多如繁星，蘊涵深如大海。作為吉林省非物質文化遺產和老字號產品，吉林松花湖酒業，百年酒文化源源不竭，傳承至今。

據蛟河松花湖酒廠的老釀酒工人講，舊時代的「燒鍋」組成人員包括：「大掌櫃」「櫃房掌櫃」「院心掌櫃」，還有「賬房先生」「欄櫃頭」「櫃腿子」，以及賣酒的「老客」。

這些人中，最苦最累的當屬「燒酒工」。因為白酒生產尚未工業化時，全

靠釀酒工出大氣力，從「立楂」開始到「合案子」「披片子」「裝窖子」，再到「封窖子」「踩窖子」「揭窖子」「挖窖子」，最後裝甑、出甑，一個班下來，不知要出多少汗。尤其是冬季，室內熱氣騰騰一身汗，室外天寒地凍一層冰，多虧沾點燒酒的光，釀酒人的身板都還硬朗。

關於舊社會老釀酒人的日子難過，松花湖酒業老酒工還能講述一段傳說：乾隆皇帝到東北祭祖，路過一燒鍋院，走進去掀開簾子往坊內一瞅，裡邊雲霧繚繞，人影晃動。乾隆誤以為是神仙洞，但定睛細瞧，裡邊的人衣衫襤褸。他隨口說出了「怎麼像一群要飯花子」的話。皇帝乃金口玉言，經他這不經意的一「封」，釀酒工人就「窮」下去了。

傳說歸傳說，過去，釀酒工累是事實，但待遇也挺好，而且很講「江湖義

▲ 傳統釀酒

氣」。一家燒鍋支起來，不管來自何方，認識不認識的酒工，進屋只要向各位抱一下拳，道一聲辛苦，把隨身帶的小包袱往盤架上一放，然後彎腰拾起木銑揚幾下，一副行家裡手的樣子，這就被讓進屋裡喝酒。

不管住多久，吃喝都管。如果這家燒鍋需要人就留下幹活，如果要走大伙就給湊盤纏，這叫人不親酒親。

釀酒工還很講究行業規矩，除了供奉酒仙、狐仙外，吃的規矩一旦定下來，就不能再改了。據松花湖酒業老酒工講，他們的師傅那一代，有一年燒鍋上老死了一匹騾子給大伙吃了，第二年的這一天，還要吃騾子肉，否則，如果不出酒或酸酒了，那就得大掌櫃自己兜著。

麴是酒之骨。麴子質量，攸關酒的產量多少、質量好壞。現在的中藥店仍叫「神麴」。以固態法釀造白酒的企業，尤其重視麴子的培養。

製麴用的原料，一般用小麥麵、高粱麵和少量的黃豆麵加水「團塊」放入麴模，成為麴坯，用腳踏實成為麴塊。

踏麴時，地上擺放長、寬適宜的木板，十八個小孩依次隨「板型」排列，赤腳站好，從第一個小孩開始踩麴坯，踩一次麴坯上留有十八個腳跟印，直至每個麴坯上留下四三二個腳跟印，就算大功告成，一般每踩一坊麴子都在六千塊以上，也就是要留下童子們二五九點二萬個腳印。

據老酒工講，當時傳麴、翻麴還有動聽的曲調來配合整齊劃一的童子，雖然工作很辛苦，但待遇卻是相當的好，童子們一進燒鍋門，大掌櫃就安排殺豬宰羊，吃細糧。直到新中國成立後，隨著技術的進步和童子們紛紛背起書包進了學堂，這一傳承了不知多少年的「童子踩麴」便成為了老釀酒人的回憶。

舊時的燒鍋，還有三大外戚，即錫匠、簍匠、麴子班。錫匠為世代相傳，燒鍋離不開、惹不起，待若上賓。

簍匠，是製做木質貯酒器的。當年的盛酒器，在木材少的地區，用枝條編成「簍」。東北盛產木頭，所以用上等的木料來製，叫酒海。大的容量十噸左右，小的容量也一噸多。

過去，酒工自稱「酒二爺」，看麴子的才稱「酒大爺」，坊間稱「老麴頭」。酒工的領班叫「大師傅」，「二師傅」是具體操作者，坊間有「大師傅的名譽，二師傅的手」。

為什麼「手」如此重要，除了手是勞動工具外，釀酒技術中最重要的「涼、熱、潮、乾」都要靠「手功」來感覺，如果沒有師傅的親傳，即使行內人幹個三年五載，也很少能悟到此中訣竅。

釀酒師傅不僅手上要有「真功」，連耳朵、鼻子也要有「絕活」，坊間所說的「手抓、耳聽、鼻子聞」，要求「鼻子當溫度計，耳朵做聽診器」。

至於眼睛的作用，那就更絕了。據酒廠老師傅講，「酒度計」還沒有發明的時候，「分段摘酒」靠的就是酒師的一雙「慧眼」。通過看「酒花」和「酒泡」的大小和多少來判斷酒度，坊間的「蛤蟆眼」「大清花」「高粱粒」「芝麻粒」均指不同的酒度。而伶牙俐齒其實是誇獎「舌頭」的，對於評酒人來說，除了「眼觀」「鼻聞」外，最重要的功夫就在「舌」上，只有勤學苦練並得到師傅親自傳授的徒弟才有資格成為酒師，日積月累，品酒技術日臻成熟，才有機會成為國家白酒評委，這個相當不容易，新中國成立至今，吉林省一共才出了幾名國家白酒評委。

拉法山的傳說

從前，離現今蛟河縣城不遠的地方，有一戶農家，丈夫經常外出收購、倒賣山貨，家裡的事情都扔給了妻子一個人。

一天，這家的農婦在田裡鏟地，鏟著鏟著，忽然聽見「當啷」一聲，仔細一看，原來是鏟出一個破盆子來。她拿起來看了看，心想，家裡正缺一個餵雞的盆子，就拿回去餵雞吧。

第二天一早，當她拿著雞食去餵雞時，眼前的情景讓她驚呆了。原來，盆子裡的雞食滿滿的，還是昨天放的那些，一點兒也沒少。開始她以為自己看花了眼，便使勁兒揉了揉眼睛。再一看，還是那樣。難道是那些雞沒有吃食？她

想。

可又一想，不對啊，昨天自己明明看見家裡的雞都在爭著搶著吃那些雞食呢。再一看院子裡的雞，沒有一隻像餓的樣子。她愣了一會兒想，用這個盆子餵豬吧，看看會怎樣。

轉天早晨，她到豬圈一看，又一次驚呆了。昨天她放到盆子裡的豬食同樣是一點兒都沒少，再看看圈裡的豬，肚子吃得溜溜圓，正自顧自地貼著豬圈邊來回蹭癢呢。

農婦害怕了，心想，這個盆子真是個怪東西，說不定會帶來晦氣的，還是趕緊扔了好。想想丈夫一個人在外面做生意，都好多天沒有回家了，她更害怕了。

於是，她拿起那個盆子就要往外扔。就在這當口，她突然想到，既然這東

▲ 拉法山遠眺

西有說道，這麼隨手一扔可不行，萬一讓別人撿回家，不就給別人家帶去晦氣了嗎？還是找個地方把它埋起來吧。就這樣，她扛起鎬頭，拎著盆子，來到了一個離家很遠的地方，刨了個大坑，把盆子深深地埋了起來。往回走了幾步，還是有些不放心，就又返回去，弄了些雜草和樹枝，把埋盆子的地方遮蓋了起來。

晚上，農婦正要睡覺，丈夫風塵僕僕地回來了。她顧不得丈夫有多勞累，趕緊把這個怪事兒跟丈夫說了。不料，丈夫一拍大腿，失聲叫道：「這是聚寶盆呀！你怎麼給埋了呢？」農婦說：「我哪知道啊，我還以為它是妖怪變的呢！你都不知道，你這麼多天沒回來，人家有多擔心！」丈夫說：「好了好了，先別說這個了。走，咱們趕緊去把它挖回來！」農婦連忙勸道：「都這麼晚了，你又剛回來，連口氣都沒喘呢，咱就明天去吧。反正這事兒沒有人知

道，明天再挖也一樣。」丈夫一聽，心想也是，就說：「那就明天再去挖吧。」

第二天，夫妻倆早早地起來了，準備去把那個聚寶盆取回來。兩人扛著鎬頭剛走出家門，就被眼前的景象驚得說不出話來。原來，一座大山不知什麼時候迎面撥地而起，遠遠看去，山上有七十二個洞，八十一座峰，山頭雲霧繚繞，閃著靈光，那個聚寶盆已被壓在這座大山下面。這座山就是現在的拉法山。夫妻倆你看看我，我看看你，後悔昨晚沒有及時把聚寶盆挖出來，但現在說什麼都晚了，只好唉聲嘆氣地回屋子裡去了。

過了不長時間，一個南方來的風水先生來到這裡，一眼就被這座大山震住了，不由得暗自盤算起來：這是座寶山啊！我得想法找到開山的鑰匙，要是能打開這座山，把裡面的寶藏取出來，這一輩子，吃喝玩樂可就不愁了。想到這裡，他得意地乾笑了幾聲，不過馬上就收起了笑容。因為據他觀察和掐算，要打開這座山，非得找到兩把鑰匙才行，一把是一隻與眾不同的大公雞，另一把

▲ 縹緲拉法山

是一個與眾不同的大倭瓜，要把兩把鑰匙都找到，不但要用心，還要有緣分。

一天，他看到一個農婦正在餵雞，其中一隻公雞比一般的雞要大兩三倍，不覺喜上眉梢。原來，這正是他要找的兩把開山鑰匙中的一把。於是，他來到農婦的面前，禮貌地說：「大嫂，這隻公雞這麼大，你怎麼餵得起呢？不如你把它賣給我吧。」農婦想了想說：「那就賣給你吧。不過，這麼大的雞，給錢少了我可不賣啊！」風水先生聽了十分高興，當即掏出一把碎銀，說：「大嫂，這些錢你先拿去買黃豆。從今天開始，這隻公雞你每天都要餵它黃豆，別的食不能餵。一個月後，我來取雞。」說完便走了。

同一天，這個風水先生又轉悠到一個叫倭瓜店的地方，看到一個老頭正在倭瓜地裡幹活兒，地裡有一個倭瓜特別大，還沒有摘下來。風水先生大喜過望，心想，老天真是眷顧，就該我發財！原來，這個倭瓜正是他苦苦尋找的第二把開山鑰匙。於是，他走到老頭跟前，說：「老大爺，您把這只最大的倭瓜賣給我吧。」老頭說：「想買你就摘下來吧。」風水先生趕緊說：「我現在不摘，一個月以後我再來摘。在這一個月裡，您千萬不要把這個倭瓜賣給別人，也不要摘下來，到時候，我一定多給您錢。」

轉眼二十九天過去了。第三十天，農婦家裡的黃豆餵完了，農婦沒有辦法，只好給那隻大公雞餵了一天小米子。說來也巧，這天下了很大的霜，倭瓜店的老頭怕霜把那只最大的倭瓜打壞了，心想，就差一天了，如果給霜打壞了，就糟了，還是摘下來吧。這麼一想，老頭就把那個大倭瓜給摘下來，放到屋裡保存起來。

第二天，正好一個月過去到日子了，風水先生興沖沖地來到農婦家。農婦對他說：「我買的黃豆前天就餵完了，你要的雞，昨天我只好餵了一天小米子。」風水先生一聽，大驚失色，但是，也沒有辦法，只好提著大公雞來到倭瓜店。不料，種瓜老頭對他說：「昨天早晨下霜了，我怕把你要的瓜給打壞了，就提前把瓜給摘下來了。」風水先生一聽，不禁叫苦不迭，心想，事到如今也只好試試看了。

風水先生雇了輛車推著大公雞和大倭瓜，來到了拉法山腳下。歇了一會兒，他提起大公雞，猛地一用力甩了出去。只見大公雞圍著拉法山飛了起來，就聽拉法山「轟隆隆」響了起來，跟打雷一般。隨即，大山「嘎巴」一聲從中間裂開了一條縫，隨著大公雞的飛轉，裂縫越來越大。不想，大公雞飛到七圈半的時候，一頭栽下山去摔死了。大公雞一死，拉法山便慢慢地往一起合攏起來。

原來，想讓拉法山一時半會兒不往一起合攏，只有讓大公雞飛上九圈才行。可是，由於大公雞只吃了二十九天黃豆，最後一天吃的是小米子，後勁不足，能飛到七圈半，已經不錯了。

風水先生一看不好，急忙掄起大倭瓜扔了出去，大倭瓜正好掉在兩半山的中間，因為有倭瓜在中間撐著，正往一起合攏的兩半山便暫時停止了合攏。風水先生急忙三步並作兩步地飛跑到兩半山中間，找到聚寶盆，忙三火四地往袋子裡裝財寶。可是，還沒等他裝多少，就聽拉法山又「轟隆隆」地響起來，一會兒工夫就把倭瓜擠碎了，兩半山「啪嗒」一聲緊緊地聚合到一起。

風水先生想要跑出來，已經來不及了。那個大倭瓜要是再多長一天，就完全長成了，兩半山一時半會兒也就不能把它擠碎了，但老頭提前一天把它摘了下來，大倭瓜就不那麼抗擠了，這才不一會兒就給擠碎了。

從此，再也沒有人打開過拉法山。後來，據說有一條無底洞能通到拉法山底下，但遺憾的是，至今還沒有人能夠找到。

慶嶺瀑布群的傳說

位於慶嶺的紅葉谷景區，有一個瀑布群，號稱吉林省第二大瀑布群。其中南湖瀑布最為壯觀，落差近四十米。

傳說這個瀑布群形成於上個世紀初，幾個幹「山利落」的人親眼目睹了這個瀑布群形成的過程。

話說清朝宣統元年（1909 年），有幾個幹「山利落」的人來到紅葉谷放

山，不想剛落腳，就遇到連雨天。因為上不了山，閒著沒事兒，他們就在棒槌營子裡打牌。

這天，幾個人玩得正在興頭上，渾然不知外面的雨已經越下越大，最後下起了暴雨。這時，一個小伙子讓尿憋得受不了了，準備出去解手，哪知剛一開門，就聽見不遠處傳來「轟隆隆」的響聲，抬眼一看，渾濁的大水夾雜著水桶粗的大樹和磨盤大的石頭從山上翻滾而來。他只覺得襠下一熱，一泡尿已經嚇得尿在了褲子裡。他連忙扯著嗓子大喊起來：「不好了！發大水了！快跑啊！」

棒槌營子裡的人聽他一喊，一個個扔下手裡的牌，飛快地跑出來，跑到對面半山腰，回頭看去，哪裡還有棒槌營子的蹤影。跑到山頂再一看，對面山頭上不知什麼時候被瓢潑般的大雨生生旋出兩個大水笸籮，兩股巨大的水流不停地從大水笸籮裡噴湧而出，沖出了一大片寬窄不一、高低不等、上下交錯的岩

▲ 慶嶺瀑布

石橫斷面。越過那些岩石橫斷面，兩股水流匯聚到一起，遇樹連根拔起，遇石捲進激流，向山下咆哮而去，生生把整個山坡沖出一條大深溝。幾個人嚇得目瞪口呆，頂著暴雨在電閃雷鳴的山頂上蜷縮了一宿。

第二天，風停了，雨住了，已經有半個多月沒見到的陽光照進了山谷裡。幾個人再向對面望去，只見一道道清澈的水簾掛在兩個大水笸籮下方的那些岩石橫斷面前，長的有十餘丈，短的有七八尺，寬的有兩三丈，窄的也有三四尺。這就是現在人們看到的慶嶺瀑布群。

再向下看去，那瀑布群的一道道水流順勢而下，不斷匯聚到前一天洪水沖出的那條彎彎曲曲的深溝裡，向山下流去，到了山腳下平坦的地方，水流漸漸變緩，水面漸漸變寬。這就是現在人們看到的石虎河。這條河之所以叫「石虎河」，就是因為河道當初是由泥石流沖刷而成。

幾個人不由得被這鬼斧神工的景觀迷住了，一商量，決定都不回去了，就在這裡安家。不久，幾個人都把家眷接了過來。這個傳說就這樣得以流傳下來。

據史料記載，一九〇九年，也就是清朝宣統元年，蛟河的確發過大水。那年七至八月份，蛟河境內一連下了半個多月的雨，到後來又連降暴雨，多處暴發山洪，洪水泛濫成災，上百村屯被淹沒，千餘間房屋被沖毀，數百人被淹死，數千畜禽被沖走，境內百分之七十農田被淹毀。

老爺嶺的傳說

老爺嶺山高、坡陡，從前一直沒有名字，人們都管它叫大嶺。當時在大嶺上住著幾戶人家，其中有個叫王清的年輕人，他上有父母，下有妻子兒女，日子過得挺緊巴。

這一年到了放山的時候，王清想上山去挖棒槌換點錢，可是放山一個人不行，得找個幫手。想來想去，他選中了隔壁鄰居張林。張林那年十八歲，孤身一人，為人忠厚、耿直。

王清找到張林一商量，張林滿口答應說：「行，啥時走？」王清說：「說走就走，明天。」

　　第二天，他倆帶上夠半個月吃的乾糧和挖棒槌的工具，來到村前關老爺廟前，磕了個頭，順著山梁就出發了。可是，在山上轉悠了十多天一棵棒槌也沒看到，再看看帶的乾糧也不多了，王清有點兒沉不住氣了，就說：「張林呀，明天咱再放一天，後天就回去了。」

　　第二天，他倆吃了點兒乾糧，喝了幾口水，又轉悠開了，可轉悠了挺長時間，還是毫無收獲。王清對張林說：「沒多大指望了，一會兒咱們分開找吧。」

　　當天晌午剛過，張林來到一個崗梁上往下一看，猛然發現山谷裡有好幾棵大棒槌，忙喊王清：「王大哥，快來！」王清趕緊跑過來，順著張林手指的方向一看，可把他樂壞了。可是，這崗梁上到谷底有十多丈高，周圍的石頭全像刀削的一樣，根本下不去。

　　他倆趕緊砍了幾根軟棗藤子，接在一起順了下去。

▲ 老爺嶺山頂風光

王清膽小，張林膽子大一些。於是兩人做了分工，王清負責拽軟棗藤子，張林負責下去挖棒槌。就這樣，張林一點一點地拎著軟棗藤子下到了谷底。

　　到了谷底，不看不要緊，一看，張林的心都要跳出來了，只見谷底下有一大片棒槌，全是五品葉。由於谷底表面是一層腐爛的樹葉子，非常鬆軟，這些棒槌挖起來也不吃力，沒用多大工夫，張林就把這些棒槌挖出來了，一查，整整五十三棵。

　　張林剝了一大張樺樹皮，又在岩石上剝下一大塊青苔，把這五十三棵棒槌繫在繩子上，叫王清往上拽。王清拽上來一看，這麼多，眼睛都看花了，那高興勁兒就甭提了。

　　他趕緊把這些棒槌裝進口袋，向下喊道：「兄弟，還有沒有了？」張林說「沒有了。」王清說：「那好，我拽你上來。」

　　張林怎麼也不會想到，王清把他拽到半空時，突然惡向膽邊生，起了壞心。只見王清一撒手，就聽「轟」的一聲，張林掉下谷底沒影了。聽聽底下一點兒聲音也沒有了，王清估計張林準是摔死了，這才捧著五十三棵棒槌，樂顛顛地回家了。

▲ 老爺嶺風景區春景

再說張林，掉下懸崖以後，並沒有摔死，只是好長時間才醒了過來，想想自己掉下來的過程，張林一點兒都沒有懷疑王清，還以為是軟棗藤子折了，自己隨著軟棗藤子一起掉了下來，心想，這會兒王大哥該不知急成什麼樣了。於是他忍痛沖著上面喊了半天，結果一直沒人應聲。

他仔細地打量著四周，看看有沒有出路。四周全是立陡的懸崖，眼見天色已晚，山谷裡越來越暗，張林不覺悲從心來，想想父母早年過世，這些年來，王清夫妻二人像對待親兄弟一樣，沒少幫襯自己，本想等自己日子過好了，好好報答他們，卻不想如今被困在這裡。

他越想越傷悲，一口血噴了出來，又昏迷過去。

張林再次醒過來的時候，已經是第二天早晨。他用力揉了揉太陽穴，使出全身力氣靠著懸崖坐起來。想想自己已經在谷底待了一夜，兩條腿又摔傷了，張林倍感無助。自己摔下懸崖後，就再也沒有聽到王清的聲音，不免有些後怕：王大哥是個好人，他要是沒事兒的話，絕對不會丟下自己不管的。難道是王大哥也隨著軟棗藤子摔下來了？這麼一想，他趕忙再次喊起來：「王大哥！王大哥！你在嗎？」可是，山谷裡，只有他的聲音在回蕩。

就在六神無主的時候，張林突然發現對面懸崖下的一片灌木叢後面隱約有個洞口。他趕緊振作起來，向那片灌木叢爬過去。近前一看，那片灌木叢後面果然有一個三尺多寬、五尺多高的洞口，順著洞口看去，能夠一直看到懸崖的那一邊。

張林一下子看到了希望，費了好大勁爬過那個山洞。一過山洞，他不由得大喜過望。原來，山洞的那一邊，非常開闊，洞口旁邊，還有六棵六品葉的大棒槌。他趕忙小心翼翼地把這些大棒槌挖了出來，又剝了一塊樺樹皮和一塊青苔，把這些棒槌包好，繫在腰裡。

忽然，他聽到一陣「噝噝」的聲音，抬頭看去，張林嚇得魂飛魄散。只見不遠處一條水桶一樣粗的大黑蛇，嘴裡吐著一尺多長的信子，正在向他使著勁兒。

張林心想，這回可真的完了。就在他萬念俱灰的時候，一個手拿青龍偃月刀的黑臉大漢從天而降，高喊一聲：「孽畜，休得無理！」那條大黑蛇聽後扭頭撲向大漢，只見大漢手起刀落，大黑蛇立刻身首異處，斷成兩截。

張林趕緊跪下磕頭，感謝救命恩人並詢問他的姓名。那黑臉大漢說：「我乃周倉，是關老爺讓我來救你的。」張林聽後忙問：「我王大哥沒事兒吧？他現在在哪裡？」周倉說：「休提他！他是個見財忘義的小人！過來，我送你回家。」說完蹲下來，讓張林趴到自己的後背上，閉上眼睛。

張林頓覺耳邊風聲「呼呼」直響。一袋煙的工夫，風停了，張林睜眼一看，自己已站在他和王清臨行前跪地磕頭的關老爺廟前，而且全身的傷都好了。他趕緊又跪下磕了三個響頭，然後起來往家走去。

還沒到家門口，張林就聽見王清家裡傳出一片哭聲。他快步跑過去，進屋忙問：「大嫂，這是咋的了？」王清媳婦回頭一看是張林，嚇得面如土色，大喊：「鬼啊！鬼啊！有鬼啊！」張林趕緊說：「大嫂，我是張林！別怕，我不是鬼，是人啊！」看到王清躺在炕上，雙目緊閉，嘴唇青紫，臉上沒有一絲血

▲ 老爺嶺風景區冬景

色，又急切地問：「大嫂，王大哥這是咋的了？」王清媳婦一看張林真的不是鬼，這才一把鼻涕一把淚地說開了：「你大哥昨晚捧回五十三棵棒槌，到家後說你被狼吃了，想要今早起來先賣幾棵棒槌，給你辦一下後事。哪想到那些棒槌半夜都變成了小白蛇，把你大哥活活咬死了。」

張林聽後不由得想起了周倉的話，心裡什麼都明白了。他二話沒說，來到藥鋪，把腰裡的六棵大棒槌全都賣掉了，用換回來的錢，先安葬了王清，又重修了關老爺廟，之後在關老爺廟前開了個米店，凡是窮人來買米，一分錢都不要。

從那以後，這裡風調雨順，百姓安居樂業，張林米店的生意越來越好，關老爺廟的香火也越來越旺盛。後來，人們叫順了嘴，把「關老爺廟」叫成了「老爺廟」，供奉「老爺廟」的這條大嶺，也就有了名子，叫「老爺嶺」。

金蟾島珍珠姑娘的傳說

松花湖上有個美麗的小島，叫金蟾島。有人說，這個小島的形狀像蛤蟆，才取了這麼個名。實際上，這個小島是因為小島北面以前有一塊蛤蟆石而得名。

相傳，那塊石頭不僅外形酷似蛤蟆，神態也活靈活現，而且特別有靈氣，如果發現它周圍出現了霧，不出三天肯定會下雨。另外，它還有個很特別的地方，那就是風一刮就動彈，像是要跳躍起來的樣子，可若是人去推它，任憑多少人怎麼推，從來都是紋絲不動。

那塊蛤蟆石，在沒修豐滿大壩前，一直佇立在江邊；大壩合龍以後，由於水位上漲，被淹沒在水底下。不過，趕到水位下降時，碰巧了也還能看得見。

上個世紀五〇年代初，那塊蛤蟆石突然去向不明。

金蟾島的西南面，倚肩佇立著兩塊扁扁的石頭，看上去像是張開口的大河蚌，人稱河蚌石。那兩塊石頭至今仍然吸引著人們駐足觀賞。當地人說，到了金蟾島，不看河蚌石，到了也是沒到。

當地人之所以會這麼說，是因為這兩塊河蚌石的背後有一個優美的故事。

相傳，這兩塊河蚌石裡曾經生活著一個美麗的姑娘。那個姑娘叫珍珠姑娘，常在月圓夜出來吮吸月亮的光華。可是她並不知道，自己的這個舉動讓月亮出現了黑邊，不明就裡的嫦娥正在四處查找原因呢。

話說這年八月十五夜晚，一直沒有找到月亮生出黑邊的原因，嫦娥心中煩躁，便下凡來到松花江上戲水解悶，正往身上撩水之際，忽然發現岸邊淺水裡，一個年輕姑娘從一個大河蚌裡裊裊走出來。就見姑娘伸了一個懶腰，然後對著月亮輕輕吮吸起來，隨著姑娘的吮吸，月光變得越來越暗。

這個姑娘就是珍珠姑娘。

嫦娥一下子明白了月亮出現黑邊的原因，怒氣沖沖地來到珍珠姑娘身邊，大喝一聲：「大膽妖孽，竟敢私自盜取月華，你可知罪！」

珍珠姑娘不禁被嚇了一跳，抬眼見是嫦娥，連忙賠罪道：「不知娘娘駕到，有失遠迎，請娘娘恕罪！」

「大膽妖孽，何人指使你偷竊月華，快快如實招來！」嫦娥怒目直視。

「回娘娘，沒人指使小女子。小女子本是女媧娘娘補天時掉在松花江裡的一塊小石磓，掉下來的時候額頭上摔出了一道疤痕，看到自己難看的樣子，本想一死了之，不想被一個好心的河蚌給救了。就這樣，小女子就做了那個河蚌的義女。也是小女子命苦，第二年義父就病故了，小女子又落得個孤身一人。」珍珠姑娘說著掉下了眼淚，嘆了口氣，又接著說，「記不得是哪個月圓夜了，小女子出來散心，無意中對著月亮吸了幾口氣，忽然發現額頭上的疤痕小了許多，就又吸了幾口，發現額頭上的疤痕又小了許多。於是，打那以後，每到月圓夜，只要沒有別的事兒，小女子就出來對著月亮吸上幾口氣。」

嫦娥仔細端詳了一下兒珍珠姑娘，骨子裡的確流露著女媧補在天上那塊石頭的靈氣，額頭上也確實有塊疤痕。想到女媧娘娘，嫦娥不覺心生顧慮。可是，又一想月亮上的黑邊，她氣不打一處來，厲聲說道：「妖孽，你只顧自己，不管別人！你知道嗎？你的舉動已經危害了天地，犯下不赦之罪！」

珍珠姑娘一聽，頓時嚇得面如土色，慌忙跪倒：「小女子實在不知，請娘娘恕罪！」

　　見到珍珠姑娘一副楚楚可憐的樣子，嫦娥緩和了一下兒口氣，說：「可能你還不知，就是因為你每到月圓時竊取月華，月亮已經出現了黑邊，再過些時日，月亮可能一點兒光都發不出來了。到那時，每到夜晚，天地一片渾噩，這個罪過你能擔待得起嗎？」

　　聽了這番話，珍珠姑娘渾身抖得已如篩糠。「娘娘，小女子真的不知道會這樣！還望娘娘從輕發落！」

　　「念你不知實情，且就不治你的罪了。」嫦娥見珍珠姑娘如此這般，不免動了惻隱之心。「你現在就隨我去月宮吧，把你吸進去的月華全都吐出來，補足月亮失去的光輝。」

　　「可是……」珍珠姑娘知道自己錯了，可是摸摸額頭上越來越小的疤痕，不免猶豫起來，擔心一旦自己吐出已經吸進身體裡的月華，額頭上的疤痕會變回原來的樣子。

　　「可是什麼！」嫦娥不禁為珍珠姑娘的不明事理動起肝火。「我姑且給你一個月的時間，容你考慮。這事兒若是讓王母知道了，想必不會像我這麼客氣了！」說完，拂袖騰空而去。

　　眼見嫦娥生氣，珍珠姑娘一時不知所措。正在心神不寧之際，就聽到有個甕聲甕氣的聲音在說：「姐姐，你可別聽嫦娥那些騙人的鬼話！月亮出現了黑邊，玉帝早就大發雷霆了，當著天庭文武百官的面，罵了她不知多少回了。你就想想吧，這都是你給造成的，她能輕易饒過你嗎？」

　　珍珠姑娘往四周望了望，沒見有人，心想，可能是自己的幻覺吧。豈料，就在她剛想回家的時候，從水裡「噌」地一下躥出來一個穿著一身青褲褂、墩墩實實的小伙子。珍珠姑娘嚇了一大跳，抬眼細看，小伙子十五六歲的樣子，黝黑的臉膛，眉清目秀，挺和善的，倒也不像有什麼惡意。於是，她穩了穩神，問：「你是什麼人？」

「對不起，驚嚇了姐姐，小弟這廂給姐姐賠禮了！」小伙子躬身施禮說，「我叫小青，是嫦娥身邊的童子，原本見她一個人下凡來，怕遇上什麼麻煩，就偷偷地跟著來了。無意間，聽到了你們的對話。真替你擔心哪！」

珍珠姑娘並不知道，這個小伙子是一個蟾蜍精變的。這個蟾蜍精八千年前曾經追求過嫦娥，不想吃了閉門羹，於是懷恨在心，一心想要吃掉月亮。怎奈月亮乃是玉帝賜給嫦娥的仙宮，豈是他想吃就能吃的。於是他就天天瞄著嫦娥，尋找著下口的機會。這段時間，眼見月亮一天天暗下去，他心中大喜，心想，等這月亮發不出光來，看你嫦娥還有什麼本事！

這天，他見嫦娥從月宮中出來，就偷偷地跟在後邊。聽到珍珠姑娘和嫦娥的對話後，不僅盤算起來：要是珍珠姑娘真的去了月宮，月亮一定會恢復往日的光輝，那可就壞了，一定得想個辦法阻止珍珠姑娘。正因如此，他才一待嫦娥離去，馬上跳了出來。

見珍珠姑娘將信將疑，蟾蜍精眼珠一轉，接著說：「姐姐有所不知，那月宮裡一年四季冷冷清清，寒氣刺骨，要不怎麼叫廣寒宮呢。嫦娥都受不了了，多少次想要回到人間和后羿重新過日子，怎奈天條不允許。她這次下凡，就是想找后羿敘敘舊的，不想后羿萬念俱灰，沒有見她。她這才來到這裡，不巧遇到你正在吮吸月華。按說她可以直接把你帶回月宮，只是你和女媧娘娘畢竟有些關係，她也不敢輕易造次，這才哄騙你跟她走，好在你沒有跟她走！」

「可是我怎麼相信你說的話呢？你既然是嫦娥娘娘身邊的童子，為什麼還要說她的壞話呢？」珍珠姑娘說，「再說，我倆原來並不認識，你為什麼要幫我呢？」

「姐姐，這你就不知道了，我並不是心甘情願給她做童子的。」蟾蜍精眨著眼睛繼續編起謊話，「我本是赤髮大仙的童子。一天，無意中撞見嫦娥在偷赤髮大仙的仙丹。嫦娥當時就發了狠話，讓我跟她去，做她的童子，不然就找閻王爺把我打入十八層地獄。沒辦法，我就這樣做了她的童子。」

「可是，不管怎麼說，我的確是做錯了，把吸進來的月華吐回去，也是應

該的。」珍珠姑娘黯然傷神地說。

「千萬不可！」蟾蜍精煞有介事地說，「事情不是那麼簡單。你不知道，月華乃天地精華，吸進去容易吐出來難。要吐出來，得先在刀山上打三個滾，再在油鍋裡轉三圈。你想啊，這麼一折磨，你還能有人樣嗎？」

蟾蜍精一番話，嚇得珍珠姑娘魂飛魄散，連忙哀求道：「這可如何是好！好兄弟，你快救救我吧！」

蟾蜍精看到珍珠姑娘害怕了，這才正眼端詳起珍珠姑娘。這不端詳不打緊，一端詳，不由得怦然心動。只見珍珠姑娘楊柳細腰，眼睛水汪汪，皮膚白皙細嫩，雖然額頭上有道疤痕，卻也遮擋不住那份天生麗質。心中暗想，這姑娘現在無依無靠，我何不乾脆把她弄到手！

這麼想著，蟾蜍精就對珍珠姑娘說：「姐姐，想那嫦娥那般可惡，我早就想離開她了，不如你就跟我走吧。」

一聽此話，珍珠姑娘臉頰不由得紅了起來。偷偷瞄了一眼蟾蜍精，覺得兩人倒也是同病相憐，害羞地說：「可是……可是，我也不了解你啊……」

「姐姐，都什麼時候了，你還有這麼多顧慮！」蟾蜍精假作不高興的樣子說，「咱倆先找個安全的地方才要緊啊！」

「可是，哪裡安全啊？」

「走，跟我走。」蟾蜍精不由分說，抓起珍珠姑娘的手，就鑽進了江裡。「家父家母離世前，曾經教過我怎麼打洞。咱倆在江底打個深洞，就藏在那裡，讓那嫦娥找也找不著。先躲過這一段時間再說。」

於是，兩人來到江底，找了一個僻靜的地方，開始打洞。不料，原本布滿泥沙和碎石的江底，此時卻似一塊玉石，堅硬無比，任憑兩個人怎樣摳，就是摳不動。無奈，兩個人又換了幾個地方，結果都是一樣。這下蟾蜍精傻了眼。

「姐姐，你義父曾經在這兒住了多年，不會沒有朋友吧？」蟾蜍精露出了一臉無賴相。「要不，咱倆先到他們那兒避一避吧。」

珍珠姑娘想了想，說：「不瞞你說，我只跟義父生活了一年，義父就去世

了。那一年，也沒發現義父和誰有太多往來。倒是龜元帥來過我家一次，說是義父救了他的命，是專程來感謝義父的。」

「太好了！」蟾蜍精大喜過望，「咱倆這就去找他。你義父救過他的命，他不會不管咱倆的。」

於是，兩人來到龜元帥府上。誰知，剛一進門，龜元帥就命令蝦兵蟹將把蟾蜍精捉了起來。看著珍珠姑娘驚慌不解的樣子，龜元帥說：「姑娘，你讓他給騙了。他本是一個好吃懶做的蟾蜍精，根本就不是什麼嫦娥娘娘的童子，更不是赤髮大仙的童子。」接著，龜元帥就把蟾蜍精如何追求嫦娥、又如何想要吃掉月亮的事情，一五一十地告訴了珍珠姑娘，「他以為自己做的這些事情沒人知道呢，其實誰都知道，就你不知道。」

珍珠姑娘如夢初醒，這才知道自己上了蟾蜍精的當。

「龜伯伯，那我現在該怎麼辦？」珍珠姑娘一時六神無主。

「姑娘，跟嫦娥娘娘去吧！她是個好人，會照顧好你的。」龜元帥疼愛地看著珍珠姑娘，「你也看到了，我這兒都是些粗人，留你也不方便。」稍頓，繼續說道：「說起來，那月華你也真不該吸進自己的身體，吐出來，還回去吧。要知道，夜晚，天下萬物誰也離不開月亮啊。」

第二天，天還沒亮，蝦兵蟹將把蟾蜍精押到江邊的一個小島上。龜元帥屬聲喝道：「孽畜，你一貫不守天規，胡作非為，今罰你在此守江八百年，不到日子，不准離開！」說完，一掌拍去，蟾蜍精頓時變成了一塊石頭。

「姑娘，回家收拾一下兒吧，嫦娥娘娘很快就來接你了。」龜元帥轉身對珍珠姑娘說。

珍珠姑娘回到家裡，看著義父的靈位，回想著從天上掉下來以後發生的所有事情，不禁百感交集。走出家門的時候，嫦娥已經站在了家門口。行到半空再往下看時，晨霧中，家變成了兩塊倚肩相靠的石頭。

據說，到了月宮以後，珍珠姑娘吐出了吸進身體裡的全部月華，月亮恢復了往日的光輝。嫦娥用桂樹葉子擠出的汁兒洗掉了珍珠姑娘額頭上的疤痕，並

收她做了珍珠弟子。

據說，二十世紀五○年代初，金蟾島上的那塊蛤蟆石並不是失蹤了，而是那隻蟾蜍精守江已滿八百年，自行離開了。

額赫島龍王廟的傳說

松花江有一段主干道，水面狹窄，水流湍急，叫小惡河。小惡河環抱著額赫島。島上有一個香火旺盛的龍王廟。提起這個龍王廟，還得從當年七龍開江的事兒說起。

相傳松花江是七條龍奉東海龍王之命拱出來的。

在拱這條江的時候，有一條小白龍拱到小惡河這個地方，碰到了一塊堅硬無比的石頭，怎麼拱也拱不過去。可是，東海龍王有話在先，完不成任務，誰也不准回去。小白龍只得咬著牙拱下去，一連拱了七天七夜，也只拱出一個小豁口。第八天，正要接著拱下去的時候，小白龍只覺得天旋地轉，一口血噴湧出來，活生生地累死了。

小白龍死後，不敢直接回東海，就變成了一個小孩，等著回東海的機會。這天他正在江邊轉悠，碰上了天天到江邊來放牛的一個叫石頭的放牛娃。小石頭上下打量著小白龍，問：「你家是這兒的嗎？」小白龍點點頭。小石頭說：「我怎麼沒見過你呀，你家住在哪兒？」小白龍趕緊編了個謊話：「我叫小龍，我家就在山後邊。今天一早，爹娘去姥姥家了，我自己在家沒意思，就出來找人玩了。」小石頭一聽，高興地說：「我正愁沒有伴兒呢，咱們交個朋友吧！」「好啊！」小白龍痛快地說。

於是兩個人磕頭拜了乾兄弟，小白龍十歲，是哥哥；小石頭九歲，是弟弟。小白龍扯著小石頭的手說：「小弟，以後咱們要互相幫助，有福同享，有難同當。」從此，兩個人天天在一起玩，相處得比親哥倆還親。

一晃兩年過去了。

一天晚上，小石頭做了一個奇怪的夢。夢見一條小白龍在江裡游過來，沖

他喊到：「石頭兄弟！」小石頭嚇了一跳，心想，龍怎麼開口說話了呢？小白龍說：「石頭兄弟，別害怕，我是小龍哥哥。我是來和你告別的。我本來是東海的一條龍，奉命來這裡開江的，拱到這兒累死了，因為沒有完成任務，沒法直接回東海。其實，這幾年，我一直都在一邊和你玩，一邊等著回家的機會。這個機會終於讓我等到了。明天正晌午，會有一個戴著草帽的中年人，挑著一擔子菜蹚著水過江，走到江心時，江水就會漲上來把他淹死，我就可以借他的魂回到東海老家了。」

「哥哥，那樣好嗎？你是回東海了，可人家卻搭上一條命，扔下一家老小還不知怎麼過日子呢。」小石頭不高興地說。

「小弟，這事兒你管不了，這是天意。咱們後會有期！」小白龍說著就不見了。

「哥哥！哥哥！」小石頭呼喊著從夢中驚醒。他揉揉眼睛，什麼也沒有看到，只聽見外面「嘩嘩」下著大雨。

第二天，天亮了，雨漸漸小了。吃完早飯時，雨已經停了。小石頭披著蓑衣像往常一樣去江邊放牛。他一邊放著牛，一邊想著頭一天晚上那個奇怪的夢。「一會兒小龍要是來找我玩了，那夢裡的事兒就是假的。」小石頭心裡盤算著。「要是他沒來，我還真不能就這麼走了。」可是等了好長時間，牛早就吃飽了，小龍也沒有來。再看看趕著往上漲的江水，小石頭心裡更不踏實了。

眼看著到了晌午，小石頭遠遠看見真有一個人挑著擔子向這邊走來，到近前一看，那人正是夢中小白龍說的那個打扮。只見那人來到江邊，撂下挑子，脫了鞋，挽起褲腿，挑起擔子就要下水。小石頭急忙大喊：「大叔，別下水！」

那人被叫愣了，回頭問：「怎麼了？有啥事兒？」

「你先放下擔子，我有話和你說。」

「有事兒快說，我娘還等著我賣了菜換出錢來抓藥呢。」

「大叔，昨天晚上下了一晚上大雨，你沒看見江水正往上漲嗎？水流還這

麼急！江中間的水恐怕有胳肢窩深了，你要是走到中間讓浪打倒了，那多危險啊！聽我勸，下午再去吧。」

「我挑著菜，起了個大早，好容易走這麼老遠，還能再挑回去呀！」那人朝江裡看了看說。

「不用，不用！我家就在附近住，你先到我家歇一陣子，等水消了，再過江吧。」小石頭不由分說，拽著那人的擔子，硬是把那人帶回了家。

小石頭的爹娘都是心地善良的人，見孩子把那人領回家，二話沒說，熱情地留那人在家吃了午飯。過了兩個時辰，江水消了下去，小石頭目送那人安全過了江。

這天晚上，小白龍又來到小石頭的夢裡，見了小石頭就號啕大哭：「小弟，你可把我坑苦了！我等了兩年才等來這麼一次回家的機會，卻讓你給攪和了！」

「那非得有人淹死你才能回去嗎？不能想想別的辦法嗎？」小石頭不由得也替小白龍著起急來。

「辦法倒是還有一個，只是要等五十年啊！」小白龍悲戚地說。

「那你快說說是什麼辦法啊？看看我能不能幫上忙。」小石頭急切地說。

「東海龍王今天剛剛傳過來話，說我沒把江道完全拱開，致使這兒的江道太窄，水流太急，容易出事兒，罰我在這兒看守江道，要是五十年不出事兒，我就可以回去了。」

「那更好，這樣咱們就能天天見面了，省著我想你。」小石頭樂呵呵地說。

「也只能這樣了。」小白龍無可奈何地說。

就這樣，兩個人又天天玩在了一起。小石頭一邊玩，一邊放牛；小白龍一邊玩，一邊暗地裡守護著過往的船隻。後來，小石頭漸漸長大了，要做的事情多了，兩個人見面的時候也就少了。

轉眼間，十年過去了。

突然有一天，松花江裡不知從哪兒來了一個水怪，三根犄角，巨齒獠牙，大嘴一張像個大黑洞。那傢伙一來就吞掉了很多魚蝦蚌蟹，還一次又一次地攻擊經過小惡河的船隻，想要吃掉船上的人。

　　這天，小白龍找到石頭，說：「石賢弟，我已經找到除掉那個家伙的辦法，不過得需要你幫忙。」

　　「龍哥，需要我做什麼，你盡管說。」石頭也早就想除掉那家伙，只是苦於自己是人，那家伙是怪，沒有辦法。小白龍說：「那家伙就怕黑驢血，只要讓它頭上沾上一點黑驢血，它馬上就會魂飛魄散，到那時收拾它就不費吹灰之力了。」石頭一聽，連忙說：「這個容易，我家就養了一頭黑驢，今天我就把它殺了。只是，那家伙神出鬼沒的，怎樣才能把驢血潑到它頭上？」

　　「咱倆這樣做……」小白龍把自己的打算說給了石頭。

　　「可是哥哥，這樣做，你太危險了！」石頭擔心地說。

　　「賢弟，雖然這樣做哥哥有些風險。可是，不這樣做，那家伙就除不掉，江裡的魚蝦蚌蟹和過往的船隻就得不到安生。為了大家，哥哥就是再死一回也值得。」小白龍誠懇地說，「這些年，哥哥也一直在想著一個事兒，就是當年哥哥想要借那個過江人的魂回家的事兒。要不是你及時阻止那個人晌午過江，哥哥可真就犯下罪孽了！雖然哥哥沒有犯下罪孽，可是心裡一直愧疚啊！」

　　「可是哥哥……」石頭還想說什麼，小白龍打斷了他，說：「賢弟，什麼也別說了，趕緊殺驢吧，越早除掉那家伙越好！」

　　見小白龍心意已決，石頭沒有再說什麼，趕緊和爹娘商量起殺驢的事兒。石頭爹娘一聽是為民除害，馬上就幫石頭把家裡那頭黑驢殺了。石頭接了半盆驢血，裝在尿泡裡，隨小白龍來到江邊。

　　「賢弟，記住，只要那傢伙被我一引出來，你就趕緊把驢血潑到它頭上，千萬不要考慮我的安危！」小白龍說著就變成了一條鯉魚「哧溜」一聲鑽進江裡。

　　不一會兒，江面狂風大作，浪花翻滾，一條大鯉魚沖出水面，後邊露出一

個大腦袋，張著血盆大口緊追不放。石頭知道，那條大鯉魚就是小白龍。就見小白龍挺身一躍，落到江邊的沙灘上，那個水怪跟著撲到沙灘上。眼看水怪就要把小白龍吞進嘴裡，說時遲那時快，石頭一個箭步沖過去，把驢血「唰」地一下全都倒到了水怪頭上。水怪立刻癱軟在沙灘上。小白龍變回人形，對著水怪的後腦勺「啪啪啪」連擊三掌，水怪立刻化作了一灘血水。

再說東海龍王得知小白龍不顧自己安危勇敢除妖的事兒後，對他大加贊賞，為他記了一功，並允許他提前回東海老家了，但是，考慮到小惡河的特殊情況，要求他得先想辦法把小惡河鎮住，免得再有妖魔鬼怪來為非作歹。於是，小白龍就來找石頭商量：「賢弟，這次除掉那個妖孽，龍王很高興，允許我回家了，我真得好好感謝感謝你！只是，龍王讓我走之前先想辦法把咱這段江鎮住。所以，有件事情還得請你幫忙。」

「龍哥，只要你能回去，不用說一件事兒，就是十件、百件我都頭拱地去辦！」石頭認真地說。

「這些年，因為我一直在這兒守著，那些小妖小怪都不敢來。這回咱們除了那個水怪，名聲早就傳了出去，我要是不走，以後那些大妖大怪怕是也不敢來了。可是我還得走……」

「那怎麼辦呢？」

「我想讓你和這一帶的老百姓說一下這事兒，大伙兒出點錢，在江邊修座廟，裡面塑上我的像。這樣，我就是走了，只要香火不斷，我還是能保佑大家的。」

石頭聽後，馬上就挨家挨戶說起這件事情。因為是建廟庇護自己，老百姓都很支持，連那些過往船隻上的人，都主動掏錢。沒多長時間，廟就修建起來了，裡面的小白龍塑像一身正氣、威風凜凜。這就是今天人們看到的額赫島龍王廟。

看看一切都做好了，小白龍就來和石頭辭行，對石頭說：「賢弟，哥哥這就要走了，謝謝你這麼多年一直陪著我，還幫了我這麼多大忙！我走以後，這

座廟就交給你了。也許你不知道，因為那次除那水怪，你做了很多事情，有個過路的大仙非常賞識你，悄悄向你身上吹了幾口仙氣，現在你已經是半仙之體了。你就在這座廟裡修煉吧，用不了多久一定會修成正果的。」

「哥哥你就放心吧，我會好好守著這座廟的，會好好修煉的，會像哥哥一樣保護好大家的！」說完，兩個人灑淚而別。

小白龍走以後，石頭就搬進了廟裡，天天按時上香，潛心修煉，保佑著這一方平安。過往船隻，都到廟上來上香捐錢。石頭用這些錢擴建了廟宇，並鑄了一口大鐘，掛在廟前大樹上。他每天都守在大鐘前，看船隻走的航線好，就敲幾下平安鐘；發現有船隻走偏了，就「鐺鐺鐺……」緊敲一陣兒，提醒那條船隻注意安全，及時糾正航線。

後來，果然如小白龍臨回東海時所說的那樣，石頭真的修成了正果。因為石頭天天敲打，日子久了，廟前的那口大鐘也有了靈氣。據說，石頭修成正果以後，每有船隻經過，那口大鐘不用敲，就會自動響起來。

江東「康大蠟」，江西「肇大雞」的傳說

松花江東岸，喇叭河流入松花江的河口處，有一座峰巒起伏的大山，主峰峰頂渾圓，海拔一二三三米。這座山叫「康大蠟」。

松花江西岸，也有一座山，群峰簇擁，主峰峰頂如同傘蓋，海拔一二五七米，與江東的「康大蠟」遙相呼應，好似同胞兄弟。這座山叫「肇大雞」。

相傳，這兩座山怪怪的名子，是清朝乾隆皇帝第二次巡視吉林時欽封的。

乾隆皇帝是在乾隆十九年（1754 年）五月初六從圓明園出發的，經由北古口出塞外，經過敖汗、奈曼、科爾沁各部，邊巡察，邊狩獵、遊玩，歷經三個月，八月初七才到達吉林城，在吉林待了八天。

滿清視吉林為「龍興之地」。乾隆到吉林後，首先到板山祭祀山神和祖先，到溫德亨河祭祀松花江神；然後觀光吉林北山；接著隨同太後攜帶皇子諸臣等，乘盛京工部特製的龍船、花船、如意船和輕船四隻御用船，暢遊松花

江；又到龍潭山祭了龍潭，封了神樹。

八月十三，是乾隆皇帝的四十四歲生日。那時，每逢皇帝的生日，舉國上下都要慶賀，稱為「萬壽節」。乾隆皇帝以往過生日，大都是在皇城舉辦壽辰慶典，這一年正趕上東巡到吉林，在皇城外又是「龍興之地」過生日，他不由得興致大起：一是要做四十四道菜；二是要用自己親手射獵的野物、親手捕捉的松花江魚蝦做菜肴。

八月初十這天，乾隆皇帝計劃巡視松花江上游，選擇適當的壽辰慶典地點。吉林將軍覺羅傅森安排乾隆皇帝一行人分水旱兩路向東南部山區進發。覺羅傅森陪同乾隆皇帝帶領部分近臣侍衛在三道碼頭過江，騎馬走旱路；副都統額爾登額陪同皇子和其他一些人乘坐帆船逆江而上。

且說旱路這邊，隊伍行至阿什哈達時，乾隆皇帝指著峭壁上的摩崖石刻對眾人說：「自明代永樂十九年起，遼東指揮使劉清先後三次到此建廠造船，至今已三百三十餘年，現今的吉林船廠就是在此基礎之上建立起來的。如今沙俄對我國北方邊境不斷侵擾，吉林水師建設極為重要。」

抬頭看見前邊高山頂上石砬子周圍祥雲繚繞，乾隆皇帝問覺羅傅森：「此山可是朕在板山為其取名的那座朱雀山嗎？」

「啟稟皇上，正是。」吉林將軍覺羅傅森答道。

「朕觀山頂祥雲繚繞，這可是吉林的吉祥之兆啊！那個石砬子有名嗎？」

「回皇上，那石砬子由十一塊岩石組成，最大的一塊有一丈餘高，形似一頭母豬，其他十塊酷似小豬，整個看上去就像母豬領著一群小豬往山上走，所以當地人把它稱作老母豬砬子。」

乾隆皇帝仔細端詳了一下兒那個石砬子，點頭不語。

隨後，大隊人馬進入朱雀山窩集，打牲總管巴格帶領探馬牲丁前來稟報：「皇上，臣已派人趕仗，是否在此狩獵？」乾隆皇帝道：「沿途山河要詳盡考察，隨意打些即可，不必貪多。」

再說水路，皇子一行人過了朱雀山沿江前行，森林越來越茂密，山勢越來

越陡峭。松花江兩岸嶙峋的峭崖上，千姿百態的美人松隨風搖曳，如同接駕之狀。倒映山形樹影的碧綠江面和淡藍的天空連在一起，景象甚是迷人。船隊在平靜的水面上穿峽緩行，船上的人們不斷發出聲聲讚嘆。皇子高興地喊道：「吾進入畫中矣！」

江面越來越窄，又經過王家哨、三家小沖等哨口，船隊駛到小惡河江段。由於是逆水而行，這一段的江水又格外急，船隊難以前行。打牲總管巴格便在岸上一揮手，示意船隊在水穩之處靠岸。

這邊，乾隆皇帝邊打獵邊對覺羅傅森說：「我大清如此大好河山，必須固若金湯，爾等任重而道遠矣！」覺羅傅森忙答：「請皇上放心！」

說話間，太陽已經偏西了。乾隆皇帝看見前邊江面狹窄，惡浪滾滾，心生不快。就見打牲總管巴格早已等候在那裡。乾隆皇帝一行行到近前，巴格迎到馬前奏道：「啟稟皇上，前邊是一道哨口，江上人叫作小惡河。上游往船廠放的木排、運送貨物的船隻都必須從這兒經過，由於江水險惡，木排途經這裡經常起垛，過往船隻也經常發生碰撞。我已讓船隊靠了岸。可否在此紮營？」乾隆皇帝不悅，下旨到小惡河上游紮營。他忌諱「惡河」二字，到小惡河上游紮營就是意喻要占厄運之上風。就這樣，越過哨口二十里，乾隆皇帝和皇子一行在一處平靜的水灣邊上紮下營盤。

乾隆皇帝用過晚膳之後，興高采烈地登上巴格事先準備好的漁船，迎著月光，前行數里，來到一處平穩深汀，將船停下。乾隆皇帝親自撒下漁網，又親自慢慢收網，網越拉越沉，一旁幾個捕魚牲丁趕緊隨他一起拉網。漁網剛拉出一半，就見網裡的魚一個勁兒地往上躥，激得江面水花四濺。眾人費了好大力氣把網拉到船上，這一網打上來的魚足有三百多斤。眾人齊呼：「吾皇萬歲！萬歲！萬萬歲！」

乾隆皇帝龍顏大悅，隨口吟詩道：「松江網魚亦可觀，潭清潦盡澄秋煙……」

他正在興頭上，忽聽有人喊道：「皇上，快看，大蠟著了！看大蠟！」乾

隆皇帝順著喊話人手指的方向，看見對岸高山上，有兩個山峰在月光照射下如同兩根巨大的蠟燭，山峰頂上好像有兩團火苗在燃燒。

「什麼？砍大蠟？」乾隆皇帝順口來了這麼一句話。豈料，他話音剛一落，那兩個山峰頂上的火苗立刻全不見了。原來，他把「看」誤說成了「砍」。乾隆皇帝知道自己說錯了話，只得含糊其辭地跟著來了一句。「哦，是大蠟，康大蠟。」頓了一頓又說：「看大蠟？康大蠟？那座山以後就叫康大蠟吧。」

從此，江東那座山，就被乾隆皇帝封為「康大蠟山」。只是從那以後再也看不見大蠟燃燒的景觀了。

駐蹕一夜，天明卯時，乾隆皇帝傳旨，棄船旱路南行。於是，水旱兩路並作一路。路上仍然邊巡視，邊行圍。看著裝了十幾車的獵物、江魚，乾隆皇帝問打牲總管巴格：「夠四十四種否？」巴格忙答：「皇上，已經有四十三種了，僅差一種。」

隊伍繼續南行，看見前方有一座高山，一隻山鷹從空中飛來。乾隆皇帝喜出望外，從箭壺中拔出長箭，拈弓搭箭，只聽「嗖」的一聲，長箭鑽天而去，山鷹應聲落地。一牲丁跑去抱起，一看正中咽喉。乾隆皇帝又迎來一陣山呼萬歲的喝彩聲。

菜餚齊備，天色將晚，需選擇駐蹕之地。乾隆皇帝指著不遠處的一座小山，對吉林將軍覺羅傅森和身邊眾臣道：「勿看此山小，朕觀此山山頂祥雲瑞氣飄浮，乃吉祥福壽之地，萬壽節即在此處歡度。」於是大隊人馬在小山下紮下營盤，準備隆重慶祝乾隆皇帝四十四歲壽誕之日。

翌日天將拂曉，乾隆皇帝還臥在龍榻之上，忽然聽見清脆的金雞報曉聲，以為是做夢，睜眼細聽，又傳來雞鳴的聲音，心中好生疑惑：在這深山荒野裡哪裡來的金雞？便將太監喊來：「小盛子，你可聽見雞鳴否？」

「聽到了，已經叫了兩遍了。好像是大山上傳來的。」

「你隨朕出去聽聽。」

太監與乾隆皇帝走出門外，天色已微明。二人正在觀望，又一聲嘹亮悅耳的金雞報曉聲劃破長空。循聲看去，聲音正是來自頭一天射獵山鷹的那座大山。此時就見山上彩霞滿天，與山中紅葉連成一片。乾隆皇帝喜出望外，指著山上曰：「此山藏有金雞，乃大吉大利之兆，兆大吉也！」

從此，這座山就叫做「肇（兆）大雞（吉）山」。

且說八月十三這天，太陽出來，金光四射，營裡營外，小山上下，到處洋溢著喜慶氣氛。乾隆皇帝大擺御宴，跟隨他東巡的文武群臣和吉林將軍等地方官員，三呼萬歲，祝乾隆皇帝萬壽無疆，歡呼聲響徹雲霄。

慶宴過後，乾隆皇帝雅興大發，欣然揮筆題詩：「營臨西水勝瑤水，座對南山是壽山。」從此這座小山，即被賜為「壽山」。

過完萬壽節，乾隆皇帝起駕回返。經過金沙河時，看見河水透明見底，說：「此河河水如此清澈，肯定甘甜潤腹，袪病健身。」便率先飲下一杯，飲後頓覺渾身清爽舒適，遂命每人都飲上幾杯。然後高興地問身邊的人：「這條河叫什麼河？飲了河裡的水竟能令人如此精神百倍。」太監小盛子急忙跑去問站在遠處的一個農夫，那個農夫說是金沙河。

「什麼河？」乾隆皇帝大聲問。

「金沙河！」

乾隆皇帝還是沒聽明白，又問：「什麼河？雞殺河？」

此話一落，就見金沙河河水泛起了紅色。乾隆皇帝打了一個岔，把「金」說成了「雞」，把「沙」說成了「殺」，結果把肇大雞山上的那隻金雞給殺了。從那以後，再也聽不見肇大雞山上金雞報曉的聲音了。

乾隆松花江撒網

早年，松花江裡的魚厚著呢，船在江裡走著，魚蹦到船上是經常的事，拿鉤子往水裡隨便一劃拉就能勾上魚來。石頭河、石虎河、喇叭河、螞蟻河、漂河、木氣河、輝發河、涼水河等（松花湖附近）魚群集中的河道都有網口（漁

場），數喇叭河口最寬，網口最大。

前清時，松花江裡的魚品種多得很，有鯉魚、鯰魚、草根、鯽魚、鯿花、鰲花、鯽花、白鰱、哲羅、黑魚、狗魚、雅巴哈、達發哈、島子，鰵條（黃子），更值得一提的是，還有朝廷貢魚鱘魚、鰉魚等四五十種。除此之外，還有河蚌、河蟹、甲魚等多種水生動物。

各個網口都有打魚的，打了魚去吉林賣。尤其是開春，松花江邊的人最講究的是開江魚，因為魚在冰底下貓一冬天，肚裡乾淨，肉細膩，吃到嘴裡清香爽口，香氣回腸。

乾隆皇帝東巡，一見窩集（滿語：大森林），就打獵，見了大江就想捕魚。一路上好幾個月才到吉林烏拉。大事辦完後，站在松花江邊，想起爺爺康熙皇帝到吉林時作的一首「松花江放船歌」，讓吉林將軍、打牲總管，陪同到松花江觀看打魚採珠。

皇上一行乘數十艘威乎浩浩蕩蕩東行至張家灣（今額赫島附近），官府特意安排一群漁人在江面上撒網打魚。漁人見皇上駕到，遠遠地就紛紛跪倒船上接駕，皇上特意顯示出與民同樂的姿態，向漁夫們招手，示意他們繼續打魚。看見那麼多船隻，那麼些漁夫撒網，網中的魚兒活蹦亂跳，濺起層層水花，便勾起捕魚的興趣。與將軍總管道：

「二位愛卿，朕見滿江漁夫捕魚，一片歡樂升平景象，可見我大清太平盛世一斑也。」

「實是皇上聖明，方能創下亙古未有之盛世，是普天下之大幸。」二位忙回話。

「今日，你我同漁人，與百姓共同捕魚，共享歡樂如何？」

「遵旨！」遂吩咐牲丁：「旋網伺候。」

皇上的船隻在劃著「扎哈」（滿語：小木船）的一位老漁翁的引導下，擺至靠江邊不遠的已經餵好窩子（用魚食引魚集中）的穩水處，總管道：「恭請皇上撒網。」

皇上接過早已準備好的旋網，效仿漁夫將網一疊一疊拉到手中，拉到最後，抖了抖網兜，網下的鉛墜碰撞得嘩嘩響。只見他猛勁一甩，網底呈橢圓形落入水中。周圍頓時響起一片歡呼喝彩聲。看撒網的技術，就是看網撒出去，鉛墜能不能掄圓，掄圓了，網沉到水裡面積大，兜進的魚就多；如果不圓，下水的面積小，捕魚就少，看起來乾隆皇上的技術還真不賴。然後，皇上拉著網綆慢慢往上拉，一把一把往上倒，越拉越沉，皇上高興地說：「網著魚了，還不少呢！」幾個牲丁上前幫忙，慢慢將網拉到船邊，皇上喊：「一，二，三！」大家一齊用力，嘩，一網魚倒在船上，這一網就打出二百多斤魚。皇上興起，隨口吟道；「舉網些許集眾力，銀刀雪戟飛繽旛。」江面上又是一片歡呼聲：「萬歲，萬歲，萬萬歲！」皇上的意思是，網雖然不大，網裡的魚很多，需要多人一齊用力才能提上來；打出來的魚活蹦亂跳，就像銀色的刀、雪白的戟和旗幡飛舞翻動。

　　將軍總管怕累壞御體，上前勸阻：「稟皇上，是否歇息歇息？」乾隆當時才四十多歲，正是血氣方剛，龍顏大振之時。聽了此話，言道：「愛卿可怕朕體力不支否？」說罷，兩手攥著一對拳頭，道：「如有外寇入侵，朕仍能沖鋒陷陣，殺他個片甲不留，這算得了什麼？」一句話說得二人面紅耳赤，諾諾退下。

　　皇上邊撒網邊和漁人聊：「光靠打漁生活嗎？」

　　「還種些地作口糧。」

　　「收成怎樣？」

　　「托皇上的福，今年五穀豐登，家家糧食滿倉。」

　　「好哇！只要百姓安居樂業，朕就心安了。天下太平，百姓安康是大清的根基也。

　　乾隆不愧是明君，短短幾句話就把百姓給籠絡住了。後來這一帶就把乾隆體貼民眾，平易近人的作風傳開了。

　　皇上接著又撒幾網，網網皆捕獲大小不等各種魚兒。這時方覺得有些氣

喘，體會到牲丁打牲的艱辛，過來兩個太監扶持皇上坐下休息。

皇上坐在船頭盡情觀賞牲丁捕魚的熱鬧場面。突然，狂風大作，波浪翻騰，眾人急忙保駕，想把皇上扶進倉中。此時忽見，兩隻漁船箭一樣地向前飛去，皇上喝令：「緊緊追上！」船夫奮力劃槳，跟在後面。只見兩隻船上的人舉起繫有繩索的鋼叉同時向水中投去，頓時水中翻起層層波浪，湧起朵朵水花，接著水中泛出淡淡紅色。水中之物帶傷向下游逃跑，船上的人拉著繫著鋼叉的繩索，駕船緊追不捨，邊走邊挽繩子，走出二里多地，距離越來越近，船近魚尾，忽然，魚尾嘩啦一甩，將一條漁船打翻，船上二人當即落水。此二人不但沒怕，反而向受傷的大魚追去，兩人游到大魚兩側，分別抓住紮入魚腮後的兩把鋼叉，二人用力一叉，只疼得大魚在水裡拼命翻滾，把水捲起一丈多高，一個人被掀出七八尺遠；另一人死死抓住鋼叉，不管大魚怎麼擺也不撒手。被甩出的人游回來想再去抓鋼叉，不料，大魚狠命一掙，張著大嘴就去咬他，嚇得船上的人，死命勒住繩索，那人才得逃脫。這條魚身受重傷，又經過一番搏鬥，已經難以支持，水下的人趁勢照魚鼻骨猛敲幾下，那大魚鼻骨被敲碎，便平脫脫地漂出水面，牲丁們把大魚拖到岸邊。這是條鰉魚，身長七尺有餘，約莫能有七八百斤重。牲丁把魚擺在岸上，請皇上查驗。

即時，江面上風平浪靜，剛才那股風浪不知是鰉魚帶來的，還是老天特意為這位真龍天子安排的，讓他目睹捕捉鰉魚的驚險場面。

皇上的御船跟著也駛到岸邊。乾隆皇上看過鰉魚，道：「捕捉『麻特哈』（鰉魚的別稱）甚是不易呀，你等如何這等膽大？」一牲丁說：「我們生長在松花江邊，從小就學會打魚。鱘鰉魚在江底生長，不易捕撈，我們是專門捕捉鱘鰉魚的牲丁，已經幹了多年，只要掌握它的本性，就容易制服它。」

「今天就很危險哪！你們的船被魚打翻，為什麼不再換條船？」

「已經來不及了，一隻船拽不住它，只得在水裡制服它。」

「鰉魚性情凶猛，你們不怕受到它的傷害嗎？」

「只要拽住鋼叉，它身上疼得厲害，就沒有力氣反抗了。它的鼻骨特別

脆，一敲就碎，只要敲正鼻梁，魚就癱了。」

「你們除了用鋼叉捕魚外，還有什麼工具？」

「還有滾鉤、砍鉤和網。」

「捕捉完整的鰉魚，身上不受一點兒傷，是怎麼捕法？」

「那也是能辦得到的。一種是用悶槽，把魚圈進方城，逼進水袋。另一種是用網捕，在江上攔三層網，鰉魚碰網越裹越緊，我們收網拉到岸上。」

皇上聽得入了神，問：「就這麼簡單嗎？」

「不是，下網的規矩很嚴，網下好以後，必須隱藏好，每個人都有自己的位置，不准隨便動，不准說話，不准發出任何聲響，把頭不發話都得老實待著，一動不許動。」

「為什麼？」

「鰉魚特別精，聽見一點兒動靜它都不出來。進網以後，如果聽見聲音，它就掙命的翻滾，連江底下的石頭都能捲起來，把網攪破，把船打翻是常有的事。這時，有經驗的把頭把準備好的籠頭套在魚頭上，把腮勒住，岸上的人再拉上去。」

「哈哈，光聽說馬戴籠頭，還沒聽說給魚戴籠頭的呢？朕今天沒白來，親眼看見了你們捕捉麻特哈的場面，還長了見識。」

「二位愛卿！」

「在！」吉林將軍和烏拉打牲總管齊聲應道。

「牲丁們為朝廷捕捉鰉魚冒著危險，十分辛苦，對大清王朝忠心耿耿，捕鰉魚的每人賞銀十兩，披甲每人五兩，其餘人等每人一兩。官員回將軍衙門領賞。」

「謝皇上！」按皇上的旨意，分別發了賞銀。牲丁、民眾紛紛跪謝，三呼萬歲。

時至申時，松花江七月（農曆）的天氣，江面刮來西南風，吹得乾隆打了一個冷戰，方覺得有些涼意。這位皇上看到牲丁和漁夫還在江上打漁，還確實

感慨了一番。

關東菸──相思草的傳說

很久以前，漂河流域有個小村子，村裡住著姓董、姓黃兩戶人家。姓董的人家大人早早去世，留下一個孤兒，叫董強。姓黃的人家有個姑娘，叫黃燕，這姑娘長得非常美麗，人又聰明，還從小跟父親學了一手採藥治病的好本事。後來，黃燕的父母也相繼去世了。

慢慢地，董強和黃燕都長大了。表面上，兩人不再像小時候那樣無拘無束了，可彼此心裡頭卻更加牽掛對方。村裡的人看著他倆，又高興，又羨慕，都說他倆是天生的一對，地配的一雙。他倆也暗地裡合計好了，等秋收一過，就辦喜事。

這年春天的一天早晨，黃燕又到山上採藥去了。董強在莊稼地裡忙活了一天，天黑以後才回家，發現黃燕還沒回來，心裡不禁著起急來，連飯也沒顧得上吃，就向大頂子山跑去。

來到平時接黃燕的地方，卻不見黃燕的影子，董強就放開喉嚨喊起來：「黃燕！黃燕！你在哪裡？」可是，山谷裡只有董強自己的回音。不一會兒，村裡又來了幾個年輕人，打著松明火把，幫他一起找起來。大家一直找到半夜，也沒有找到黃燕。最後，大家好說歹說把董強勸回了村子。

第二天天還沒亮，董強就又趕到大頂子山尋找黃燕。就這樣，一連找了三天，可就是活不見人，死不見屍。

到了第四天，他剛要出門再去找，從外邊進來一個老頭，上下打量了一下兒董強，問：「你就是董強吧？」董強點了點頭，說：「大爺，你找我有事兒？」老頭一把抓住董強的手，難過地嘆了口氣，才從頭至尾講起來。

董強住的村子三十里外，是漂河流入松花江的地方，河口那兒的村子是方圓百裡最大一個村子。村裡有個大財主，人稱李百萬。他依仗財勢，橫行鄉裡，無惡不作。

李百萬有一個傻兒子，叫李貴。這家伙別的都傻，男女的事兒卻一點兒都不傻。他聽說黃燕長得很漂亮，是個百裡挑一的美人，就和李百萬說，要娶黃燕做第三房小老婆。李百萬讓手下人一打聽，知道黃燕已經有了婆家，再把黃燕的人品和自己兒子的德行一比較，不用別人說，自己也知道准成不了。可是李貴又哭又鬧，尋死覓活的，非要把黃燕娶過來。李百萬心疼兒子，就答應了兒子的要求。他想派人去提親，又覺得肯定不行；他想硬搶，可黃燕在這一帶行醫多年，很有威望，弄不好會惹惱鄉親，招惹是非。他眨眨眼睛，終於想出了一條詭計。

一天，派出打柴的人回來說，黃燕又上山採藥去了。李百萬忙派狗腿子李三，帶了兩個家奴，趕著大車到大頂山下等候。

晌午剛過，黃燕從山上下來，李三趕緊迎了上去，問：「這位大姐，你就是黃燕姑娘吧？」黃燕一看不認識這人，就反問：「你們是哪兒的？找我有什

麼事兒？」李三說：「我們是下游漂河口的，姓李。我有個本家兄弟，昨天半夜得了病，現在昏迷不醒。聽人說黃燕姑娘世代行醫，醫術高明，這才特地前來請你，麻煩姑娘無論如何去給看看吧。」

黃燕說：「去看病倒行。不過，我得先回村一趟，告訴左鄰右舍一聲。」李三忙說：「按理說你回去告訴一聲倒對，可是，我兄弟的病實在太重了。常言說，救人如救火。你們行醫的人都知道，給重病人看病，差一個時辰，說不定就要耽誤了。黃姑娘，剛才我們到你們村接你的時候，這個事兒已經和你家的鄰居說了。一會兒我再讓人到你們村裡去告訴一聲，咱們先走著，這樣也就兩不誤了。」

黃燕想了想，這樣的事兒，過去也常有過，剛要答應，忽然又說：「不行啊，我的藥箱還在家裡呢，還是得回去一趟。」李三一聽，也一下兒愣住了。可他眼睛一轉，說：「這不要緊，我們那兒有個大藥鋪，你只管開方子就行。」黃燕說：「那也好，咱們走吧。」

車到漂河口，一進李百萬家大門，看那氣派，黃燕就知道不是一般人家。她問：「這是誰家？」李三說：「大財主李百萬家呀！」黃燕聽罷，心不由得往下一沉，因為她從來不跟有錢的人家來往，也很少給這種人看病。

這時，李百萬迎了出來。他一見黃燕，果然長得好看，就叫手下人趕快備飯。黃燕一擺手，說：「不必了，趕快看病，完了你們得送我回去。」李百萬一聽，說：「那也好，李三，快把黃姑娘送到你兄弟屋去吧。」

黃燕被領到後邊一間很闊氣的屋子。剛一進屋，李貴就站起來，說：「黃姑娘來了，快請坐。」說著話，兩眼賊溜溜地緊打量著黃燕。黃燕一見，不由得皺了皺眉，問：「病人在哪兒？」李三忙說：「黃姑娘，這是我家少爺李貴，今天請你來，就是給他……」沒等李三說完，就被李貴喝住了：「多嘴，還不快沏茶！」說著對李三使了個眼色。

李三走後，黃燕看李貴嬉皮笑臉的樣子，就冷冷地問：「你有什麼病？快點兒說，完了我還得走呢。」李貴說：「忙什麼，你還沒給我看呢。」黃燕見

他那個浪賤氣的樣子，心裡更加生氣，就又問道：「你到底有什麼病？」李貴嘿嘿一笑，擠眉弄眼地說：「相思病！」黃燕一聽，臉一下子就紅了，猛地往起一站，說：「我不會治這種病！」說著就往外走。李貴趕緊攔住，死皮賴臉地說：「黃姑娘，我這病還非你治不可，只要你答應我，這萬貫家財……」他正說到這兒，黃燕就掄起胳膊，「叭」的一個大嘴巴，把李貴打了個趔趄，回身就往外沖。可是，被等在門外的李三等人給堵住了。

李百萬安排人把黃燕看了起來。三天時間裡，李百萬軟磨硬逼，想盡了辦法，但是，黃燕至死不從。第三天晚上，黃燕乘看守她的丫頭睡著的時候，跳牆跑了出來。可是，剛跑出來，就被李百萬的家奴發現了。退到漂河邊上，黃燕一看跑不了了，喊了一聲「董強」就跳進漂河。

董強聽到這兒，只覺得腦袋「嗡」的一聲，就什麼都不知道了。等他醒過來，屋裡站滿了鄉親們，他不由得放聲哭了起來，鄉親們也都陪著掉下了眼淚。董強止住了哭聲，伸手從牆上摘下砍柴刀，就往外衝。大伙兒趕緊拉住他。

送信的老頭說：「你現在去不得呀！李百萬財大勢大，家裡養著十幾號打手，你去了，不光報不了仇，還要白白搭上一條命。常言說『君子報仇，十年不晚』。我看你先忍下這口氣，不愁以後沒有報仇的機會。」鄉親們連聲附和，又勸了一陣子，總算把董強安撫住。

人們走後，董強就到漂河口去了，一連三天，也沒有找到黃燕的屍體。他只好在漂河岸邊的山坡上，打了一個「框子」，挑了幾件黃燕平素喜愛的衣服和用物，埋了進去，就算是黃燕的墳了。一連幾天，董強不吃不喝，坐在墳前流淚，思念黃燕。一天傍晚，他在墳前哭累了，不知不覺地伏在石頭上睡著了。忽然，傳來了一陣輕輕的腳步聲，董強抬頭一看，立刻驚呆了。

原來，跟前站著的正是他日思夜想的黃燕。他一把抓住黃燕的手，說：「這些天你到哪裡去了？把我找得好苦啊！」說著又掉下了眼淚。

黃燕抽出手來，輕輕地給他擦著眼淚說：「董強哥，事情已經這樣了，你

再哭我也不能活了。你要總這樣，把身子弄垮了，我在九泉之下，心裡也不安哪。」

董強說：「你已經沒了，我自己也沒意思，就和你一起去吧。」黃燕忙說：「那可不行。你要是真想我，就聽我的話，將來咱們也許還有相見的時候。」

董強說：「只要還能見面，我一定聽你的話。」黃燕說：「那就從現在起，你要好好地吃喝睡覺，把精神養足了。三天後，你到漂河上游的四方台去，那裡有一種小草，你把它挖回來，栽在地裡……」

隨後，黃燕把栽這種草的方法，詳詳細細地告訴了董強。然後她又說：「董強哥，去挖這種草，不光要吃千辛萬苦，弄不好還會有生命危險。」董強說：「只要將來還能見面，就是粉身碎骨，我也心甘情願！」

黃燕一聽滿意地笑了。忽然，她用手往前一指，說：「你看誰來了！」董強忙一回頭，就覺得黃燕用手一推他，「忽悠」一下兒從夢中驚醒了。抬頭一看，只見滿天星斗，已經快到半夜了。回想剛才夢中的情景，一宗宗，一件件記得十分清楚。他心想，這是黃燕給自己托夢來了。

三天後的一早，董強就到四方台去了。他爬了三道大嶺，過了六條深澗，又攀上了九座懸崖，最後，在四方台下，殺死了一條比盆還粗的大蛇，才爬到四方台上。只見亂石中間，有一小塊地，中間長著三棵小苗。他小心翼翼地連土一起把三棵小苗全部挖出來，用衣服包好，背在身上，就下山回家了。

董強一到家，就在房前開出了一小塊地，把小苗栽到了地裡。從此，他就按黃燕在夢中說的，每天給小苗澆三瓢河水，七天上一次蘇油餅。小苗在董強的精心蒔弄下，長得就像氣吹似的，一對對油綠油綠的葉子，像蒲扇那麼大。以後，又長出了一串串粉紅色的喇叭花，結出了比小米粒還小的黑色種子。

到了白露，董強把葉子割下來，用草繩拴著晾曬好了。晚上拿進一個葉來，搓成碎末，裝在粗葦子管裡，用火點著，輕輕抽了一口，嘴裡立刻覺得有一股特殊的香味。

他把煙又慢慢地吐出來，可是，等到煙散盡了，什麼也沒看見。他急忙又

抽了第二口，這口抽得猛了一點兒，煙全咽到肚裡了，就覺著渾身一陣舒服，十分解乏。

他又抽了第三口，隨著煙霧從嘴擴散出來，眼前漸漸地顯出一個人影來，仔細一看，正是黃燕。就見她閃動著一雙美麗的大眼睛，沖著自己微微地笑著。董強又驚又喜，喊了一聲「黃燕」，就往前撲。這一撲不要緊，把眼前的煙全沖散了，黃燕也不見了。董強不由得愣住了。過了一會兒，他又點著了葦管，抽了一口，隨著煙霧的擴散，黃燕又在眼前出現了。

從此，每當董強思念黃燕的時候，就抽這種草，一抽，黃燕就從煙霧中出現。這事兒被鄉親們知道以後，大家覺得又新鮮又奇怪，就管這種草叫相思草。後來，因為抽這種草能看見黃燕，大家干脆就把這種草叫「黃燕」。以後叫白了，就叫成「黃菸」了。

因為這種菸產在漂河沿岸，開始的時候，大家也管它叫漂河菸。後來，由於它色正、味純、不弱火，受到抽菸人的喜愛，甚至得到過清朝咸豐皇帝的加封。為此，栽種菸的人越來越多，面積越來越大，遍及整個蛟河市，這樣，「漂河菸」就又叫成了「蛟河菸」或「關東菸」了。

長白山葡萄酒傳說

醉酒打呼嚕的紅狐狸　今年七十七歲的任同科老人，從吉林市長白山葡萄酒廠退休已經快二十年了。抗美援朝戰爭勝利結束後，任同科主動要求到地方武裝部門工作，而且堅決要到長白山葡萄酒廠。原因很簡單，「賣鹽的女人不會喝淡湯吧」？

長白山葡萄酒廠始創於一九三六年，新中國成立後國家進行了重點投資，短短的二十年間，就成了占地十萬平方米，建築面積近五萬平方米，地下酒窖二萬多平方米，員工一千多人的國有中型企業。

任同科說，二十世紀六七十年代的時候，廠子周圍還有很多大樹，一片連一片，林中飛的野雞，樹上蹦的松鼠，地下躥的狍子，時常看得見。

六〇年代末，長白山酒廠的五個地下酒窖全部竣工不久，有人說在酒窖裡看到過一身紅的狐狸，並越傳越神，最後傳成了長白山酒窖裡有狐仙，弄得剛上班的姑娘和小伙子不敢單獨下到酒窖裡去幹活。

戰場上曾經出生入死的任同科，說什麼也不信這邪。

一九七二年的初冬，任同科值夜班。半夜巡視到長白山第三酒窖的時候，他突然聽到從裡邊傳出微弱的斷斷續續的聲音。職業的敏感使任同科一邊迅速打開了手槍的保險，一邊向酒窖深處走去。

任同科邊躡手躡腳地往裡走，邊仔細地辨別聲音的方向。是呼嚕聲！不是誰偷酒喝醉了睡在酒窖裡了吧？他想到這裡懸著的一顆心就放下來了。

呼嚕聲從酒窖的角落裡均勻地傳過來。任同科的手電順著呼嚕聲照過去，他簡直不敢相信自己的眼睛：一隻狐狸蜷縮在酒桶下邊，嘴邊是一汪散發著誘人香氣的山葡萄酒。一滴一滴的酒正從橡木桶的一條縫隙中慢慢漏出。

吃不到葡萄的狐狸說葡萄是酸的，偷喝到山葡萄酒的狐狸，居然打起了呼嚕！任同科想了想，走到狐狸的跟前，用腳輕輕地碰了碰狐狸說：「嘿，起來了，起來了，趕緊回家吧。」那隻狐狸搖搖晃晃地站起來，抬起頭看看任，趔趔趄趄地向另一個酒窖跑去。

幾十年過去了，任同科說，這個聽起來就像神話的事情他從來都沒有跟別人講過。原因是那個年代正是個特殊的時期，稍一不慎就會引火燒身，這邊正打倒牛鬼蛇神，那邊你說親眼看到了喝醉酒的狐狸，即使你把狐狸抓住了，說不定也要惹上一身臊。而且，那天晚上和他一同值班的領導因為喝醉了酒也正在家裡打呼嚕呢。

任同科說，現在想來，雜食性的小動物都喜歡果實的香氣，尤其是發酵後的果香。酒窖裡的橡木桶滲出了山葡萄酒，山葡萄酒的香氣引來樹林裡嗅覺靈敏的狐狸，狐狸貪酒醉在了酒窖裡，人都會如此，更何況一隻聰明的動物呢！

躥曉的罌粟花失竊案　一九六八年的長白山葡萄酒廠，經過二十年的建設，已經建成了近兩萬平方米的地下酒窖，兩千多個橡木桶，最大的橡木桶容

量有十噸，最小的也有三噸，成為名副其實的亞洲最大的地下橡木桶儲酒窖。

酒窖的上面有一座假山，春天的時候，假山上花團錦簇，引來蝶舞鳥啾。假山上布滿了很多通氣孔，到了秋冬的時候，地下酒窖的酒香便從通氣孔中飄出，引來林中大群大群的各種鳥兒在此盤旋。

在春天綻放的花中，有一種花煞是好看，當地人叫大煙花，就是罌粟。成熟後熬成黑色的膏狀，可止痛止瀉。

長白山葡萄酒廠酒窖上邊的假山建成後不久，幾個聰明的工人就在上邊種了一片，慢慢的大家都知道了，每到收割的時候，每家來割幾個，幾年過去了，大家心照不宣倒也相安無事。

七十三歲的張山，是長白山葡萄酒廠的退休職工，曾做過車間主任。他回憶說，一九六八年的春天就發生了一件蹊蹺事。假山上的大煙花開始神秘地丟失。開始一天丟幾個，後來一天丟十幾個。丟了倒也沒什麼，問題是不知是誰偷了。工人們晚上自發組成看護隊，也照丟不誤。

張山說，大概半個月後的一個清晨，有位姓李的工人跑到他家來，氣喘吁吁地說小偷找到了，拽張山去看。看他神神秘秘的樣子，張山就跟在他後邊，向距離廠子不遠的一片樹林走去。

在一個樹洞的洞口，他看到有一枝大煙花。這位工人說，昨天下半夜輪到他值班，因為著涼就多往假山上跑了幾趟。迷迷糊糊的就看到一隻黃鼠狼順著大煙花的底部爬到了上邊，像老鼠一樣咬斷了花頸，然後拖起花向外走。

好奇心讓這位工人一路跟在後邊看，穿過長白山葡萄酒廠的排水口，又拖了一裡多地，黃鼠狼被這位工人一個憋不住的噴嚏嚇得鑽進了洞裡。

從來不信迷信的張山說，這位工人說的沒有一個人相信。但從此大煙花沒有丟過卻是事實。到了這年夏天的時候，有人說，看到幾百隻黃鼠狼從樹林裡搬家，每隻黃鼠狼的嘴裡都銜著一朵大煙花。

銀貂引路找到中國第一株雙性花山葡萄　在所有釀造葡萄酒的葡萄中，只有山葡萄是雌雄異株的品種。也就是說，一棵是雌的，一棵是雄的。雌的結葡

萄，雄的不結葡萄。

一九三六年，日本人在長白山西麓建山葡萄酒廠的時候，漫山遍野還都是山葡萄。建國後，盡管長白山葡萄酒廠的規模一再擴大，成為東北最大的山葡萄酒廠，但野生的山葡萄還是收不完。所以，產量最多的時候占到了全國的四分之一。

野生的山葡萄畢竟有難以克服的弊病，大年的時候可以收購上萬噸。可到了小年，產量就少得可憐，最少的一年只收購了不足七十噸，效益可想而知。

七十七歲的張軻，是新中國培養的第一代園藝系大學生。他說，保證穩定的年產量，就要培育出可以大面積栽培的高產山葡萄品種。

山葡萄是雌雄異株的品種，從植物遺傳學的角度來說，長白山中可能存在雌雄同株的山葡萄。為找到這麼一株山葡萄，張軻和長白山葡萄酒廠的園藝工人與派駐到長白山葡萄酒廠的國家農科院的專家，從二十世紀五〇年代末開始，每年都要自帶行李和鍋碗油鹽深入到長白山腹地幾個月，像大海撈針那樣，希望找到一株雌雄同株的山葡萄。

張軻說，五六十年代的長白山，幾乎全是原始森林，山高林密，經常有野獸出沒。他們聽過東北虎嘯，與黑瞎子碰過面，被獨行的野豬撢到樹上過夜，當然也撿到過野梅花鹿角，挖到過棒槌（野山參），但就是沒有碰到過一株雌雄同株的山葡萄。

他們幾乎走遍了長白山西坡的溝溝汊汊。也許上蒼被這群執著的園藝人所感動。一九六四年夏，距離長白山葡萄酒廠一百多公里外的一個叫馬鹿溝的地方，張軻和工人們疲憊地行走在崎嶇的山路上，突然從樹叢中躥出一隻白色的動物，嘴裡叼著一塊紅色的東西出現在他們面前。

隊伍中有個年齡大的杜師傅驚奇地說這是銀貂，他聽老人們說過，長白山的銀貂很罕見，傳說銀貂出沒的地方往往會有神奇的植物，比如說百年以上的長白山人參。

隊中有個姓李的小伙子是剛分來的化校學生，他聽後興沖沖地就去撢那隻

銀貂，說來也怪，那隻銀貂跑跑停停了二三里地，然後鑽進了一棵挨著一條清澈的小河邊上的茂密的松樹下，大家這才發現與大樹共生的是一簇碩大茂盛的野生山葡萄。

銀貂沒有抓到，竟碰到了一株山葡萄。因為這株山葡萄長得特別粗壯，他和工人們就剪了幾捆枝條，扦插在金斗宮基地。並作了詳細的檔案記錄。

第二年春天，當這捆扦插的枝條開花的時候，張軻突然注意到這些枝條的花朵跟別的不一樣，當用放大鏡仔細審視的時候，他的心劇烈地跳動起來。他簡直不敢相信自己的眼睛，這些可愛的小生命竟然是雌雄並存的山葡萄花。張軻馬上帶人回到去年的地方，但遺憾的是，一連找了多年也沒有找到那株雌雄同株的野生山葡萄。

如果沒有那隻銀貂，那株夢寐以求的雌雄同株的山葡萄也許永遠不會被發現。因為這也是世界上迄今發現的唯一的一株雌雄同株的山葡萄。老人眼角濕潤，四十年後說起這段往事，仍是心潮澎湃。

一九六五年，以這株雌雄同株的山葡萄繁育的山葡萄品種正式在長白山葡萄酒廠金斗宮原料基地小面積定植。一九七五年，經過十年的繁育，吉林省品種鑑定委員會命名該葡萄品種為「雙慶」山葡萄。

這是新中國第一個可以大面積推廣的山葡萄品種，其穩定的產量拉開了山葡萄大規模工業化生產的革命。一九七六年，中國新聞電影製片廠據此拍成了科教影片在全國播放，也拉開了長白山葡萄酒紅遍大江南北的序曲。

巨蟒護參的傳說

拉法山流傳著許許多多關於人參的故事，這個巨蟒保護千年老參的傳說，就是其中的一個。

有一年秋天，在松花江東岸，有人發現江面上映出一片紅紅的影子，這件事很快就傳開了。有個放山的老把式，外號叫財迷底子，是個貪財不顧命的主。當他聽說後，馬上就來到江邊，端詳著水裡的紅影子，左看看、右看看，

然後，蹲在那兒對著拉法山方向吊起線來，吊了一陣子，就回家了，和老伴悄悄地說：「咱家要發財了。」老板說：「你想發財想瘋了，又要出什麼花花點子？」「沒聽說江面上照出紅影子嗎？」「那是啥玩意兒呀？」「那就是財！是北大砬子頂上的老棒槌榔頭放出的紅光，那不是一般的棒槌，估摸著起碼也得長三百多年了，要能放回來，咱就發大財了。」當天晚上，財迷底子把三個小舅子找來，把江上反射出棒槌榔頭紅光的事跟他們說了。然後又說：「這件事只能咱們幾個知道，不能跟任何人說，明天咱準備準備，後天我就領你們上拉法砬子。」他這三個小舅子中，數老大心眼好，二小舅子也憨厚心實，只有三小舅子鬼，一肚子花花腸子，和他姐夫是一路貨，整天想發財，都叫他三猴子。隔了一天，天還沒亮，財迷底子就領著三個人到拉法山去了，在朝陽洞下邊搭了窩棚。第二天，天剛發白，財迷底子就把大伙叫起來，吃完飯，和大伙說：「據我看的方向，那棵大棒槌肯定在朝陽洞這趟溝。」他給大伙排好棍（安排位置），拉著網往上兜。又囑咐道：「一定要仔細，千萬別讓它跑了。」他們每人拎著一根索撥棍（找人參扒拉草用的棍子），一邊走一邊在草裡搜索，到山頂都晌午了，把大伙累得上氣不接下氣。財迷底子心裡嘀咕，看得清清楚楚的，就在這個溝呀，怎麼沒有呢？一連跑了五六天，連個「二角子」（最小的參）也沒放著，老大和老二就不想幹了，財迷底子急了，喊道：「人參指定有，放不著咱不下山，都得聽我的。」三猴子隨聲附和道：「對，挖不著不能下山。」

一天晚上，下了一場大雨，第二天早上太陽出來了，天響晴的，上午九點多鐘，財迷底子看地上晾得差不多了，帶著這幫人又上山了。這回是從吊水壺那邊過去的，因為昨晚下了大雨，吊水壺的水量特別大，瀑布像條白緞子，從山上飄下來。財迷底子站在瀑布前把大伙叫住了，問：「你們看，水溜上照出什麼來了？」幾個人看了半天也沒看出個啥來，他又說：「沖著太陽看，有紅光沒有？」三猴子喊：「看見了，看見了！」財迷底子指著對面山坡說：「大棒槌就在對面不遠了，咱們快上那邊去。」他們拉著網朝東去了。傍晌午，來

到一塊平台跟前，突然有人大喊：「棒槌！」財迷底子忙問：「幾品葉？」「片子貨！」（一大片）財迷底子一聽，不顧命地沖過去，到崖頂一看，呵！有幾十棵棒槌，那籽通紅通紅的，中間有一棵又高又粗的，是苗五層樓（寶參），老家伙樂得眼淚都流出來了。喊了一聲：「快圍上，別讓棒槌跑了！」說著從兜子裡掏出事先準備好的紅頭繩，咧著大嘴躡手躡腳地向那顆大參摸過去，離著還有一丈多遠，不知怎地，身不由己地噔噔退了四五丈，跌倒在地上，哆嗦成一團兒了。二小舅子看姐夫出了岔頭，趕忙跑到跟前，叫了半天，財迷底子才緩過氣來。大小舅子覺得蹊蹺，想把這片人參四周看個究竟，是啥東西這麼厲害，把姐夫給推出這麼老遠。這工夫，三猴子著急了，看姐夫倒下了，大哥又在那瞎轉悠，拎著鍬就要去挖那棵大參。沒承想，往前沒走幾步，也一下子倒退了好幾丈，砰的一下摔倒在地上不省人事了。大哥看得真切，忙喊：「老二，快離遠點兒！把老三背到姐夫那邊去。」不大一會兒，財迷底子醒過來了，問：「這是咋的了？」大小舅子說：「姐夫，別著急。」邊說話邊用力掐老三的人中，折騰了半天，老三慢慢地睜開眼睛，驚恐地看著大伙。老大問：「老三，你看見啥了？」老三把嘴張開，半天才說：「大……大嘴。」老大對大家說：「這參咱不能再挖了，這是個人參精，有神仙保護著，咱們下山吧。」財迷底子一聽，著了急，說：「好不容易找著了，怎麼能不挖呢？這可是無價之寶哇！」老大最了解姐夫的脾氣，就說：「今天咱還沒挖著就把你和老三都摔成這個樣，要再挖，非出事不可，咱們先回去歇歇再說吧。」財迷底子只得跟著下山了。

晚飯後，老大開了腔：「你們兩個倒下後，我就圍著這片人參轉了一圈，不知你們看見什麼沒有？」姐夫說：「我光顧看那老棒槌了，迎面吹來一股邪風，就像有人使勁兒推了我一把，臉上像鋼針紮似的，渾身又疼又麻，再就啥也不知道了。」老三說：「我正往前走著，哎呀媽呀！地上忽然冒出來一張血盆大口，吐出一股寒氣，當時我就像萬箭穿身，連疼帶嚇就背過氣去了。」老大問：「老二看見啥沒？」老二說：「老三要去挖參，我沒擋住，怕出事，我

就跟了過去，沒走幾步，我看見他前邊有個圓鼓隆咚的東西動彈一下兒，老三一下子就倒退了好幾丈，差點兒把我撞倒。」老大說：「我看清楚了，這片人參光大的就有四五十棵，小的就沒數了，中間那棵老參特別紮眼，看那樣都得長上千年了。這片參周圍大約有七八丈長，轉圈有東西圍著，起初我還以為是堆土牆呢，老三往前走時，我看見，老三對面有個大腦袋抬起來，大嘴張了張，就把老三給推回去了，那個大腦袋頂上還長了角。我順著大腦袋往後一看，原來是條青色的大蟒蛇，它看見有人到近前時，身上的鱗片就立起來了，就是這條大蟒用身子把這一大片參盤在裡邊了。所以，我才讓大家趕快下山。」財迷底子一聽，原來是這麼回事，問：「老大，你看該咋辦？」老大說：「雖然咱遇上了大人參，可有那大蟒護著，沒出事就是萬幸，咱還是圖個太平吧。」財迷底子生氣地說：「你懂個啥，既然是寶貝，就沒有能輕易弄到手的，不豁出個半斤八兩的能挖著寶嗎？咱們得想想辦法，把大蟒治住。」老大說：「那條大蟒蛇可不是一般的長蟲，寧可不發財，也別惹出事來。」老二也出來勸阻：「咱挖別的去吧。」唯獨老三和姐夫一條心，他說：「你們不幹，我和姐夫去！」財迷底子大眼珠子轉了半天，裝了袋菸吧嗒吧嗒抽起來。抽了幾口，一拍大腿說：「有了，有了！你們說長蟲最怕什麼？」老三問：「怕什麼呀？」「怕煙袋油子唄，把煙袋油子抹在它身上，它就麻爪（無能為力）了，這個方法怎麼樣？」老大反對說：「這可不是鬧著玩的，這麼大的蛇抹一星半點兒煙袋油子根本不當事的，再說那蟒肯定都成精了，煙袋油子對它怕起不了什麼作用，要被它傷著可不得了。」財迷底子說：「別管他是多大的蟲，聞著煙袋油子味都得迷糊，趁迷糊勁兒，上去三下五除二就把它砍了，寶貝不就是咱的了嗎？」老三說：「好！咱們下山整煙袋油子去。」第二天，財迷底子打發三個小舅子分別到山下村子討要煙袋油子，他們把附近幾個屯的煙袋桿子全捅了個遍，刮了滿滿一大酒盅煙油子，回來交給了財迷底子，他還嫌太少了，把老大氣得，說：「該要的都要來了，嫌不夠你自己想辦法去！」讓老大一頂，財迷底子也沒話說了。

第二天大清早，財迷底子把小斧子磨得飛快，領著這伙人直接奔長人參的那個平台去了。到平台下邊，財迷底子把煙袋油子給每人手上抹了點兒，說，長蟲聞著味兒就不敢咬，然後把剩下的用樹葉包了兩包，自己拿一包，另一包遞給老大，老大不接，又遞給老二，老二也不接，不知死的三猴子伸手就接過來，說：「你們不幹，我幹！賣了錢你們可別要！」財迷底子把小斧子交給老三，吩咐他：「你年輕靈巧，你去往長蟲頭上抹，它一迷糊就用斧子使勁砍腦袋。三猴子心想，老家伙夠奸的，讓我去送死呀，我才不幹呢！就說：「我歲數小沒經驗，還是你去吧，我往尾巴上抹。」「行，你可不能跑，挖來參我可得大頭。」財迷底子安排完，三個小舅子就偷偷爬上平台，兜個圈子慢慢向大蟒靠近，這回看清了，大蟒用身子把這片人參圈了個嚴嚴實實，他讓老三往蛇尾那邊爬，自己奔蛇頭那邊爬去，在離蛇頭四五尺遠時，看見蛇轉過頭來，兩眼冒著凶光，把他嚇得出了一身冷汗，渾身篩糠一樣地發抖，可一想到那棵無價之寶的老棒槌就來了精神，身子又往前挪了挪，看那長蟲沒動彈，就鼓足了勇氣，一隻手攥著斧子，另一隻手把煙袋油子「嗖」一下，照准大蟒腦袋就甩了過去，說時遲，那時快，只聽「轟隆」一聲，霎時天昏地暗，飛沙走石，不知是什麼東西砸到財迷底子的腦袋上，忽悠一下兒就昏過去了。三猴子拎著那包煙袋油子還沒來得及撒，剛一抬手，胳膊就麻了，腦袋「嗡」的一響，就人事不懂了。老大和老二聽到響聲後，也失去了知覺。

　　不知過了多大工夫，老大先醒過來，看看天上萬里無雲，日頭近景偏西，那條大蟒和那片人參也不知去向，他站起來，先找到老二，把老二拉起來，二人又去找姐夫和老三，找了半天也沒找著，還是老大心眼兒多，和老二說：「咱倆一個奔蛇頭方向，一個奔蛇尾方向找去。」老大下了平台，找到半山坡，看見了那把斧子，再往前走到懸崖邊，發現姐夫躺在一棵大樹底下，一摸，還有口氣，就把他背到山下的路旁。老大又去找老三，半路上，碰上老二背著老三朝這邊走，一問，和姐夫一樣，被崩出半裡來地，虧得還都給留口氣。他們把兩個人背回了窩棚。

兩個人一夜沒蘇醒。第二天，老大起早就上拉法山去找被稱作老神仙的老道士，述說了事情的經過。老神仙說：「罪過、罪過，山上的老人參是動不得的，他二人心術不正，是罪有應得。」老大哀求說：「請老神仙救救他二人的命吧。」老神仙道：「命可保住，活罪難逃。你回去吧，抬回家就能醒過來。」

　　老大和老二把兩個受傷的人弄回家，還真醒過來了。請了不少郎中，吃了不少藥，把家底都折騰了，他倆的病也沒治好，到底，財迷底子還是落了個口眼歪斜半身不遂，三猴子是一隻胳膊吊吊著的，不能拿東西，二人沒少遭罪。

黃芪戲水嘎牙河

　　松花江支流有一條嘎牙河，在入江口大碴子前，住著從山東過來一戶姓黃的人家，一家三口人，老兩口為人和善，姑娘小妮那年才六歲，小妮長了一臉戀人肉，特別招人愛。

　　有一天，小妮跟著爹出去打魚，一網拉出一條小金魚，活蹦亂跳的，怪稀罕人的，小妮把它裝到魚簍裡，小金魚嚇得渾身打哆嗦，小妮把它捧在手裡，小金魚的眼睛翻了翻，滴下幾滴眼淚，用祈求的目光看著小妮，好像哀求把它放了。小妮心軟了，和爹說：「這條小金魚怪可憐的，放了它吧。」

　　「你稀罕夠了，就放了吧。」小妮捧著小金魚小心翼翼地放回河裡，小金魚沖著她搖搖尾巴，嘴裡咕嘟咕嘟吐了幾個泡，鑽到水裡去了。在它消失的地方出現一個鍋底坑，水清涼透明，小妮用手捧著喝了一口，甜絲絲的真好喝。

　　第二天，小妮早晨起來就跑到河邊上，不轉眼珠地盯著那個鍋底坑，想看看小金魚，一直等到晌午。突然，鍋底坑裡咕嘟咕嘟冒泡，冒著冒著，水就翻起花來，水也呼呼往上漲，不一會兒水就漲得和大河連上了。這時，冒泡的地方一鼓一鼓的，越鼓越高，漸漸形成一個清澈的水柱，水柱中間有一個亮晶晶的東西升起來，小妮定睛一看，樂得直躥高，大聲喊：「小金魚，小金魚，你回來了，你回來了，讓我等得好苦哇！」她這一喊不要緊，水柱花一下落了下去，小金魚也跟著落了下來，游到河邊，鑽到草稞裡去了。小妮抻著頭緊盯著

那條小金魚，生怕再跑了。小金魚在草裡鑽來鑽去，碰得草直動彈，好像在找什麼。最後，它趴在一叢大草下邊不動了。那棵大草跟別的草不一樣，長著團團葉，頂上開一串一串的小白花，那一叢有十多棵，旁邊不長草，顯得特別突出好看。小妮不知道是怎麼回事，大氣都不敢出，想看看還會發生什麼事。小金魚圍著大草轉了一圈，沖著小妮擺了擺尾巴，好像說，再見！就紮到草底下去了，水也隨著漸漸消下去了，那棵草根下露出旱地。天上的太陽火辣辣的，曬得人直冒油，小妮覺得嗓子發乾，趴在河邊喝水，水比以前更甜了，肚子也不覺得餓了。聽娘出來喊她吃飯，急忙答應著往回跑。

來到娘跟前，小妮把小金魚圍著一棵開小花的大草轉，和她搖尾巴的事和娘講了，娘也覺得納悶。娘讓小妮領著她去看看究竟是棵什麼樣的草。小妮拉著娘來河邊，看小金魚圍著轉的大草，娘看了半天也沒看明白。

第二年，該種地的時候，一連三個多月沒下雨，旱得河裡的水稀稀拉拉的，唯獨那個鍋底坑還有一汪水。遠近十來裡地的人都到這兒來打水喝，河裡旱得都沒有水了，可這個鍋底坑的水怎麼　歪也不見少，人們都覺得很奇怪。這件事被一個過路的和尚知道了，便到河邊想看個究竟。就在這時，天上忽然打了個響雷，接著就下起了瓢潑大雨，一下就是兩天兩夜，下得溝滿壕平，河水漲了上來。把那個和尚嚇跑了，再也沒回來。

小妮惦記小金魚，恐怕被大水沖走了，等水消下去以後，小妮又來到河邊，等著小金魚出來，一直等了七七四十九天。小妮在河邊等得不耐煩了，眼睛都發鏽（睜不開）了，剛一迷瞪（睏了），看見小金魚浮出水面，開口說話：「小妮，你心眼兒真好，謝謝你放了我，知道你惦記我，我願意和你交朋友。你知道我是誰嗎？我是嘎牙河河神的女兒，你救了我的命，我想報答你，我想送給你一個禮物，給你當嫁妝，不過你現在不要著急，等你長大了再來取。」小妮一愣，眨巴眨巴眼睛，小金魚沒影了。

十年以後，小妮已經出落成一個水靈靈的黃花閨女。有錢的、有勢的，好多人家前來提親，小妮一個也沒看中。其實她心裡早就相中了一個叫于友的小

伙子，于友心眼好，聰明伶俐，是打魚的好手。因為小妮經常跟著爹爹上山種地、到松花江打魚，慢慢就認識了他，漸漸地兩人相互之間就產生了好感，但兩人都不好意思說穿。因為總有人來提親，小妮怕夜長夢多，不能和自己的心上人在一起，就主動來找于友，于友雖然深愛著小妮，可是因為自己家窮，爹爹長年臥床不起，掙點兒錢不夠給爹治病的，不敢向黃家提親。小妮對于友說：「沒錢沒關係，只要你真心對我好，咱們有一雙手，只要勤快，日子一定會過好的。」

「我沒房子沒地又沒錢，拿什麼娶你呀？你爹娘是不會同意的。」

「我爹娘從小就嬌慣我，我去和他們說，肯定不會反對的。」

小妮回到家裡，左想右想，就怕爹娘不同意，要于家提親肯定得碰釘子，沒辦法只得硬著頭皮先和娘說了。

娘說：「于友確實是個好孩子，又聰明又能幹，就是家裡窮，怕是你爹不能同意。」

「娘，只要你沒意見，我再跟爹說去。」

「你爹他不會同意的。」

「為什麼？」

「前幾天你爹去趕集，碰上你表叔，他有個兒子在外面做大事，說是給一個大官當差，本事可大了。你表叔和你爹提起婚事，你爹當時就答應了。」小妮一聽差點兒暈過去。半天才說：「娘，我除了于友誰也不嫁，你能不能再和我爹爹說說。」

「你爹的脾氣你還不知道嗎？他認准的事，八條大牛都拽不過來，妮呀，你就認命吧。」

「不行，你不管，我自己找去！」

小妮跑到上房，見了爹就跪下了，爹莫名其妙，忙伸手去拉女兒。小妮哭著說：「爹，妮求求你了。」爹還是丈二和尚摸不著頭腦，說：「孩呀，快起來，有話慢慢說。」

「我有一件事求爹，你要不答應我就不起來。」

「爹爹答應就是了，快起來。」小妮這才站了起來，爹說：「快說吧，什麼事？「

「爹，女兒已經到了出嫁的時候，不能總在家讓您養活著。」一句話提醒了她爹，這才明白了女兒的意思。

「啊，你不用著急，爹已經給你選好了女婿，是個大戶人家，小子有出息，你要嫁過去，爹就不愁了。」

「爹，不嘛，我不去。」

「咋不去？」

「爹，我心裡已經有人了。」

「什麼？你敢！」

小妮一下子又跪下了，說：「爹，你就依了俺吧。」

「婚姻大事必須老人做主，哪能依著你的性子！」

「爹，我一定給你找一個隨心的女婿，給您二老養老送終。」

「你答應人家了嗎？」小妮點了點頭。

「你好大的膽，竟敢背著老人私定終身，真是反了天了。」說著舉手就要打小妮。小妮娘心痛了，急忙攔住，說：「孩子小，你不會慢慢說呀！」

「娘！除了于友我誰也不嫁，讓爹打死我吧！」小妮哭著，就趴到娘的懷裡。娘說：「妮，好孩子，你爹是為你好，找一個有錢有勢的人家去享清福，那有多好哇。」

「娘，有錢有勢的人家能攔得了咱窮人嗎？他們要不把咱當人待，我可怎麼活呀？」娘聽女兒說得有理，就沖老頭子說：「咱們兩家門不當戶不對，孩子到他家還不得受氣呀？咱不是沒和他家定親嗎？現在還來得及。」

小妮爹眼珠一瞪：

「我都答應人家了，怎麼說反悔就反悔呢？」

「那是小貓小狗哇，你怎麼擺弄怎麼是呀。」

「那你說怎麼辦？」

「只要沒定親就好辦，你就說她媽不同意就得了唄。」

「說的倒輕巧，讓我的老臉往哪兒擱。也行，你娘倆兒聽著，嫁給于友不行，他家窮得吊鍋無米，到他家去活受罪呀？要找就得找一個好人家。我不能白養你這麼大，得給我拿回養老銀子二千兩，拿不出這些錢就別想娶我的姑娘。」說完，就憤憤地走了。既然爹鬆了口，小妮娘倆也沒話可說了。

小妮去找于友商量，倆人來到嘎牙河邊，小妮把她爹的意思說了，把于友嚇了一跳，說：「砸了俺全家的骨頭渣子也不值二千兩銀子。還是算了吧，今生沒有緣分，來世再結成夫妻吧，我是永遠不會忘記你對我的好。」

「小友哥，咱們想想辦法吧。」

「哪有什麼辦法可想啊？」倆人哭了一場又一場，也沒有辦法可想。他們的哭聲驚動了小金魚，它搖著尾巴從水底下翻著花游出來，看著小妮和于友咕嘟咕嘟吐出一串泡。小妮看見小金魚眼睛一下兒就亮了，想起小金魚十年前曾經對她說的話，就問：「小金魚，小金魚，你不是答應我，等我長大了送給我禮物當嫁妝嗎？現在，我要嫁給于友哥，我爹不同意，非要二千兩銀子不可，上哪兒去弄二千兩銀子呀？我們一塊兒淹死在這得了。」小金魚晃了晃尾巴，嘎巴嘎巴嘴，吐出一串串氣泡，好像要說什麼，然後抹回頭向上游游去，來到上回看見小金魚那個窩拉泉（水窩窩），小金魚鑽到河邊那棵開花的大草根底下，使勁地晃動大草，出來後向他們倆點點頭，搖搖尾巴，就紮到水底下去了。小妮站在那發愣，還是于友心眼來得快，說：「妮妹妹，你還站在那兒愣啥，小金魚不是已經告訴咱們，那棵大草就是寶啊。」

「啊，這就是小金魚送給我的嫁妝？」小妮恍然大悟。

「這肯定是一棵寶草，還不是一般的寶呢。」

「到哪兒去賣呀？」小妮犯愁了。

「船廠就有大山貨莊，到那就能賣，一定能賣個好價錢。」說完，小友挽了挽褲腿就下了河，小心翼翼地把泥土扒開，露出長長的根須，長得像一棵大

人參，就是沒有蘆頭（人參的頭）。

于友把整棵藥材挖出來，有一人多高。拿回家給他爹看了，爹看了半天，高興地說：「我長這麼大還是頭一回看見這麼大的黃芪呢，這可是棵寶哇，能賣好幾千兩銀子，給小友結婚的錢都夠用了。不過不能上船廠去賣，怕他們不識貨，還得去營口，那的山貨莊比船廠的大，人家識貨。」于友又犯了難，到營口那麼遠，光盤纏錢不得百十兩銀子呀，上哪兒去淘弄去？就說：「爹，咱沒有路費去不了營口，認可少賣點，上船廠折騰了得了。」

「你個小孩懂個啥，那不是少賣一星半點的事。」

「要不我就走著去，一個多月怎麼也走到了，賣了錢，回來就有盤纏了。爹，你說行不？」

「也只好這麼辦了，但是，你可得和小妮說好，別等不到你回來，人家就嫁出去了。」

「我想不會的，小妮對我是一片真心，我不回來，她認死都不會嫁的。」

于友約小妮到河邊，和小妮說：「我爹說那棵草是黃芪，能值好些兩銀子，得到營口去賣，我這一去就得兩個月，你可千萬等我回來呀。」

「我一定等你回來。」

「要是你爹不讓怎麼辦？」

「你放心吧，我自有辦法。」

「好，我明天就動身。」兩個人依依不捨地分手了。

于友曉行夜宿走了四五十天，終於到了營口，找到營口最大的山貨莊。老闆早早就迎出來，喊道：「老山貨下山了，開盤子！」趕忙把于友迎到裡邊，問：「小老客，請把寶貝亮出來吧。」于友把油布包從背上解下來，老闆眼睛一亮：「啊！這可是稀世之寶哇。您打算要多少錢？」這一問，可把于友難住了，他想，去了小妮她爸要的二千兩，還要辦事情也得幾百兩，給爹爹治病留出二千兩也就夠了，一咬牙，要五千兩吧，人家要是不給，再還價。于友一舉手，伸出五個指頭。老闆一看，順口說：「你要五萬兩？」于友擺了擺手，老

闆著急地說：「雖然是個寶，但我可掏不出五十萬兩來。你還是換個主吧。」于友腦瓜來得也挺快，馬上意識到，這個東西很值錢，就問：「老闆，你能給到多少錢？」

「我頂多給你五萬兩。」于友聽了，心裡這個樂呀，真沒想到這個東西值這麼多錢！這回可發大財了。當時就答應了：「既然你沒那麼多錢，也就算了，我看你是誠心買，我就賣給你了。」老闆也挺高興，說：「我看你這小伙子辦事爽快，咱們現在就點銀子。于友收了銀子，從頭到腳換了一身闊綽的衣服，打扮得像個大財主，老闆派了一輛馬車把他送回家。

于友一進家門，爹娘都認不出來了，以為是哪家的大財主來了呢，他娘急忙迎了出來。于友下了車，喊：「娘，我回來了！」娘揉了揉眼睛，細看果真是兒子小友。「娘！咱發財了，明天就去給爹看病。」

「兒呀，怎麼發的財呀？」小友就把賣黃芪的事和爹娘學了一遍。二老當然樂得合不上嘴。爹說：「那是妮的嫁妝，快給人家送去！咱不能花人家的錢。」于友高興了半截，說：「那是我和妮發現的寶貝，應該歸我們倆人才對。」

「你們倆還沒定親呢，你知道人家能不能把姑娘嫁給你呀？」

于友聽了也覺得有理，就跑到妮家，妮她爹見了于友，繃著臉說：「你回來了？」

「嗯，回來了。」于友就把賣黃芪的經過從頭到尾和他學了一遍，妮他爹聽了，臉上漸漸有了笑容，說：「你小子還真有本事，我同意把小妮嫁給你，但是，賣的錢，我不能都給你們，我們得留點兒養老錢。」

「這本來就是小金魚為小妮準備的嫁妝錢，沒有我的份，這些錢你都收下吧。」可是妮她爹說啥也不全收，說：「我看你小子腦瓜挺靈，是塊買賣人的料，這五萬塊，我留下一萬，給你爹一萬，把他的病治好，剩下的三萬，等你們結婚以後，當作買賣的本錢。」妮她娘說：「她爹說的對，我們都老了，花不了那麼多錢，先把你爹的病治好，你們做了買賣發了財，俺們也放心了。」

小妮說：「就依著俺爹吧，現在有錢了，給你爹治病要緊，咱們以後的日子還長著呢。」于友拗不過黃家，把錢扔下就跑回家了。

于家老兩口子聽兒子說，人家給治病錢，真是千恩萬謝，不知如何是好。

選了個好日子，兩家訂了親。七月初七，小妮和小友成親那天，大操大辦，邀請所有的親戚朋友都來了，是當地辦得最闊的婚禮。

後來，小妮和于友在船廠開了一家最大的藥房，取名「黃魚堂」，意思是，黃魚給他們送來的財，另一層意思代表了小妮姓黃，小友姓于。

話說兩頭，營口大山貨莊收了寶貝以後，趕上薛禮征東。那年大旱，河水都干涸了，急行軍二百里沒有水吃，帶的水都用盡了，薛元帥令人挖井，挖了多處，也沒挖出水來。兵卒倒了一地，失去了戰鬥力。薛元帥急得手足無措，這時軍師帶一個偏將來找元帥，說：「這位將軍是營口人，他說有一個大山貨莊收了一枚寶貝，把它放在水裡，那水就源源不斷，千軍萬馬也喝不完。」

「真有此事？」

「我就是山貨莊掌櫃的兄弟。」

「馬上帶人去取，要多少錢給多少錢。」

偏將帶人曉行夜宿，騎快馬跑了好幾百里到營口，和哥哥學了薛元帥大隊人馬干渴難行的事。掌櫃的二話沒說，拿出寶貝交給弟弟說：「救兵如救火，趕快回營。」

「元帥說要多少錢都行。」

「什麼錢不錢的，救元帥要緊。把皮囊裝滿水，立即起程。」偏將一行帶著寶貝星夜趕回營地。

偏將把寶貝放在一個裝上水的大桶裡，各個營盤都來打水，果真是大桶的水乾打也不見少。士兵得救了，薛元帥感激不盡，拿出二十萬兩銀子獎勵山貨莊掌櫃。

修長城的「人參仙」

兩千多年以前，秦始皇修長城時，這一帶純粹是深山老嶺，杳無人煙，林木參天。有人說，東北的人參是由關裡跑過來的，後來，有的關裡人也跟著來了。

傳說前清時期，有兄弟二人冒蒙來這兒放山，沿松花江坐著威乎往上來，到有一塊大蛤蟆石的地方進了山。走進密林，遮天蔽日，越走越黑，轉來轉去就迷路了。二人正在發蒙的時候，哥哥突然看見一隻大猿猴子，東北哪來的猴子呢？要是狼，不能兩條腿站著走路，那又是什麼呢？他倆朝著那個猿猴走去。看他倆過來，它就往後退，一邊走一邊看著他倆，走著走著，天亮堂了，猿猴也不知跑到哪去了，他倆也辨別出了方向。

第二天，那個怪物又來了，離他們老遠老遠地看著他們，他倆站起來看時，它就再離遠點兒，影影綽綽的像個原始人，長長的頭髮，長長的鬍子，一舉一動和人一模一樣。他倆想走近點兒，看看到底是個什麼怪物？怪物看他們過來，就噌噌的躥了。一連好幾天，都看見它過來，就是到不了近前。

過了七八天，又見面了，那個怪物看他們沒有傷害他的意思，離他們稍稍近了一些，好像膽子也大了些。二人看對面怪物的體形和人差不多，動作也有點兒像人。如果是人，怎麼會變成這樣呢？要是人，怎麼長這麼長的毛呢？弟弟說：「咱吆喝一聲，看他能聽明白不。」倆人一齊大喊：「哎——」那怪物站下不動了，又喊了一聲：「你過來——」怪物瞧了瞧他們，轉身走了。他倆大喊：「站住！」這一喊不要緊，把他嚇的撒丫子就跑。哥哥說：「他好像聽明白了咱的話，怕抓他才跑了。」弟弟說：「你看見沒，他沒有尾巴，肯定是個人。」

過了一天，又見面了，怪物只站在不足百步的地方，似乎有意接近他們，哥哥說：「別驚動他，他好像能聽懂咱們的話，等他再靠近點兒，就和他搭話。」

那個毛茸茸的人，試探著向他們靠攏，走兩步停一停，哥倆兒拿著索撥棍假裝扒拉草不理他，怪物仍向二人身邊挪動，待差個四五十步遠，就停下了。

他倆也直起腰和他面對面站著。弟弟小聲問：「哎，你會說話嗎？」只見對面張大了嘴，發出蒼老又沙啞的聲音：「啊——」了一聲，這是只有人才能發出的聲音。哥哥喊：「你過來，我們不抓你。」對面的人點了點頭，往前走了十來步，瞪著驚恐的眼睛看著他倆。

「你是人嗎？」對面點了點頭，舌頭生硬地說：「是——人。」話說的非常吃力。哥倆兒慢慢地走到那人不遠的地方停下來，他也沒躲閃，兩眼注視著倆人。這時，二人看清了，對面站著的的確是個人，一對深邃的眼睛，閃閃發光，兩排牙齒整整齊齊。紫紅色的臉膛上刻著深深的皺紋，四肢健壯發達，稀疏而灰白的茸毛下蓋著一層皺褶很深的老皮。哥哥問：「你啥時候到這裡來的？」那人說了一句話，把他倆嚇了一跳！

「修——長——城。」「啊——修長城？是秦始皇修的長城嗎？」他點了點頭。「那都是兩千多年的事了。」哥哥說。

弟弟捅了捅哥哥：「是不是瘋子？」「我看不像。」二人走到那人跟前，看到那人不再那麼緊張了。聽他問：「秦——始——皇——還——修——長——城——嗎？」「早修完了。」「還——抓——人——不？」「他都死了，沒人抓了。你去修長城了嗎？」「修——了，我——跑——出——來——了。」這回聽明白了，這老頭能有兩千歲了？這不成神仙了嗎？人哪能活這麼大歲數呢？頓時，哥倆兒對老人肅然起敬。

老人問：「年——輕——人，你——們——來——幹——什——麼？」弟弟從背筐裡掏出一棵小人參給他看，老人點點頭，向他們招招手，讓他倆跟他走。這老頭哪是在走路，簡直就是草上飛，身子比猿猴還輕，下坡爬嶺都一樣快，他倆根本攆不上，一個崗還沒爬到頂，就把他倆累得兩腿發軟，坐在地上大喘氣。老神仙說：「小——小——年——紀——真——沒——用。」回身一手拉著一個，倆人的腳就離了地，過了五六道山，到一堆樹稞前，說：「到——了。」他把樹稞子扒拉開，露出一個小山洞，裡面鋪的全是樹葉子，在旁邊有一塊平石頭，看來是吃飯的桌子，上面擺著一塊野獸的頭蓋骨，像是

喝水用的瓢。石桌上還有些半拉一塊的根稈，哥倆兒看著怎麼像人參呢？拿起來一看，果然不假，還帶著莛呢，老二問：「你天天吃這個嗎？」老人點點頭，哥倆兒這才恍然大悟，原來，老人的長壽之謎，答案就在這裡。

老神仙說：「我──領──你──們──去──挖。」他拉著二人的手，跟頭把式地翻了七八個嶺，來到一條比較平坦的溝川裡停下了，兩個人眼前紅光耀眼，紅櫻頭連成一片。沒容分說，老神仙伸手就拔，哥倆兒連忙把他拉住，眨眼工夫就拔了一大片，把哥倆兒心疼得直跺腳，說：「別拔，用扦子剔，不能傷根，拔折了就白瞎了。」老人說：「沒──事，有──的──是。」嫌他倆挖的慢，又想幫著拔，他倆說啥也沒讓。天要黑了，二人挖了差不多一背筐，都是五品葉以上的大人參。

回到山洞，二人支鍋造飯，老二生火老大淘米。因為老神仙幫了他們大忙，從心裡往外感激，多淘上一瓢米，把沒捨得吃的小鹹魚，還有一小瓶酒都拿出來，準備犒勞老人，老人看著這些東西饞得直流口水，說：「跑出來就再也沒吃過這些東西。」可不是，修長城逃出來太不容易了，躲到這兒沒有人煙的深山老林裡哪能見到人哪，連話都沒地方說，所以，聲帶都退化了，說話才這麼困難。小米飯開鍋了，散發出香噴噴的飯味，老爺子樂得蹦了起來，拍著手說：「真香啊，真香啊！」等不及了，就想揭鍋。老大說：「老人家，再稍等一會兒。」鍋裡落了滾，看老人家著急的樣子，就先給老人盛一碗，他接過來也顧不上燙嘴，三口兩口就吞進肚裡，邊吃邊說：「真香啊。」老大又盛了一碗，幾口就吃完了，又給盛上，又吞進去，一氣把一鍋小米飯吃了個乾乾淨淨。吃完了摸摸肚子說：「才──半──飽。」弄得他倆哭笑不得，他倆搶了搶鍋底，每人喝了口酒，仨人就睡下了。

可能是因為白天太累了，哥倆兒一覺睡到大天亮。一睜眼，看老爺子還沒起來，老大喊：「老神仙，老神仙！」沒人答應，老二上前推了一把，全身都不動彈，把哥倆兒嚇蒙了。老神仙怎麼了？是死了嗎？怎麼會死呢？老大分析，老人常年不吃糧食，淨吃人參了，胃腸都退化了，今天突然吃了這麼多乾

飯，把胃給撐壞了，悔恨的眼淚嘩嘩地流下來。二人趴在老人身上喊道：「是俺害死了老神仙，俺有罪呀！」哥倆兒撿了些石頭把洞門封上了，想等日後為老神仙好好修座墓。二人在洞口前磕了三個響頭就下山了。

哥倆兒背著人參來到營口，賣了好幾十萬兩銀子，在船廠開了個最大的藥鋪，生意興隆，越做越好。他們給老人立了個牌位。又帶人去給老神仙修墓，不知怎地，說什麼也找不著那個山洞了。哥倆兒跪在山上拜了山神，拜土地神，再拜老神仙。然後，燒了好多好多紙，哭著說：「老神仙，我們永遠不會忘記您的！您一定會成仙的！」他們一直把老神仙的牌位供奉著。

嶺上三仙

很古很古的時候，老爺嶺是個動物的樂園，山上一群群小動物自由自在地追逐玩耍；美麗的梅花鹿成群結隊地奔跑跳躍；威武的東北虎站在高高的峻嶺之上，使得老爺嶺顯得更加雄偉壯麗。老爺嶺還是一個百花園，生長著世間稀有的奇花異草，微風吹來，散發著撲鼻的芬芳，引來無數隻蜜蜂、粉蝶漫天飛舞。林間不時傳來百鳥委婉動聽的歌聲，劃破了山林的寧靜。在這個美好、和諧的樂園中，所有的動植物都能自由生長，有的生長幾百年，有的生長幾千年，有的頑石在此都有數萬年。它們長年接受上蒼的恩賜，大地的孕育，日久天長便產生了靈性，有的轉化成精靈。

老爺嶺曾經流傳一個美好的故事。在春和日麗的日子裡，經常出現一個皮膚黝黑的老頭，牽著一匹白馬，馬上馱著個紮著紅兜兜的小胖娃娃。他們輕輕地踏著草地，穿越樹林，爬過山崗，來到一個大花園。胖娃娃飛身下馬，在地上折幾個把式；小白馬撒著歡兒圍著花園灼蹶子狂奔著；牽馬的老頭在草地上拉開架勢，練幾趟拳腳。之後，他們仨便席地而坐，靜心修煉，一心向佛。出定後，他們就順著崗梁下去，走到一個山崖前消失了。

山崖前，長著一棵千年的大紅松，雖然身上爛出一個深深的大洞，但軀幹仍然挺拔、結實，枝繁葉茂，像一把大傘，把山崖遮蓋了一大半；山崖右邊，

離松樹五尺遠有個不大不小的山洞，懸崖下凹進一個窪兜，生長著一圈小樹，都往外挓挲著，中間長出一棵一人來高的仙草，頂著拳頭大的紅梆頭，這是一苗千年的老棒槌；右邊的山洞裡趴著一條大白蛇，鱗片明光湛亮，兩眼閃閃發光，是一條修煉千年的蛇仙。

上山去玩耍的就是這三個精靈，牽馬的老頭，是樹仙變的；白馬是蛇仙變的；紮紅兜兜的小胖孩，就是那顆老棒槌。誰也說不清他們仨誰先在這落的戶，也不知他們到這兒多少年了，反正都成了氣候。他們之所以能修行到這步田地，得感謝老天爺的恩賜，是蒼天為他們製造了這個孕育神靈的搖籃。這個崖頭既向陽又背風，崖上常年銀瀑飄落，空氣清新，崖下土質肥沃，適合人參生長。山洞在崖下半山腰處，外界不易發現，且難以攀登，白蛇在裡邊不受干擾。這才使他們三個在這塊寶地上長期棲息生存，博采日月之精華，廣集大地之靈氣，久而久之修煉成仙。

正如佛家所說，萬物皆善，眾生皆有因緣，隨緣而動的緣故吧。這一草，一木、一獸能結緣，若能修成正果，也真沒枉修千年，應該說是天地間一大幸事。

這三個精靈中，應屬白蛇最具有靈性，每天早上從洞裡爬到松樹上，採納陽氣，吸取朝露，依附在樹上，如同孩子趴在父親的肩膀上。然後來到崖下圍著棒槌稞子繞上幾圈，就如兄長愛撫小弟一樣，用臉貼貼參花，聞聞香味，清除四周的雜草，過後回到洞中，或是爬上崖頭。冬天，它就毫不客氣地鑽進松樹洞裡，像是投進母親的懷抱那麼溫暖。松樹就像老大哥一樣呵護著兩個弟弟，將樹枝搭在山洞前，任白蛇爬上爬下，又特意把樹頭伸向懸崖下，為人參遮陽擋風。遇到旱年，白蛇到下邊河裡吸水，澆灌人參，噴灑到樹頭上為松樹解暑。這樣，年復一年，日復一日，漸漸使得它們三個，結下了不解之緣。

又過了幾百年，他們一個個終於都得道了，千年功夫沒白修，他們各有各的本事，各有各的神通。互相稱兄道弟，松樹最大為兄，白蛇次之，人參最小稱小弟，他們和睦相處，親如手足，平時，哥仨兒一同上山修煉，遇事時，一

塊兒去消災解難。

隨著修煉時間的增長，他們的功夫也年年加深，逐漸修成一顆菩薩心。那時老爺嶺上常常鬧火災，都是他們把火撲滅。白蛇吸來松花江水，噴到著火的樹林中，再大的火都能澆滅；樹仙脫下衣服一抖，就將千萬顆樹種撒在燒過的土地上；參娃搖著參葉扇，播下百草良種。春風一吹，滿山遍野綠油油的百草樹木重新生長起來。

若干年以後，這座荒無人煙的老爺嶺山前山後，漸漸遷來不少人家，開了不少荒地，種了不少莊稼。

一年，山上來了惡魔，不讓人們消停，專門製造災害坑害百姓。春天，小苗剛一出土就斷了雨水，旱得小苗半死不活。哥仨兒見了著了急，趕緊想辦法抗旱，小白蛇吸來松花江裡的水澆到莊稼地裡，小苗就旺旺相相地長起來。惡魔看小苗長得又嫩又胖，心生毒計，又生出害蟲，把嫩苗吃掉，老樹仙脫下衣服，在地裡輕輕抖一抖，地裡的害蟲就消失了。又由於得到他們的保護，年年五穀豐登，人人身強體壯。惡魔又帶來了瘟疫，害得人們叫苦連天。參娃就把人參花粉散到人間，驅除了瘟疫。

這三個仁慈弟兒，只知為眾生造福，並不追究是誰造的孽障，也沒把這些壞蛋放在心上。萬萬沒有想到，他們為人間做了這麼多好事，卻得罪了青龍、蟲王、瘟神、火神。一開始，這些凶神惡煞作惡受阻，還以為是上天派來的神仙給平息的呢，都沒敢言語。後來多次作祟，都不能得逞，才發現，原來是這三個大膽的家伙在和它們作對，把它們恨得哇哇亂叫，發誓要除掉這幾個死對頭。

為了把三兄弟引出來，火神在老爺嶺山尖放起大火，濃煙滾滾籠罩山頂。三兄弟發現後，不敢耽誤，急忙沖到山上。白蛇剛噴出一口水，對面就飛來一條青龍把他擋住，一龍一蛇就絞在一起，在天空中鬥了幾十個回合，白蛇漸漸不支，被青龍打得遍體鱗傷。參娃上去助陣，伸手打出一枚紅榔頭，正好擊中青龍左眼，它疼痛難忍只得放棄白蛇敗下陣去。白蛇落到地上，已經奄奄一

息，閉著雙眼，口中連連呼喚：「觀音菩薩快來救我，觀音菩薩快來救我。」

樹仙脫下衣服撲打著火，火神發來一股三昧真火，把衣服燒光，樹仙身上頓時燃起大火，變成灰燼。等火神跳出火堆時，參娃照准火神又甩出一枚紅榔頭，擊中了它的右眼，火神捂著眼睛也逃跑了。蟲王、瘟神見白蛇已敗，樹仙被焚，便一齊向參娃沖來，參娃面無懼色，力敵二將。他連連發出幾顆榔頭，都被躲過，只見蟲王兩掌一擊，頃刻間，數萬隻蝗蟲向參娃撲來，參娃一跺腳躍到半空，將腰中的藥袋一甩，蝗蟲紛紛落地。那瘟神從懷中掏出一個包袱，對著參娃猛然一抖，參娃見勢不妙，伸手拔出插在背後的參葉扇，迎面一扇，把瘟毒打散，但還是被毒暈，跌倒在地。

正當參娃將要遭到毒手之時，忽聽有人大喊：「住手！休得無禮。」蟲王、瘟神急忙抬頭，原來是觀音菩薩到了，趕緊下拜。菩薩道：「他們苦苦修行千年，修得一顆菩薩心，實在不易，爾等不得傷害他們，日後要多行善事，萬萬勿做有害眾生之事，速速去吧。」二神悻悻離去。觀音菩薩用柳枝輕輕點了點白蛇和參娃，白蛇身上的傷便痊愈，參娃從昏迷中清醒。又從玉淨瓶中蘸了一滴水，撣在被燒成灰燼的灰堆上，松樹仙立刻又恢復成一棵根深葉茂的老松樹。三仙拜過觀音菩薩，菩薩道：「汝等在此山沒白修煉千年，能以慈悲為懷，護佑眾生，沒辜負菩薩的教誨，願爾等成就功行，速證菩提。」哥仨兒磕頭謝恩。

這時，菩薩在天空中將玉淨瓶的聖水，灑在山頂熊熊的烈火周邊，隔絕了火焰的蔓延，中間的草木已無可挽救，只得任其燃盡。

直至今日，老爺嶺頂上被火燒過那片土地，仍然是光禿禿的，不長樹木。就是現在那片苔原。

大火過後，人們發現救苦救難的三個神仙不見了，善良的人們永遠不會忘記他們的功德，常常到三仙修煉的地方祈禱求仙。把白蛇修煉的那個山洞叫作「神仙洞」。有人說，這三位神仙現在還在老爺嶺上修煉，晴天站在瀑布下，有時彩虹中就能照出三位神仙的影子。

紅葉谷裡出參王

清朝，乾隆四年，皇帝下令對從直隸、山東等地來到吉林的移民，願意入籍的都可入籍。當時，打獵放山，採藥都沒人限制。

乾隆五年，從關裡來了個叫白喜的參把頭，帶了八個弟兄，到紅葉谷來放山。老白是個有多年放山經驗的老把式，為人厚道，這哥幾個一直跟著他干。

就在他們來的那一年，朝廷才下了禁封令，不准隨便入山挖參、狩獵，違令者，按偷盜處理。老白哥幾個不知道這個規矩，又和往年一樣上山來了。他們聽說這塊兒有大棒槌，在山下絮了個窩棚住下了。

老白不愧是個經驗豐富的老把式。在山下一打眼兒就看出來這趟川窩風向陽土質肥沃，是適合人參生長的好地方，心裡很高興，和伙計們說：「據我的經驗看，這趟川裡百年以上的大人參肯定不能少，咱到這是來對了，不說發大財，起碼也不能白來一趟。都把精神養得足足的，準備拿大貨吧。」

一席話，說得大家就像吃了蜜棗似的，心裡甜絲絲的。

果然沒過幾天，白把頭領著他的兄弟們一連挖了兩枚四品葉，兩枚五品葉，大家的勁頭更足了。

一天夜裡，老白做了一個夢，他帶著哥幾個爬到一個山崖上邊，看懸崖下是萬丈深淵，嚇得頭髮茬子都豎起來了，腳下不知從哪兒爬出四五條大長蟲，一個個挺著脖子，張著大嘴把他們圍起來，有一條蛇纏到他的腿上，怎麼抖也抖不掉，喊還喊不出聲來，險些從懸崖上掉下去，一下子就把老白給驚醒了，嚇得出了一身冷汗。醒來之後，心裡犯嘀咕，總有一種不祥的感覺。他就和大伙說：「咱這不能幹了，見好就收吧，這是山神爺的警告，只要大家太太平平地回去比啥都強。」有一個伙計說：「這回出來挺順當，咱們再踅摸一天，挖不著咱就撤。」大家也都不死心，老白只好勉強答應：「只最後一天，挖不著也得走！」

第二天，老白早早就把伙計們叫起來，打量著西山坡，說：「這面咱沒走

全，看那邊樹稞子的長勢，也許有大貨藏著。大家可看仔細了。」說完，排好
了棍，一步步拉著網往上兜。老白心裡總不踏實，一心想著夢裡的事。呼呼啦
啦地往前走著，突然，腳底下讓一根爛木頭絆了個趔趄，才精神了，他摩挲了
一把臉。咦！倒木旁邊長著一顆大棒槌，一大團紅朵子（棒槌籽），棒葉子子
那個大呀，長這麼大還是頭一回看見這麼大的參稞子，這棵參肯定小不了。心
裡一陣歡喜，把這顆棒槌挖出來能換多少銀子呀？可他馬上又想起那個夢來。
這也可能是惹禍的精，真挖回去，興許惹出什麼麻煩來。正猶豫時，挨著他的
二棍看他沒上來，就喊：「大哥，你在哪兒呢？」他答道：「在這兒呢。」二
棍返了回來，看見老白站在那兒正發愣呢，忙問：「大哥，你咋的了？」他
說：「沒咋的。」二棍也看見了那顆大棒槌，樂得幾個高就竄到棒槌跟前，說：
「你咋不叫棍呢？好大個棒槌呀！」

「我在想，抬不抬呢？」

「為什麼不抬？這可是難得的大貨呀，不抬可就傻透腔了，給誰留著？你
不叫棍我可叫了。」

「別，別，讓我想想。」

「還想啥呀？」

「我在想昨天晚上那個夢，心裡總犯忌諱，挖了這棵參不一定是好事。」

「不挖不太可惜了嗎？咱估摸估摸能招什麼禍事，加點兒小心就是了。」

「難道還能讓人搶了不成？」老白皺著眉分析。

「咱鳥巴悄地藏好，別讓人知道就沒事。」

「早上一出門我這心裡就直折個兒，挖回去肯定得出事。」

「別疑神疑鬼的了，挖出來我帶著，出事我一個人頂槓，要沒事就算咱大
伙走勁兒。大哥，抬了吧。」老白也沒了主意，抬就抬吧。

二棍叫了棍，把紅頭繩穿上大錢拴上，用快當鏟一開盤，原來，參莛是從
這棵黃菠蘿倒木底下鑽出來的，一尺多粗的木頭，爛得沒有手脖粗了，二棍
說：「還是黃菠蘿抗爛，要是別的早爛沒了。」老白把倒木斷開說：「聽老人

說，人參被什麼壓了，再發出杈來得六十年，又長這麼大還得四五十年，不算樹沒倒之前的時間，就一百多年了。」他們順著莛往下挖，彎彎曲曲的原來根在倒木的另一邊，挖很深才露出蘆頭頂，全抬出來之後，呵！一個白胖白胖的參娃娃。老白掂量了一下兒：「半斤多沉，沒有九兩也差不多（老秤十六兩一斤）。這可是寶貝呀！」雖然這樣，他還是高興不起來。把二棍樂得哈喇子都流出來了：「七兩為參，八兩為寶哇。這可值銀子了。」趕緊扒了塊椴樹皮，起了些軟青苔把人參包好。老白吩咐：「你趕快叫棍，讓他們幾個趕快下山，遇到什麼寶貝也別要了。」

都回到窩棚，把頭說話了：「明天起早就往回趕，不管碰上什麼事都別管，遇上人躲著走，誰也不准惹事！」

該著他們哥幾個倒黴，剛過了窩集口，正碰上吉林烏拉打牲衙門的人下來收貢品。因為今年朝廷指派給吉林打牲衙門的貢品數量多，遲遲完成不了任務，總管怕丟掉頂帶，所以派人下來催收。衙門的人，老遠就看出這伙人的打扮是放山的，把他們給截住了。

一個披甲（小官）上前問：「你們是幹什麼的？」這伙人還沒弄明白是怎麼回事。接著又聽到：「是不是放山的？」

老白是個老實人，說：「是。」

「哪個旗的？」

「是，是──。」

「我看你們是從山東來的，誰批准你們進山的？有號票沒有？」

「沒有。」

「你們漢人私自入山偷盜國家山中之寶，可知罪嗎？」「老爺，我們以前也來過，沒聽說入山還得領號票。」

「這是皇上下的聖旨，你敢違抗皇上？還不趕快把山貨交出來！」沒辦法，老白只得讓弟兄把那幾棵四品葉、五品葉交出來。那個披甲問：「還有沒有？如果私藏不交要加重處罰！」二棍把寶參打到行李捲裡，故意煞後，那個

小頭目下令：「統統給我搜。」挨個背筐行李全給翻了一遍，輪到二棍了，他假裝沒事似的把行李放在草稕裡，不緊不慢地邊解繩邊叨咕：「我這沒啥，你不信，我打開你們就知道了。」他把繩解開，一層一層把行李卷鋪開，果真沒發現有山貨。「你們都看見了吧，我可以捲起來了吧？」他又一層一層疊起來，那個披甲不轉眼珠地盯著，二棍剛要捆繩時，披甲大喊一聲：「別動！」他一把搶過行李，猛力一抖，『哐當』一下，掉到地上一個包，披甲問：「這是什麼？」把二棍嚇得干嘎巴嘴沒說出話來，披甲罵道：「你小子還跟我要心眼兒，以為把行李放在凹兜裡就能蒙騙了我，是不是？」伸手把東西拿到手，一見如此，老白和二棍咕咚就給披甲跪下了，說：「請老爺寬恕，請老爺寬恕。」披甲知道這裡面的東西不是一般的貨色，把包交給一個差役命令：「把它給我打開！」差役小心翼翼地把包打開，輕輕地揭開樹皮、青苔，露出一個大參娃娃。披甲拿起來在手裡左看右看，掂了又掂，忽然臉色一變，喝道：「你們這群大膽的孟賊，竟敢偷盜國家的寶參，還想隱匿不交，該當何罪！來人，把這幾個盜賊綁起來！」當下就把弟兄幾個全給捆了，押回到吉林烏拉。

打牲衙門的人把這伙放山的關押起來，將寶參交上。大總管看完後，一個勁兒叫好：「好！太好了！稱稱看有多重。」上秤一稱，是八兩八錢。總管得意忘形地說：「這是百年不遇的寶參，獻給皇上會得到重賞的，我先獎勵你們，披甲銀二十兩，隨行的打牲丁每人十兩，等朝廷獎賞下來，再另行獎勵。今晚設宴款待，你們來個一醉方休！」

打牲衙門以偷盜朝廷人參罪將白把頭和二棍每人鞭打四十下，其餘人等鞭打二十下。一個個被打得遍體鱗傷，老大和二棍傷勢最重，疼痛難忍，二十多天沒能坐起來，關入大牢等候處理。待貢品進宮一個月後，乾隆皇帝一高興，將這幫人赦免釋放回家。白喜又氣又恨，險些丟了性命。

吉林文庫 A0703A30

文化吉林：蛟河卷

主　　編	莊　嚴
版權策畫	李　鋒
責任編輯	林以邠

發 行 人	陳滿銘
總 經 理	梁錦興
總 編 輯	陳滿銘
副總編輯	張晏瑞
編 輯 所	萬卷樓圖書股份有限公司
排　　版	菩薩蠻數位文化有限公司
印　　刷	維中科技有限公司
封面設計	菩薩蠻數位文化有限公司

出　　版　昌明文化有限公司

桃園市龜山區中原街 32 號

電話 (02)23216565

發　　行　萬卷樓圖書股份有限公司

臺北市羅斯福路二段 41 號 6 樓之 3

電話 (02)23216565

傳真 (02)23218698

電郵 SERVICE@WANJUAN.COM.TW

大陸經銷　廈門外圖臺灣書店有限公司

電郵 JKB188@188.COM

ISBN 978-986-496-289-1

2018 年 1 月初版

定價：新臺幣 460 元

如何購買本書：

1. 轉帳購書，請透過以下帳戶

　 合作金庫銀行　古亭分行

　 戶名：萬卷樓圖書股份有限公司

　 帳號：0877717092596

2. 網路購書，請透過萬卷樓網站

　 網址 WWW.WANJUAN.COM.TW

大量購書，請直接聯繫我們，將有專人為您

服務。客服：(02)23216565　分機 610

如有缺頁、破損或裝訂錯誤，請寄回更換

國家圖書館出版品預行編目資料

文化吉林. 蛟河卷 / 莊嚴主編.-- 初版.-- 桃

園市：昌明文化出版；臺北市：萬卷樓發

行, 2018.01

　　冊；　　公分

ISBN 978-986-496-289-1(平裝). --

1.文化史 2.人文地理 3.吉林省

674.2408　　　　　　　　　107002190